당신은 민주 국가에 살고 있습니까

최소 국가 최대 민주주의를 향한 상상 혁명

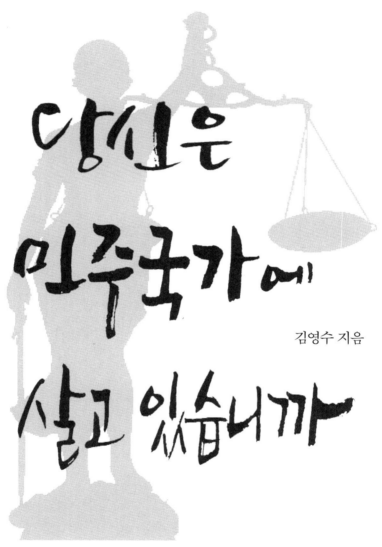

당신은
민주국가에

김영수 지음

살고 있습니까

알렙

마르지 않는 상상력의 샘

세상을 살아가면서 곤경에 처하는 경우가 많다. 본의 아니게 각종 사고를 치거나 당하기도 하고. 자신의 의사와 무관하게 실수를 저질러 남에게 손해를 입히기도 한다. 누구나 살면서 겪는 난관들이다. 그렇지만 그 실체를 확인할 수 있어서 해결하기 쉬운 어려움들에 불과하다. 진짜 삶을 힘들게 하는 것은 본색을 드러내지 않으면서 삶의 질곡으로 작용하기도 하고, 세상을 두렵게 만드는 것들이다. 대표적인 예를 들라 하면, 편견이나 아집이나 독선과 같은 '무지의 폭력'이다. 구체적인 사실을 모른다는 무지가 아니다. 모르면서도 알고 있다는 자기 환상과 같은 무지를 말하는 것이다. 누군가의 말이나 글, 특히 언론으로 채색되는 말이나 글을 정답이라고 규정해 버리는 자기 편견의 무지가 얼마나 폭력적인가. 수십 년 전에 체득했고 경험했던 자기 기준으로 태풍처럼 변화무쌍한 세상을 재단하거나, 지식을 쌓아 가며 살지도 않고 사유도 하지 않으면서 그저 조작된 사실이나 자극적인 이미지에 편승해 살아가는 것이 편한 세상이다. 사람들은 어떤 사실이든 그 사실을 둘러싼 진실이나 이면을 추적할 힘을 상실한 채 살아가고 있다.

당신에게 묻는다. 당신은 민주 국가에서 살고 있는가? '민주 국가'의 실체가 무엇인가를 단 한 번이라고 고민해 보신 적이 있는가? 만약 당신이 이런 질문을 케케묵은 것이라고 여기는 순간, 이미 민주화된 국가에서 '민주'가 무엇이고, '국가'가 무엇인가를 왜 고민하느냐고 되물을 것이다. 되묻는 질문 속에 자기 스스로를 '무지의 폭력자'로 만드는데도 말이다.

정치가 실종된 세상에서 단지 말초신경을 자극하면 그만인 정치적 현상이 지배하고 있어서 그럴 것이다. 어디 이뿐이겠는가. '민주'와 '자유'라는 포장지 속에 은밀하게 숨어서 권리를 지배하는 권력만이 정치를 배회하고 있는 시대인 것 같다. '정치적인 것'의 역사가 국가 중심의 권력이어서 그럴 것이다. 또한 사람들에게 '정치'의 기본기를 닦지 못하게 하는 지배 세력의 유산 탓에, 피와 땀을 흘리고 흘려야만 기본적 '권리'의 속살을 겨우 만질 수 있는 '정치 없는 사회'에 살고 있기 때문일 것이다. 이런 사정과 고통에 공감하면서도, 기본기를 갖추지 않아 '격'의 맛을 느끼지 못한 채 살아가는 모두에게 묻고 싶다. '당신이 정치를 아는가! 당신이 알고 있는 정치의 본색은 무엇인가?' 기본기가 없는 사회와 국가에서 아무리 '격'을 말한들 허공의 메아리에 불과할 것 같아서 하는 질문이다.

정치는 삶의 기본이다. 삶의 현장이 생존을 위한 이전투구의 장이듯, 정치도 그 연장선에 있다. 제발 정치를 결코 오염되지 않아야 할 청정 지역으로 간주하지 말자. 정치야말로 삶을 위한 몸짓인 것이다. 정치를 더럽고 거짓과 폭력만이 난무하는 것으로 여기는 것은 자신의 얼굴에 침을 뱉는 짓이다. 정치의 기본을 알게 된다면, 모두가 스스로에게 그런 폭력을 행사하지 않을 것이다. 정치의 기본을 모르고 품격마저 잃어버리면, 삶의 고통 속에서 희망조차 꿈꾸지 못한 채 살아가면서도 스스로 권력을 잡기 위해 싸우려 하지 않는다. 그저 일상에 파묻혀 숨죽인 채 살아갈 뿐이다.

그동안 정치란 '돈'을 가져다주어야 하는 것으로 체화되었고, 지역개발을 이루어내는 것이 최고라고 여겨졌으며, 조금이라도 알고 있는 사람에게 투표하면 그만인 것이었다. 힘없고 무지한 국민은 그저 권력자의 처분만을 기다리거나 어려움에 처했을 때 그들의 힘을 빌려 해결해 나가면 그만이었다. 국민들이 실제로 정치의 주인이었던 적이 없었고, 스스로 정치의 기본기를 다질 기회를 누리지 못했다. 정당이나 정치인들에게는 자만심만이 존재하고, 국민에게는 비굴함만이 남았다. 이러한 정치가 바뀌어야 한다. 민주주의 정치는 국민에게 '삶의 자존감'을 부여해야 한다.

농사꾼이나 노동자가 자신의 일에 대해 떳떳한 자신감으로 충만해지고, 뻣뻣하게 고개를 세워서 권력을 대할 수 있어야 한다. 수많은 업종에 종사하는 사람들도 마찬가지다. 생활 정치라고 하는 것은 바로 사회 구성원들에게 '삶터의 자존감'을 회복하고 그들을 '삶터의 주인'으로 부활시키는 권리 중심의 정치다.

요즘, 대한민국 사회를 그려내는 대표적 화두는 아마도 '갑'과 '을'의 관계에서 나타나는 '갑질' 또는 '슈퍼 갑질'일 것이다. 인류가 살아가면서 갑을 관계가 없었던 적이 없으련만, 누구나 유독 폭력으로 변질되어 버린 '갑'의 행태를 비난하면서도 그 원인을 개인의 품행으로만 돌리려 한다. 국가와 권력이 '갑질'을 하는 것에 대해서는 왜 그리도 인자한지 모르겠다. 사회가, 아니 다수가 개인에게 가하는 '갑질'일 수 있는데도 말이다.

'기본'이 없거나 '기본'을 모르는 사회에서 갑과 을의 관계는 늘 지배와 종속의 관계일진대, 모두들 스스로 잘 드러내지 않지만 '갑질'을 하면서 살고 있는데, 누가 누구에게 손가락질을 할 수 있단 말인가. 그런데도 누군가는 계속해서 '정치 현상'을 희화화한다. 한편에서는 '격'과 '품위'를 말하면서도, 다른 한편에서는 그 수준이 웃음거리나 조롱의 대상으로 떨어져도 그만이다.

우리는 살아가면서 '정치'적인 문제로 관계가 악화되는 것을 피하려 한다. 그저 '좋은 게 좋은' 관계를 위해서, 알면서도 참거나 드러내지 않는 것을 '덕'으로 여기거나 나이듦의 표상으로 간주한다. 그래서 사람들은 더욱더 '정치'에 대한 '무지의 악순환 고리'를 쉽게 끊지 못한다. 정치에 대해 아는 것이 없어도 특정한 정치인을 골라서 온갖 뒷말을 하거나 술판의 안주로 삼을 수 있는데, 머리가 지끈거리는 '정치'의 기본과 원리를 고민하고, 민주주의의 가치와 본색을 찾아 헤매게 하는 일을 어느 누가 좋아하겠는가.

사람들은 '왜'라는 질문을 받으면, 상당히 곤혹스러워한다. 특히 자신보다 어리다고 생각한 사람으로부터 그 말을 들을 경우 불편한 감정을 내뱉거나 한두 번의 대답도 마뜩지 않게 여긴다. '왜'라고 묻는 것은 아이들이 자신의 눈높이에 맞춰 호기심을 채워나가는 삶의 기본 과

당신은 민주 국가에 살고 있습니까

정이다. 허나 어른들은 그 기본을 따르지 말라고 한다. 어른들은 항상 '지혜로운 사람'이 되라고 하면서도, 지혜의 문을 열어주는 것이 아니라 지식의 공장으로 등을 떠밀기만 한다.

'왜'라는 자리를 치고 들어온 것은 암기 위주의 '공부'였다. 암기를 하든 이해를 하든, '지식'이 쌓이고 쌓이면 '지혜'로 변하기도 할 것이다. 그러나 외워서 쌓고 또 쌓아, 남보다 많은 것을 쌓은 사람이 앞날을 보장받는 대학, 윤택한 삶을 마련하는 고소득 직장에 똬리를 트는 수단으로만 남는 한, 지식과 지혜가 한 몸이 되기 위해서는 어렵고 힘든 '고난의 수행'을 해야만 한다.

간단하지만 어려운 길이다. 지식을 암기하기 전에 반드시 의심하면 될 터이지만, 의심은커녕 암기할 시간조차 없다. 지식과 정보가 너무나 많아서도 그럴 것이고, 의심할 힘이 없어서도 그럴 것이다. '기본과 상식이 부재한 시대' 또는 '질문이나 자기 물음이 빈약한 시대'에 가장 필요한 것은 '샘물처럼 솟아오르는 물음표와 상상력'이다. 누구든 호기심과 상상력으로 넘쳐났던 시절로 돌아가, '자신에게 질문을 던지고, 답을 하는 시공간'을 넘나들어야 할 것이다.

정치학을 배우면서 가르치고, 가르치면서 배운 시간이 어느덧 25년이 되었다. 변방의 정치학자에게 지난 세월은 '기본'을 꿈꾸는 '상상력'의 시간이었다. 강의실에서든 글에서든, 아주 단순하게 말하면서 살아왔다. '기본'을 모르고서는 어떤 상상력도 발휘할 수 없고, 상상하지 않는 사람은 창의력을 갖고 싶어도 가질 수 없다. 다들 창의력을 요구하면서도 상상력을 외면하고, 경계를 넘어설 시도조차 하지 않으면서 그 너머만을 그리워하는 자기 모순에 빠져 있다.

이제부터 나는 독자들과 함께, 알고 있는 것 같지만 실제로는 무지하고, 식상하지만 원리와 기본을 몰랐기에 응용할 줄 모르는 '삶 정치'의 세계로 들어가려 한다. 어떤 사람은 가볍고 상쾌한 '감성'을 담은 글이 좋다고 하지만, 내 글은 의미에다 의미를 덧씌울 뿐 아니라 상상의 의미까지 해석하고 고민하라고 주문한다. 읽기가 쉽지 않더라도 정치와 민주주의의 기본기가 부족하거나 애써 외면하는 이들에게 상상의 유쾌함만은 전할 수 있을 것이다. 무겁고 딱딱한 주제일지라도, '발상 전환'의 통쾌함과 상상의 자유로움과 발랄함만큼은 전달하고자 노력했다.

쉽지 않은 작업이었다. 어려운 출판 상황을 알면서도, 알렙출판사 조영남 대표에게 제안해서 원고를 넘기겠다고 한 지 만 2년이 지나버렸다. 기다림의 고통을 산고의 아름다움으로 승화시킨 조영남 대표에게 진심으로 감사드린다. 마무리가 더뎠던 만큼, 필자 스스로 상상의 지평을 넓히는 시간이 필요했노라고 변명하고 싶다. 필자부터 이미 '상상력의 문'을 닫아버린 지 오래되어서, 그것을 다시 열어젖히기가 쉽지 않았던 것이다. 그런데 강하고 두껍게만 느껴져 다시는 열릴 것 같지 않았던 '상상력의 문'은 미완성 초고를 읽어보고 비난이 아니라 '왜'라는 질문을 다시 던지는 아내와 딸과 아들의 상상력 덕에 아주 더디지만 가볍게 열렸다. 이들은 책의 제목을 정하기 위해 틈나는 대로 함께 토론했고, 원고를 교차해 읽으면서 각자의 지혜를 모아 책의 완성도를 높인 또 다른 저자이자 최초의 독자들이다. 이 책의 또 다른 주인이 가족이라는 점을 꼭 밝히는 이유다.

무지의 폭력은 세상을 타락하게 하는 범죄 행위다. 단순하면서도 둥

글둥글하게 편승하며 살아가는 것이 삶의 지혜인 양 자신을 속이지 말자. '좋은 것이 좋다'는 온정의 굴레를 깨뜨리면서 자기 기만과 싸우는 삶이야말로, 죽을 때 자신의 삶의 흔적들을 아름답게 어루만지면서 후회하지 않을 것이다.

2016년 3월
하설산이 내다보이는 집에서

차례

2부 허상: 행복을 짓밟는 국가, 국가를 소유한 가난뱅이

3부 상상: 민주주의 상상하는 민주주의

1부 　민주주의 배반하는 현상 민주주의

1°

상상하지 않으면,
정치도 권리도 없다!

차라리 상상력의 빈곤을 탓하라
◇◆◇

사람들은 정치에 대한 언쟁을 많이 하면서 살아간다. 피하고 싶어도 절대 비껴갈 수 없는 삶의 요소이어서 그렇다. 생활 속에 들어와 사람들의 희로애락과 함께하는 것이 정치여서 그런지, 사람들은 애써 외면하거나 모른 척하면서 살다가도 삶의 거의 모든 문제들에 대해서만큼은 정치와 연관시키는 능력을 발휘한다. 그런데 누구든 정치가 무엇이냐는 질문을 받는다면, 대다수는 선거나 정당과 의회를 떠올린다. 그 문제를 고민한 적이 거의 없거나 질문을 받아본 적이 거의 없어서이겠지만, 사람들의 의식과 행동을 지배하고 있는 매우 자연스러운 현상이다. 선거에서 정당이나 후보자들 중에서 한 사람 혹은 하나의 정당을 선택하는 투표를 하고, 그 결과, 당선된 사람들이 의회에 들어가서 각종 법을

당신은 민주 국가에 살고 있습니까

제정하거나 개정하는 활동 등을 정치로 생각한다. 많은 사람들이 정치를 이와 같이 규정한다면, 결코 틀린 것이 아니다. 하지만 많은 사람이 그렇게 생각한다고 해서 그것이 정말 맞는 생각일까? 법과 절차에 따라 정당한 절차를 거쳤다고 하지만, 민주로 덧씌워진 다수자의 폭력을 우리는 일상적으로 목격하지 않는가.

　국민 스스로가 정치와 권력의 주체이면서도 선거가 끝나고 난 순간부터 권력의 통치 대상으로 떨어지는 시대, 정치인 스스로 권력의 시녀이자 종이라고 하면서도 국민을 지배하고 통치하는 정치가 정당한 것으로 여겨지는 시대, 현존하는 법과 제도의 절차를 지키면 그만이라고 하면서 모든 권력이 국민으로부터 나온다는 헌법의 가치를 무시하고 민주주의의 허울만 내세우는 시대, 민주주의에 대한 환상과 허상이 사회의 변화를 가로막는 근본적인 장애물로 버티고 있는 시대. 사람들은 이런 시대의 수혜자인 양 민주주의의 '만세'를 외치면서, 또 다른 자유와 민주를 상상하지 않는다. 아니 아예 상상할 능력조차 잃어버렸다. 정치에 대한 생각이 풍부하지 않으니, 생각이 왜소하고 앙상한 사람들에게는 시대를 이렇게 규정하는 것조차 쉽지 않다.

　이런 시대에 정치를 우습게 여기는 구체적인 현상은 매우 다양할 것이다. 권리를 위임받은 정치인을 자신과 무관하게 타자화하거나 대상화하는 태도, 자신이 선택한 정치인들을 폄하하면서 스스로에게 침을 내뱉는 행위, 일상생활의 문제를 해결하는 민원 창구로 여기는 생각, 정책의 형식과 내용에는 관심 없고 그저 승리만을 말하는 선거, 끝내 나는 노동자나 농민들의 몫이 아니라 똑똑한 엘리트 혹은 정치·사회적인 문제 때문에 감방에 갔다 온 사람들의 신성한 영역으로 간주하는 정치, 누구든지 잘 알고 있는 것처럼 떠벌리면서도 실제로는 정치인들의 언행만을

현실 정치 참여에 적극적이었던 사르트르가 부인인 시몬 드 보부아르와 함께 1960년 쿠바에서 체 게바라를 만나 대화를 나누었다.

좇는 여론몰이, 사람들에게 허무감과 무력감을 불러일으키기 위해 상징 조작에 몰두하는 의회 정치. 이러한 것 말고도, 정치적 무관심이나 정치적 희화화 때문에 사람들은 선거가 가지고 있는 '정당성의 딜레마 늪[†]'에 서 쉽게 빠져나오지 못한다. 일상생활에서 자신의 권리와 의무를 생각 하면 정치와 권력에 대해 관심을 갖는 주체가 되어야 하는데, 오히려 문제를 회피하거나 방관하면서 자신의 권리와 의무를 방치해 버리는 상황에 빠져들고, 정치권력과 무관하게 살아가는 것을 당연시하는 것 이다. 심지어 집회나 파업처럼 제도화된 정치권력의 공간을 넘어서 서 자신의 권리와 의무를 제기하는 사람들이 비난을 받기까지 한다. 모 난 돌이 정에 찍힌다는 두려움뿐만 아니라 좋은 게 좋다는 식으로 자신 의 비정치적인 의식과 행위를 정당화한다. 사람들 스스로 정치와 권력의 주체임을, 자유민주주의 사회에 걸맞은 정치 의식과 행위의 소유자임을

당신은 민주 국가에 살고 있습니까

† '실존주의'의 대표자로 널리 알려진 장폴 사르트르는 1973년 프랑스의 의회선거를 바라보면서, 「선거, 바보를 위한 덫」이라는 제목의 논문을 발표하였다. 선거는 보통 조직화와 선동과 선전을 위한 정치의 장치이자 민주주의의 꽃으로 여겨지지만, 사르트르는 선거의 또 다른 모습을 보았다. 인민들 모두가 누리는 보통선거권이 사회의 정치해방에서 사회해방으로 나아가는 동력인가, 장애물인가? 이러한 물음은 노동자들을 계급 정당으로 조직했지만, 선거에서 이기기 위해 정당의 계급적 성격을 희석시키는 것까지 감수해야 하는가에 대한 자기 물음이다. 이런 딜레마의 늪에 빠지는 순간, 끝 모를 나락으로 떨어지는 두려움 때문인지 사람들은 선거 정치 이외에 직접적으로 참여하는 정치를 하려 하지 않는다. 그래서 계급적 성격이 두터운 노동자들의 계급 정당조차 선거에서 성공하기 위해 혁명 정치나 혁명적 진보 정치를 희석하면서 선거 정치의 정당성만을 찾으려 한다. 대부분 다음과 같은 논리를 내세운다. '보통선거권은 인구의 대다수가 프롤레타리아인 자본주의 사회에서 정치권력과 같다.' 하지만 이러한 논리로는 '프롤레타리아 대다수가 선거에서 노동자들의 계급 정당이나, 혁명 정치, 또는 혁명적 진보 정치를 지지하지 않고, 계급적 정체성 이외의 다양한 집단적 정체성에 근거하여 투표한다.'는 현상을 설명할 수 없다. 노동자 계급은 노동자이면서 동시에 인민이기도 한 자신들을 정치적인 주체로 조직하지 않는 한, 스스로 정치 행동의 주체로 쉽게 나서지 않는다. 만약 혁명 정치나 혁명적 진보 정치가 인민들을 노동자 계급으로 나서게 하지 못하고, '대중들', '인민들', '소비자들', '납세자들', 또는 '시민들'로 조직한다면, 노동자들 스스로 노동자 계급의 성원이거나 노동자의 일원으로 투표할 가능성조차 약화될 수 있다. 그런데 노동자 계급의 정치나 혁명적 진보 정치가 '딜레마의 늪'에서 헤어 나오지 못하는 동안, 오히려 자본주의 사회 체제의 지배 계급은 다양한 정치를 구사한다. 일상에서는 선거 정치를 매개로 혁명적 정치 활동을 포섭하거나 개량화하지만, 위기 상황에서는 '총칼'이나 '독재'와 같은 수단을 동원하는 정치에 매진한다.

을 내세우면서도, 스스로 자신의 정당성을 훼손하는 정치 현상의 모순적 주체로 존재하는 것이다.

생활에 필요한 요소들을 완벽하게 갖추어 살기가 쉽지 않지만, 사람들은 스스로 해결하든 타인에게 의존하든 갖추지 못한 부분을 채우면서 살아가려 한다. 그 이유는 간단하다. '완전함'이나 '편안함'이 주는 만족도가 높기 때문이다. 그래서 사람들은 몸과 마음의 어느 한 부분이라도 아프거나 제대로 작동하지 않을 때, 지금과 다른 삶의 구조와 방식으로 자신을 바꾸려 한다.

아리스토텔레스Aristoteles. BC. 384~322[†]는 인간의 삶을 행복하게 하는 것이 정치의 주요 목적이라고 했다. 고대 사회에서조차, 삶을 유지하게 하는 모든 요소들의 유기적인 관계 속에서 정치의 의무를 규정했다.

[†] 고대 그리스 정치철학자 아리스토텔레스는 '인간은 정치적 동물이다.'라는 명제를 던졌다. 그런데 그가 '정의'를 말하면서, 지능이 우월한 사람과 열등한 사람을 구별하는 차별적 정의를 강조했다는 사실은 잘 알려져 있지 않다. 사람들이야 간단하고 명료한 경구들을 좋아하니, 그의 차별적 정의까지 알려 하지 않았을 것이다. 아리스토텔레스는 도시국가의 150여 개에 달하는 정부를 실제로 분석하여 가정 또는 가족과 촌락으로 대표되는 원시적 결사가 성장하여 국가가 발생한다는 사실도 밝혔지만, 노예는 지능이 열등한 만큼 그에 상응하는 대접을 받는 것이 노예의 입장에서 행복한 것이고 국가적 차원에서 정의를 실현하는 것이라고 하였다. 하지만 그는 상층 계급은 재산의 평등화에 만족하지 않는 대신 가지지 못한 사람들은 재산의 평등화를 바라기 때문에, 재산을 가진 사람과 가지지 못한 사람 사이에 끊임없는 투쟁이 발생한다고 하였다. 그러한 투쟁이 격화될 때, 혁명이 발발한다는 것이다. 정치는 재산의 평등을 둘러싼 갈등의 시공간에서 자신의 역할을 찾는 것이라고 그는 보았다.

당신은 민주 국가에 살고 있습니까

물론 행복감을 느끼고 만족하는 정도야 제각각이겠지만, 그가 제시하는 핵심은 다음과 같다. 정치는 인간의 욕망과 이성에서 비롯되고, 삶을 구성하는 모든 요소만이 아니라 일상생활의 사소함조차 그 대상으로 삼으면서 사람들에게 '행복한 삶'의 조건을 제공해야 한다. 그렇다면 정치에 대한 생각도 바꾸어야 한다. 삶을 구성하는 모든 요소들이 정치의 대상이고 삶 자체가 정치인 만큼, 정치를 우스꽝스러운 것이 아니라 삶을 윤택하게 하는 것으로 여겨야 하며 따라서 정치에 대한 생각도 풍부해져야 한다. 만화나 영화 속에서나 상상했던 것들이 현실로 나타나는 시대! 세계 어느 곳에서든 목소리와 얼굴을 실시간으로 대할 수 있는 세상이다. 그럼에도 정치와 권리는 왜 오히려 나의 삶 속에서 점점 사라지는가. 스스로 '주인'이 되려 하지 않아서이기 때문이고, 그 많던 상상력 때문에 다른 뭔가를 채워넣기도 힘들었던 사유의 공간을 무엇인가에게 내주었기 때문이다.

삶터에서 만나는 사람들과 주고받았던 주요 고민 거리는 '자유'와 '권리'였다. 잘 알고 있는 것인지 아니면 모르면서도 아는 것처럼 허세를 부리는 것인지, 고민하지 않고 내뱉는다. 스스로가 대한민국 헌법을 한 번이라도 보면서 내 권리와 의무만이 아니라 대통령의 책임과 의무, 국가권력이 나를 위해 해야만 할 것들이 무엇인가를 알아보려 한 적이 있는가. 삶 속에서는 권력자들만이 누리는 권력에 종속되어 살아가는 것 같은데, 국민이 국가권력의 주인이라면, 뭔가가 맞지 않는 것 같다.

헌법의 주권자가 권리를 방치한 채, 민족 구성원인 너와 내가 통일을 왜 해야 하는지, 진정한 자유와 민주가 무엇인지 모르고 살아가고 있는 게 아닌가. '자유민주주의 공화국'에서 민주와 공화를 내던진 채 그저 혼자만의 자유와 권리를 누리려 하거나, 또는 관계 속에서 상생의 시너지를 불러와 사회가 행복해지는 정도만을 흔히들 상상한다. 그러나 사회 구성원 모두가 자기 삶의 주인답게 살다가 떳떳하게 죽는 것도 진정으로 행복한 국가의 진짜 '주인'이 되는 길이 아닐까 생각한다. 물론 자유는 하고 싶은 것이 있을 때 외부의 저항 없이 행하고 또 요구되지 않은 것을 하지 않을 권리라고 정의되기도 하고, 몸과 마음이 구속되지 않는 상태라고 정의되기도 한다. 또 어떤 사람들은 자신의 욕구를 실현하는 데 방해가 되는 것들에 저항하는 상태가 진정한 자유라고 하면서 삶의 투쟁과 등치시키기도 하였다. 많은 이야기를 곱씹다 보니, 공통적으로 들어 있는 내용이 있다. 그것은 다름 아닌 '개인 의지의 자발적 실현, 구속되지 않은 상태, 내외부적 방해 요소들에 저항할 수 있는 상태' 등이다.

그렇지만 자신을 구속하고 있는 법과 제도에 순응하면서도, 자신을 억압하는 것들에 대해 저항할 힘이 없으면서도, 사람들은 스스로 자유롭다고 생각하면서 살아가는 힘을 가지고 있다. 자신이 하고 싶거나 생각하는 대로 할 수 있고, 무엇인가가 자신을 억압하거나 방해하지 않으면 자유라고 여기면서 산다. 돈만 있으면 무엇이든 할 수 있는 세상에서, 법의 테두리 내에서 자유롭게 살고 있다는 생각일 것이다. '돈'이 없어서 자유롭지 못한 상태나 법이 정해 주는 공간이 억압적일지라도, 많은 사람들은 자유를 개별화하는 경향이 있다. 관계 속에서 살면서도, 그저 개인이 누리고자 하는 것만을 자유의 형식과 내용으로 받아들인다. 자유에 대한 무지나 오해가 참으로 자연스럽다.

사람들은 삶에서 겪은 다양한 경험에서 지식을 축적한다. 이는 개인 스스로 구축하는 경험 지식이다. 그런데 모든 사람들의 경험 지식이 사회적 관계의 지혜로 변화되는 것이 아니다. 모든 경험이 객관화되고 일반화되기가 쉽지 않기 때문이다. 이 두 가지를 원활하게 소통시키는 사람이라면, 개인의 새로운 지식을 지속적으로 축적하여 사물과 사건을 다양하게 인식하는 능력을 강화한다. 문제는 지식 간의 상호 소통을 거부하거나 그 필요성을 느끼지 못하는 경우에 발생한다. 자기 기만의 상태를 정당화하면서 살아갈 때이다. 배우려는 의지의 결여, 독선과 아집으로 뭉친 협소한 세계관, 개인적이고 경험적인 '지식의 늪'에 빠진 상태를 말하는 것이다. 여기서 말하는 무지는 바로 이런 상태를 의미한다. 이는 종종 정치인들이 잘 보여준다. 모든 정치인이 다 그런 것은 아니지만, 생각이 빈곤하거나 왜소한 경우, 그는 전체 숲을 보기는커녕 숲속의 풀과 나무조차 보지 못하고, 그저 나무 밑에서 기어다니는 벌레만을 죽이려 한다. 권력을 위한 투쟁은 있지만 실제로 권한만을 추구하는 사욕의 정치가 난무하고, 권력에 대한 권리가 무시되고, 어느 순간에 '권리를 억누르는 권력의 정당성만이 자유로이 활개치는 전복의 정치'가 지배하고, 타자나 관계에 대한 배려가 없는 상태에서 자신에게나 상대방에게 '왜'라는 질문을 잘 던지지 않는 것이 습성으로 자리하였기 때문이다. 앙상하기 그지없는 정치의 틀거리 속에서 국민을 들어앉힐 자리조차 만들지 못하고 있다.

또 다른 무지는 그동안 우리가 알고 있는 민주주의 원칙이다. 맞을 것이라고 여기면서 의심 한 번 해보지 않은 우리는, 초등학교 시절부터 지금까지 교과서에 쓰인 내용만을 정답이고 진실이라고 규정하고 있는 우리는, 새로운 자유와 창조적인 민주를 상상하기가 쉽지 않았다. 입법-사법-행정이라는 '3권 분립'이 아닌 '4권 분립'이나 '5권 분립'은 불가능한 것인가, 좋아하는 후보자나 정당이 여럿이라 꼭 하나만을 선택하는 것이 싫어서 여럿을 지지하는 것이 왜 기권으로 처리되는 것인가,

지구상에 있는 대부분의 국가에서는 만 18세 이상에게 유권자의 권리를 부여하는데 우리는 왜 만 19세일까. 만 14세부터 노동 계약을 맺을 권리가 있는데, 그 나이부터 유권자와 후보자의 권리를 부여하면 어떨까. 이런 질문들은 떠오르기도 전에 사장되고 만다.

대한민국에서는 만 25세 이상이 되어야 국회의원 후보 자격을 얻고, 만 40세 이상이어야 대통령 후보 자격을 얻는다. 만 19세 이상에게 투표권이 있는 만큼, 투표권이 있는 모든 사람에게 국회의원이나 대통령 후보 자격을 부여하는 것은 어떨까 상상해 본다. 고대 사회에서는 대표를 제비뽑기로 했다는데, 국회의원이나 대통령을 추첨제 방식으로 하면 어떨까 하고 상상한 적이 있을까? 어떤 나라에서는 대학교의 법학과를 4년 동안 전공하고 졸업하는 사람들에게 변호사 자격이 주어지고, 또 아프리카의 르완다에서는 주민들이 판검사를 직접 선출하기도 한다는데, 왜 대한민국에서는 사법고시나 로스쿨처럼 진입의 문턱을 높게 만들었을까? 아주 쉽게 하는 의사결정의 방식인 과반수를 폐기하고, 모든 결정을 3분의 2로 변경하면 어떤 어려움이 생기는지 궁금할 뿐이다.

생경하게 들리겠지만 모두 지구상 곳곳에서 실현되고 있는 제도들이다. 너무나 엉뚱한 상상이고 비현실적인 망상일까? 이렇게 혁명적으로 상상한다고 해도, 삶 공동체가 무너지지는 않을 것이다. 삶의 질을 생각하거나 행복한 삶의 조건을 염두에 두면, 국가와 정치로부터 받아야 할 것들이 무궁무진하다. 삶터의 주인으로 살아가는 것과 노예로 살아가는 것을 비교하는 것 자체가 우습겠지만, 어떤 시공간에서든 주인으로 살아가는 것이 행복의 지름길이 아닐까? 국가의 의무와 역할이 있음에도, 국민이 그것을 요구하지 않으면서 누군가가 알아서 해준다고 생각하는 것은 국가에 대한 믿음을 넘어서 너무나 순진한 어리석음이다.

모든 것들을 정치적으로 상상할 필요는 없는 것인가? 상상력이 부족한 모든 이들에게 상상력을 요구하는 또 다른 모순의 질곡에 빠져드는 느낌이지만, 스스로 정치를 왜소하게 생각하면 생각할수록, 가까이 해서는 안 되는 것으로 치부하는 순간, 손해를 보는 사람은 바로 자기 자신이다. 국가의 정치 앞에서 개인이 어찌할 수 없다는 포기가 앞서는 것인지, 정치와 삶을 따로 따로 여기는 것인지, 아니면 국가에게 양보하는 행위를 미덕으로 여기는 것인지, 사람들은 정치적 상상력을 가지려 하지 않는다. 삶 속에 정치가 없고 권리를 권리로 여기지 못하는 것도 다 상상하지 않기 때문이다. 상상력이 마를 때 내 안의 정치는 순응과 복종으로 가득하지만, 풍부한 상상의 샘에서 솟아오르는 물처럼 꼬리에 꼬리를 무는 권리가 넘쳐날 때, 누구나 정치와 권리의 주인이 되어 더 이상 민주주의를 요구하지 않아도 되는 세상을 만날 것이다. 그 세상은 나만이 아닌 너와 함께, 누군가를 위한 시혜가 아니라 호혜를 위해, 더 이상 복지가 없어도 모두가 윤택한, '나눔이나 배풂'이 더 이상 아름다움이 아닌 세상일 것이다.

2° 사회계약,
참으로 전근대적인 근대

공동체가 맺은 원초적 계약

　자신의 삶터에서 맺고 있는 많은 관계를 돌이켜보자. 사람들이 있고 그 사람들에게 삶터를 제공하는 자연이 있다. 서로 어우러지는 삶 공동체 대부분은 가정, 촌락, 지역과 국가 속에서 유지하다가 명멸하곤 했다. 굳이 말을 하지 않아도 가정-촌락-국가 간의 복잡한 관계가 개인의 '삶 관계'에 깊숙하게 자리하고 있다. 사람들의 '삶 공동체'가 그것이다.

　최근 '공동체'를 많이 접한다. 가족공동체, 마을공동체, 지역공동체, 그리고 교육공동체 등 다양한 주체들이 자신의 시공간에서 공동체를 지향하고 있다. 말깨나 하는 사람들이 공동체를 말하지 않으면, 꼭 '개인주의'에 사로잡혀 있다는 비판을 받을 것만 같은 분위기다. 서울시가 적극적으로 추진하고 있는 도시의 '마을 만들기 운동'도 그렇고, 수많은 지방자치단체들이 각 지역과 촌락의 특성을 살리고자 추진하는 '공동체 복원 운동'도 마찬가지이다. 공동체가 또 다른 형식과 내용으로 개인의 자존감을 박탈해도 상관없는 듯하다. 그렇다면 '공동체 운동'을 벌이기 이전까지 가족·마을·지역 등이 공동체가 아니었다는 말인가, 아니면 겉으로는 공동체의 모습을 띠었지만, 실제로는 내용이 파괴된 공동체였단 말인가? 이런 의문과 더불어 '공동체'의 의미도 쉽게 다가오지 않는다. 뭔가 있는 것처럼 들릴 뿐 또는 그런 말을 하는 사람들의 내공이 상당한 것처럼 다가올 뿐, 그 실체에 대해서는 잘 모르겠다. 의식하든 그렇지 않든, 사람들이 이미 살아가는 삶터 자체를 공동체로 간주하는 것도 공동체 운동의 의미가 겉도는 것에 영향을 미칠 것이다. 그렇지만 '공동체'라는 말을 쉽게 이해할 수 없어도, 그저 '뭔가를 함께'하는 '집단'이라는 사실만큼은 쉽게 떠오른다.

공동체가 개인을 위해 있는 것인지, 개인이 공동체 때문에 존재하는 것인지, 공동체와 개인의 관계는 팽팽한 고무줄처럼 늘 긴장감을 불러온다. 하지만 서로가 서로를 배려하는 공간으로서 아주 따뜻하고 온정감이 넘치는 것 같고, '우리'라는 관계를 은연중에 규정하는 상호 신뢰와 유대감이 돈독한 것 같아서, 사람들은 공동체에 소속된 것만으로도 안정감을 느낀다. 공동체를 접할 때마다, 뭔가가 나를 구속하는 듯하면서도 동시에 편안하고 애틋한 느낌이 마음속 깊은 곳에서 올라오는 것도 이 때문일 것이다. 집단 관계에서 서로 주고받는 영향력과 친밀감을 도외시하는 외톨이가 되지 않으려 하는 것도, 구성원들이 공유해 왔던 인식과 규범의 일체감을 쉽게 무너뜨리려 하지 않는 것도 공동체의 원초적인 힘이다. 이것이 인간이 다양한 결사체를 이루면서 살아왔던 동력이다.

그런데 인간 사회에서 원초적이고 공동체적인 결사는 왜 시작되었는가라는 질문을 학자나 전문가 이외에 누가 고민하겠는가? 다른 나라에서 태어나지 왜 우리나라에서 태어났는가에 대해 약간의 물음표들을 던지긴 했겠지만, 국가가 왜 존재하는 것인지, 또는 현재의 국가가 멸망하고 새로운 국가는 어떻게 만들어지는 것인지, 사람들은 국가의 주인이면서도 자신의 고민 거리로 받아 안지 않는다. 태어난 순간부터 공동체였고 공동체에서 살다가 죽는 것이 너무나 당연한데, 그것을 왜 끌어안고 사느냐고 지적하는 목소리만 높아진다. 맞는 말이기도 하다. 고대 사회에서도 이런 문제만큼은 먹고사는 데 지장을 느끼지 않는 철학자들의 몫이었으니 말이다.

고대 사회의 대표적 철학자인 아리스토텔레스는 인간의 본성적 욕구에서 그 해답을 찾고 있다. "가정 또는 가정과 촌락으로 대표되는 원초적 결사들이 유기적으로 성장하면서 국가가 발생하였다. 인간들이 모여 살면서 서로 의존하며 하나의 공동체를 이루는 것은 인간의 본질적이고 원초적인 사실이다. 따라서 인간은 사회 내에서만 존재할 수 있고, 격리되어 혼자서는 절대로 존재할 수 없는 것이다." 즉, 인간이 생존 욕구에 따라 모여 살게 된 것이 공동체의 출발점이었다. 아리스토텔레스는 가장 원초적이지만 물질적 욕망에서 시작되는 인간의 본성을 놓치지 않고 있다. 자신보다 강한 상대는 단체의 힘으로 제압하고, 단체의 힘으로 또 다른 단체를 제압하는 약육강식의 법칙도 존재한다. 아리스토텔레스의 입장에서 보면, 촌락은 모든 사람의 공통적인 필요를 더욱 잘 충족시키기 위해 서로 다른 가족들이 협동함으로써 발전된 것이고, 국가는 촌락들이 하나의 커다란 자급자족적 공동 사회로 통합된 결과인 것이다.

생명과 안전은 인간이 보유한 생존 욕구 중에서 가장 근본이다. 야만 상태의 인간들이 벌이는 생존을 위한 투쟁도 그러한 욕구의 일환이다. 약육강식만이 존재하고 힘만을 앞세우는 자연적 야만 상태! 물론 이성적 야만 상태도 얼마든지 존재한다. 하지만, 야만 상태가 자신에게 불리할 경우나 자신의 삶을 힘들고 고통스럽게 할 경우, 인간은 자신의 권리를 누군가에게 양도하여 자신의 삶을 보호하는 이성적 주체이기도 하다. 홉스Thomas Hobbs, 1588~1679는 『리바이어던』✝ 2부 17장에서 국가가 탄생하는 배경을 다음과 같이 말하고 있다. "모든 사람들은 자기를 보호하고 안전을 확보하고자 한다. 그리고 사회계약✝을 통해 공동의 권력, 즉 통치권자를 세우는 일이 곧 자기 보호의 안전망을 확보하는 일이다."

✝ 『리바이어던』은 1651년 홉스가 저술한 정치학 저서이다. 홉스는 '삶 관계' 속에 들어 있는 '삶 투쟁'의 지속적 요소들을 정치적 사유의 기본으로 삼은 철학자였다. 홉스는 인간의 자연 상태를 '만인에 대한 만인의 투쟁 상태.'라고 규정했다. 누구든 이 명제를 보는 순간, 적자생존의 삶을 오롯이 담아내고 있다는 점에 대해 놀라지 않을 수 없다. 사실 자연 상태에서 살아가는 사람들은 힘과 공포를 지배하는 생존의 위협 상태에서 쉽게 빠져나오지 못한다. 고독, 가난, 더러움, 야비함, 기근 등의 현상은 지속되고, 말 그대로 '살아남기 위한 약육강식'만이 야만적 상황에서 살아가는 사람들의 관계를 지배한다. 그래서 사람들은 평화와 자기 보존을 성취하기 위해 서로의 권리와 의무에 관한 계약 관계를 맺는 '이성의 힘'을 발휘한다. 계약 관계의 당사자는 당연히 누구에게나 두려움을 느끼게 하고, 또 압도적으로 우월한 힘을 발휘하게 하는 권력체였다. 그것은 바로 국가였지만, 실제로는 절대군주였다. 홉스의 『리바이어던』 은 초인간적인 권력을 가진 절대군주였다. 홉스의 국가는 절대군주에게 모든 권력을 집중시키는 대신, 계약을 맺은 사람들의 공격권과 자치권을 포기하게 하였다.

홉스는 국가와 국민 사이에 보호와 복종이라는 새로운 관계를 설정하였다. 서로 지켜야 할 권리와 의무를 정한 것이다. 이것이 『리바이어던』에서 밝히고 있는 개인과 국가의 계약이다. "당신도 나와 마찬가지로 당신의 모든 권리를 그에게 주어 그가 하는 모든 행동에 권위를 부여한다는 조건 위에서, 나는 나 자신을 지배하는 권리를 이 사람 또는 이 합의체에 양도한다." 이런 고백이 곧 계약의 핵심 내용이다. 이로써 개인이나 국민과 계약을 맺는 주체인 리바이어던이 탄생한 것이다.

‡ 사람들은 생명과 자유와 재산을 보다 효율적으로 보호하고 유지하기 위해 시민 사회를 만든다. 그 사회를 유지하려면 공동의 권력이 필요한데, 이 과정에서 사람들 개개인은 자신의 힘을 누군가에게 또는 무엇인가에게 위임한다는 계약을 맺는 방식으로 공통의 권력을 형성한다. 이 계약의 형식과 내용을 현실 제도를 예로 들어 말한다면, 국적을 취득하는 것은 동시에 국가의 법과 제도에 따른다는 약속이다. 그런데 이미 국가가 존재하고 법과 제도라는 국가의 시스템이 존재할 경우, 사람들은 자신의 의지와 무관하게 사회계약을 맺게 된다. 계약을 맺지 않고 혼자서 살고 싶어도 그렇게 할 수 없는 상황에 처하는 것이다. 인간이 태어난 순간부터 모든 곳에서 모든 것과 관계를 맺으면서, 그 관계에 구속된 채 살아가야 한다는 사실을 정당화하기 위한 것이 결국 사회계약론인 셈이다. 여기에서 위대한 철학자들의 사회계약론을 설명하고 해제하지는 않을 것이다. 하지만 사회계약론으로 말하고자 했던 정치 체제만큼은 알 필요가 있는데, 홉스는 절대군주제를, 로크는 인민 주권과 입헌군주제를, 그리고 루소는 인민 주권 체제를 옹호하였다. 이처럼 사회계약은 통치를 정당화하는 것이었다. 하지만 국민 혹은 인민들 간의 계약으로 공공 권력을 만든다는 계약론의 전제에서 볼 때, 정부는 '계약의 주체가 아니라 계약의 결과'인 만큼 국민이나 인민의 종복에 불과하다.

당신은 민주 국가에 살고 있습니까

토마스 홉스는 국가와 국민 사이에 보호와 복종이라는 새로운 관계를 설정하였다. 홉스와 그의
저서 『리바이어던』의 책 표지.

　그러나 '리바이어던'은 계약을 이행하기 위해 공공의 장치와 수
단을 가져야만 했다. 법과 제도, 언론, 관료, 군대와 경찰 등이 대
표적이다. 지배를 하는 사람들의 입장에서는 관료나 군대나 경찰
과 같이 인민들에게 물리적 힘을 발휘할 수 있는 억압적 국가 기구
뿐만 아니라, 인민들의 의식을 지배하는 데 필요한 이데올로기적 국
가 기구도 필요했다. 마키아벨리Niccolò Machiavelli, 1469~1527[†]는 국가
의 출현을 인공적으로 창조된 공통의 의식과 행동에서 찾았다. "국
가는 세련된 구조와 조직으로 장착된 행정기구와 군대와 법 그리
고 정부의 여러 기구들을 만들어낸 인간의 정신과 행동에 의해 짜
인 인위적 창조물"이라는 것이다. 국가는 개인을 지배할 정당성
도 필요했고, 그것을 위한 상징화, 허구적 원리, 기호, 개성, 유행가

같은 생활문화까지 유도하였다. 국가는 물질적인 힘을 가지고 있으면서도, 동시에 허상인 것처럼 보이지만 실질적으로 작동하는 이데올로기의 힘을 동시에 가동시킨다. 이 이데올로기의 힘은 사회 내부에 존재하는 자신의 권리와 의무를 포기하게 만들거나, 사회를 그저 '긍정의 힘'으로만 바라보게 하는 힘으로 작용한다. 그러한 힘은 사람들에게 순간의 어려움을 이겨내는 수단으로 작용하기도 하고, 현재의 고통에 상응하는 대가를 미래에 보상받을 수 있다는 환상으로 작용하기도 한다. 사람들의 의식과 행동을 잠재우는 방법은 아주 간단하다. 생각하지 못하는 바보로 만들어 내가 왜 지배를 받고 있는지, 이것이 왜 부당한 것인지에 의심하지 못하도록 만드는 것이다. 많은 사람

✝ 마키아벨리의 『군주론』은 통치 전략의 기본을 '당근과 채찍'에서 찾아내고, 군주가 어떻게 권력을 장악하여야 하는가를 매우 예리하게 정리한 고전이다. 오늘날까지도 권력을 활용하는 전략 및 통치자의 리더십과 관련된 지혜를 제공하고 있다. 흔히 사람들의 삶 속에서 회자되는 정치적인 사람의 모습을 반영할 것이다. 그런데 마키아벨리의 또 다른 현명함은 정치와 인간의 관계에서 '인간의 냉소적인 측면'을 놓치지 않았다는 점이다. 그의 정치학은 '인간의 교활함과 자기중심적인 이기심'을 전제로 한다. 욕망 중에서 으뜸인 사유재산의 정당성이나 누구나 지치지 않고 추구하는 쾌락이 자신에게 부여될 경우, 인간은 그러한 권력을 존경하고 숭배할 것이다. 지역 간 불균등 발전을 악용하는 지역주의 정치나 사람들을 물질적 발전 전략으로 포위하는 성장주의 정치는 이를 근거로 이해될 수 있다. 마키아벨리는 언제든 '적과의 동침'까지 염두에 두는 동맹 정치를 강조하기도 하였다. 군주와 인민의 동맹 정치만이 귀족들의 힘을 약화시킬 수 있다는 판단에서, 군주는 인민들과 귀족의 대립을 유도하는 대리투쟁의 통치로 자신의 권력을 유지·강화시켰다.

당신은 민주 국가에 살고 있습니까

마키아밸리는 국가의 출현을 인공적으로 창조된 공통의 의식과 행동에서 찾았다. 마키아밸리와 그의 저서 『군주론』의 표지.

들이 그저 '나는 이곳에서 이렇게 태어났으니, 이렇게 사는 수밖에 없구나' 하면서 운명과 시절만 탓하는 숙명주의로 빠져들 경우, 사회적인 갈등과 저항은 최소화되거나 사라지게 될 가능성이 높다. 그런 만큼, 지배 세력과 국가는 가장 편한 상태에서 권력을 행사할 수 있다.

인간은 각자의 생명을 보존하기 위하여 자신의 힘을 자신이 원하는 대로 행사하고 소유할 자유를 가지고 있다. 다시 말하면, 이성과 판단에 의거하여 가장 적절하다고 여겨지는 수단을 통해 어떤 일이든지 할 수 있는 것이다. 인간의 본성상 자신의 '삶 욕구'를 포기하는 사람은 거의 없기 때문이다. 이는 인간이 보유하고 있는 자연권이기도 하다. 인간으로 태어났다는 이유만으로 자연스럽게 주어지는, 그 누구도 부정할 수 없는 천부적인 인권이다. 그렇지만, 이러한 자유권도 결국 국가와 맺고 있는 계약의 형식과 내용 속에서 보장된다. 국가나 통치권자에게 위임된 '국가 주권'이 인간의 모든 권리를 지배하고 관리하는 것이다.

계약은 보통 상호간의 권리와 의무를 내용으로 한다. 개인이 어떤 국가에든 소속되어 국민이 되는 순간, 국민과 국가는 서로 권리와 의무를 주고받는다. 이러한 계약의 원리와 내용을 담고 있는 것이 헌법이다. 그래서 대부분의 헌법은 국가를 만들고 운영하는 근본 성격과 원리뿐만 아니라 국민의 '삶의 가치'를 규정하고 있다. 미세하게 보면 약간씩 다르겠지만, 보통은 너와 나를 비롯한 많은 사람들이 원하는 바가 담겨 있다. 바로 인간답고 행복한 삶을 살다가 죽는 것이다. 자신에게 인간답고 행복한 삶의 여건을 국가가 제공한다면, 사람들이 그런 국가를 어찌 탓하겠는가. 문제는 그렇지 못할 경우이다. 국가가 계약을 이행하지 않을 경우 국민이 국가와 계약을 파기할 수 있어야 하는데, 실제 계약 이후에는 국가가 불가침적인 절대주권을 내세우면서 공적 권력을 장악하기 때문에 계약을 파기하기도 어렵고, 그로부터 자유롭지도 않다. 절대주권의 주체는 국민이어야 하는 것 아닌가? 국민 주권이 최고의 가치로 내세워지는 시대이지만, 법이라는 매개 수단으로 국민이라는 소속증명서를 받는 순간부터 국민은 그저 계약의 주체에서 지배의 대상으로 떨어지기 십상이다.

그래서 국가를 부정하는 사람들은 많지 않다. 국가나 정부 없이도 잘살 수 있다는 전제에서 출발하는 무정부주의⁺조차도 국가를 부정한다고 할 수 없다. '국가로부터 자유로운 삶'을 추구하더라도, 삶의 안전한 공간을 보호하는 데 개인이나 집단보다 국가가 더 수월하다는 점은 누구도 부정하지 않는다. 누구나 인정하는 부분이

당신은 민주 국가에 살고 있습니까

다. 국가가 수립되고 난 이후에 사회의 모든 공공적 힘을 국가가 독점하고 있기 때문이다. 이것이 국가가 사회의 안전한 '삶'을 책임지고, 그것에 맞는 의무를 일상적으로 수행해야만 할 이유이다. 너와 나의 계약으로 국가를 만든 것이기에, 국가는 계약의 핵심인 안전하고 행복한 '삶의 조건'을 유지하는 역할만을 성실하게 담당할 필요가 있다.

평등하고 자유로운 만인들은 국가가 없는 자연 상태에서도 자신의 권리를 행사할 자유가 있었다. 삶을 위해 투쟁하는 것은 야만적인 것이 아니라 아주 자연스러운 것이다. 누구나 투쟁해야만 살아남는다는 점을 고려하면, 자연 상태는 사람과 투쟁하든 자연이나 동물과 투쟁하든, 투쟁하면서 살아남아야 하는 사람들에게 자연적 평등을 제공하였다. 그래서 인간은 언제 위험이 닥칠 것인가를 판단하고, 그 위험을 불식시키기 위하여 어떤 조치가 필요한가를 생각하며, 그것을 위해

✝ 무정부주의는 절대적 이기주의를 가정하고 있고, 도덕적 의무의 전적인 포기를 전제로 한다. 모든 사람은 오로지 자신의 이익에만 몰두하여야 하고, 자신의 이익에 일치되는 어떤 일에도 종사할 권리가 있다는 것이 무정부주의의 이론이다. 그러므로 반드시 사회는 극도의 개인적 자유를 허용해야 한다. 어떠한 형태의 정치 권위 및 인간이 동의하지 않은 어떤 권력 행사도 침해로 간주되고, 반드시 제거되어야 한다. 정부가 행하는 침해의 전형적인 형태로는 과세, 군사적 보호, 그리고 법의 집행이 있다. 과세는 때때로 개인이 바라지 않는 봉사에 대하여 대가 지불을 강요하는 법이며, 군사적 보호와 법의 집행은 특별히 그것을 강구하는 사람들이 지불하도록 되어 있는 것이다. 즉 국가는 이러한 봉사를 독점할 권리가 없으며, 또는 이러한 봉사를 바라지도 않는 사람들에게 그것을 강요할 수 없다.

폭력도 행사할 수 있다. 인간은 누구든 자신의 생명과 삶을 보존하기 위해, 필요하다고 여겨지는 모든 것을 할 수 있기 때문이다. '리바이어던'이 만인의 평등과 자유를 보장하는 이유가 여기에 있다. "각인이 자신의 생명을 보존하기 위하여, 그 자신의 힘을 그 자신이 원하는 대로 행사하고 소유하는 자유, 다시 말하면, 그 자신의 생명을 유지하기 위하여 이성과 판단에 의거하여 가장 적절하다고 여겨지는 수단을 동원하여 어떤 일이든지 할 수 있는 자유. 그 올바른 의미의 자유라는 것은 인간이나 동물 또는 무생물체가 운동함에 있어서, 그 운동을 막는 외적 방해물이 없는 상태를 의미한다." 자연의 법칙은 간단하다. 자연의 생물체든 무생물체든 '살아남기' 위해 투쟁을 하는 원리이고, 투쟁할 자유 앞에서 모두가 평등하다.

당신은 민주 국가에 살고 있습니까

국민인가, 인민인가?

◇◆◇

영토와 주권과 국민은 익히 알고 있는 국가의 3대 원칙이다. 거의 불변의 진리에 가깝다. 그런데 세상은 이 원칙을 무너뜨리고 있다. 사람들이 이 나라, 저 나라를 자유롭게 오가면서 살아가는 글로벌 시대가 되자, 특정한 영토에 많은 나라의 국민이 함께 살고 또 국민이 아닌 사람들이 국민의 권리를 요구하는 현상도 아주 흔하게 되었다. 열린 공동체들의 지구 사회가 만들어졌다. 그리하여 다양한 지구화 네트워크는 국민국가의 폐쇄적인 문을 개방시켰다. 심지어 개방적 다문화나 세계 만민으로 살아가는 세상에서, 국경은 또 다른 차별과 착취의 정당성만을 제시한다고 하면서 '국경 없는 세상 만들기'도 국제적인 대중운동의 수준에서 전개되고 있다. 국가의 경계가 철의 장막과 바다에 갇혀 있어서 그런지 대한민국에서는 상상하기 어려운 일인데, 정작 이러한 국경은 누군가의 기득권을 보호하기 위한 방어선일 수 있다. 지구상의 모든 사람들에게 인권이 있고 '삶 권리'가 보장되어야 한다는 인류적 진리를 외면하지 않는다면, 같은 공간에서 같이 살고 있는 사람들을 국민과 외국인으로 나누어 권리를 차별하는 것을 정당하다고 말하기는 어려울 것이다.

대한민국에는 세계화 시대에 걸맞은 또 다른 국민들이 있다. 외국인 이주자들이다. 서로 인종과 국적은 다르지만, 한반도라는 지역적 공동체에서 같은 방식으로 살아가는 사람들이다. 다 함께 섞여서 함께 일하고 생활한다. 하지만 어떤 국가든 항상 법과 제도를 내세워 외국인 이주자들을 '바깥 사람'들로 여기면서 관리한다. 내국인들을 '안 사람'으로 간주하면서 말이다. 그런데 '바깥 사람'들은 노동 현장과 생활 현장의 권리를 거의 갖지 못하지만, 일하고 생활하면서 '안 사람'들과 마찬가지로 세금을 낸다. 간접세의 비율이 높을수록 그 액수는 많을 것이다. 그런데도 법과 제도는 같은 공동체에서 살고 있는 사람들을 '바깥 사람'과 '안 사람'으로 구별한다.

물론 국민은 국가의 법적 틀 내에서 살아야만 하는 대상이다. 시에예스Emmanuel Sieyes, 1748~1836 †는 국민을 다음과 같이 규정하고 있다. "국민이란 동일한 입법부에 의해 대표되며, 공통의 법률 아래서 살아가는 구성원들의 집단이다." 몽테스키외Charles De Montesquieu, 1689~1755도 『법의 정신』에서 이와 유사하게 바라보았다. "국민이란 생계를 조달하는 방식 및 관계가 법이나 제도로 인해, 다른 나라의 사람들과 구별되는 공동체이다." 수많은 민족이나 종족들도 그들만의 체계로 '하나'가 되고, 자기들만의 관계를 유지하기 위해 국가를 만들었다. 국가란 사회적 관계를 맺은 사람들끼리 서로 동의해서 만들고 운영하는 공동의 '삶 체계'를 의미하는 것이다. 그러나 동일한 입법부가 대표하며 외국인들과 구별되는 법과 제도의 공동체라는 의미를 한 번 새롭게

---

† 프랑스 제헌의회는 1789년 8월 26일 라파예트와 E.J. 시에예스 등이 기초한 <인권선언>을 가결하였다. 핵심 내용은 인간의 천부적 자유, 권리의 평등, 국민주권, 법 앞의 평등, 사상의 자유, 과세의 평등, 소유권의 신성(神聖) 등 모두 새로운 국민사회의 기본 원칙들이었다. 이 <인권선언>은 정치적인 평등이나 저항권의 구체적인 행사법이 명기되어 있지 않아서, 루소의 사회계약론이나 후일 자코뱅 <산악파(山岳派)>의 인권선언과 동일시할 수는 없다. 하지만 농촌의 농민과 도시에 사는 빈민의 운동을 배경으로, 절대왕정이나 보수파 귀족의 저항을 타파하고 새로운 시민사회의 원리를 분명하게 선언했다고 할 수 있다.

당신은 민주 국가에 살고 있습니까

1789년 8월 26일 프랑스 제헌의회에서 가결된 프랑스 〈인권선언〉. 라파예트와 시에예스 등이 기초하였다.

바라보자. 이 공동체는 일단 법과 제도의 공간에서는 국민 모두가 평등하다는 것을 전제로 하고 있으며, 다음으로는 공동체 내에 살아가는 사람들에게 법과 제도가 동일하게 적용되어야 한다는 의미까지 내포하고 있다. 한 국가의 영토에 살아가고 있는 모든 사람들에게 평등한 법과 제도의 권리를 보장해야 한다는 의미가 추론될 수 있는 것이다.

그런데 근대적 국가의 탄생과 동시에 근대적 국민까지 만들어진 것이 아니다. 근대적 국가는 역사적으로 상·공업인들과 함께 왕정 체제를 강화시키려 했던 16세기 이후의 절대주의 국가가 아니다. 절대주의 국가는 왕권을 강화하고, 상업을 집중적으로 성장시킨 절대왕정 체제였다. 종종 상·공업인들이 부르주아 세력으로 성장하게 된 요인도 절대주의 국가의 출현과 절대왕권의 도움에서 찾을 수 있다. 하지만 이러한 상호관계가 절대주의 국가의 출현을 근대적 국가의 출현으로 오해하는 요인으로 작용하기도 한다. 부르주아 세력은 절대왕정 체제에서 살아가는 인민들과 함께 혁명을 성공시키고 난 이후, 법과 제도의 가치를 바꾸었다. 왕이 독점했던 '권력'을 다수가 나누어 가지는 분점으로, 신분이나 '삶 조건'에서 당연시 되었던 '권리'의 차별을 평등한 것으로, 그리고 '공공 권력'의 폭력성을 평화적인 것으로 이전시켰다. 또한 사람들 스스로 '인민'의 정체성을 '국민'의 정체성으로 옮겨가게끔 하였다. 그러한 정당성은 당연히 근대적 국민국가의 기본 요소인 헌법과 공화정이 제공하였다.

이처럼 근대적 인민은 새로운 자본주의적 생산 과정과 중세의 낡은 행정 네트워크의 조합으로 급속하게 조직되기 시작하였다. 특정한 지역을 중심으로 소규모 공동체를 이루면서 살고 있었던 사람들에게, 하나의 국가로 통일되기를 바라는 힘이 작용한 것이다. 물론 여기에는 생산-유통-소비의 순환주기를 단축하려는 경제적 힘뿐만 아니라, 지역과 공동체로 분산되어 있는 정치권력의 힘을 중앙으로 집중시키려는 행정적 힘도 함께 작용하였다. 그렇지만 '국민'이라는 정체성이 탄생하기까지는 많은 시간이 필요했다. 혈연관계의 생물학적 연속성, 영토의 공간적인 영속성, 그리고 언어적·문화적 공통성과 결합되어야만 했고, 국가가 국민에게 보다 윤택한 '삶 조건'을 제공해야만 했다. 이러한 관계들이 축적되어 있다면, 전쟁이나 자연재해 등으로 '삶 조건'이 위기 상황에 내몰릴 경우 국가를 중심으로 한 국민의 정체성은 상상하기 어려울 정도로 힘을 발휘하고는 한다.

대한민국에서는 '인민'을 북한의 언어로 간주하는 현상이 보편화되어 있다. '인민'을 대신하는 대한민국의 언어가 무엇이든, '인민'이라는 단어를 쓰거나 말하는 순간 북한을 추종하고 따르는 '종북 좌파'로 몰리고 공산주의의 깃발이 대한민국을 뒤덮으려 한다고 오해를 산다. 해방 정국에서 '인민정부'를 세우려 했던 역사적 산물이자, 한국전쟁 당시 북한 인민정부가 주고 간 흔적일 것이다. 그러나 한반도를 벗어나는 순간, 세계 곳곳에는 '인민광장'이나 '인민혁명광장'이 아주 많다. 이들의 지명은 한자로 人民, 영어로 people이다. 말 그대로 인민은 '사람들'을 의미하는 것이다. 단지 사회적 관계에서 힘을 가지지 못한 채 살아가는 사람일 뿐이다.

근대적 국가와 국민이 서로 '하나'임을 확인하고 강화시키기 이전까지, 역사적으로 인민은 항상 사회 관계와 정치 관계를 생성하는 능동적 주체였다. 권력의 절대자임을 보장했던 중세시대의 군주 주권을 무너뜨리는 부르주아 혁명의 주체들도 바로 인민이었다. 중세시대 인민들은 군주와 귀족의 삶에 필요한 물건 중 하나로 취급받았기에, 절대주의 왕정 체제에서 국가의 일원이라는 정체성을 가질 수 없었다. 그들은 그저 사람으로 대접받으면서 살기를 원하는 사람들이었다. 데카르트는 유럽에서 근대의 시작을 '농민들 스스로 자신의 권리를 인식하고 투쟁을 전개한 것'과 맞물려 있다고 하였다. 엥겔스는 「독일농민전쟁」에서 "1524년 중부 유럽의 농민들이 종교 권력과 군주(귀족) 권력에게 제공해야 하는 세금 거부, 자신의 지위를 향상시키기 위한 항쟁을 전개했는데, 이는 종교개혁의 일환이 아니라, 당시의 지배 세력에 대한 평민과 농민들의 계급적 투쟁이었다."고 서술하고 있다. 가난하고 힘없는 사람들이 권리의 주체로 등장한 것은 중세 봉건시대의 계약 관계를 변화시키려는 집단적 저항이 시작될 때였다.

조선 초기 '민본 사상'에서 나타나는 '민'은 오히려 '갓난아기'와 같이 보호받아야 하는 사람으로 여겨졌다가, 18~19세기에 이르면 군주나 관료가 공경해야 할 주체로 등장하였다. 그러나 관료 집단이 부정부패와 수탈을 일삼는 상황에서, '민'은 관료들에게 저항하는 공공적인 권리의 주체로 등장하였다. 이를 근거로 조선 왕조 체제에서 출현한 '근대성'의 기원을 '민'의 입장으로 정립해야 한다는 주장도 있다. 송호근은 『인민의 탄생』(2011)에서 조선의 유교적 질서를 해체하는 주요 힘 중에 하나가 동학농민전쟁, 갑오개혁, 청일전쟁, 대한제국의 출범 등 삶의 터전을 송두리째 흔들었던 역사적 대사건들 속에서 출현한 인민들이었다고 강조한다. "조선 시대의 인민은 일반 백성을 가리키는 말이었다. 그러나 조선의 인민들이 중앙정치를 대변하는 관군과 전투를 벌일 만큼 지배권력에 저항했다는 것은 향촌의 유교적 질서 자체가 붕괴되었다는 의미이고, 절대왕정 체제에서 통치의 객체로 존재했던 인민subject이 자유와 통의를 갖춘 인민people으로 서서히 전화되기 시작했다는 의미이다." 인민들이 유교적 통치 질서에서 벗어나 새로운 정치 체제를 지향했고, 군주가 보살펴주는 대상에서 벗어나 권력을 만들어내는 스스로의 힘을 발휘하기 시작했다는 것이다. 자신에게 요구하고 강요만 하는 정치 체제가 아니라 1898년 '만민공동회'†처럼 인민 스스로 차별 없이 국가와 권력을 말하고, 서울 종로 거리나 덕수궁 앞에서 시시때때로 대표자들을 뽑아 민주적으로 운영하는 비제도적 집회 정치를 모색하는 일단의 사람들이 출현하였다. 이들이 바로 국가권력의 주인으로 등장하는 인민이자 국민이었다.

‡ 개화파 지식인과 황실의 관료들이 주도적으로 참여하여 만든 독립협회(1896년 7월 창설)는 근대적인 정치사회운동 단체로, 충군애국(忠君愛國), 민권쟁취(民權爭取), 자주독립(自主獨立), 국권회복(國權回復)의 강령을 내세우면서 활동하였다. 지금까지 교과서는 독립협회가 외세의 간섭과 지배에서 벗어나야 한다 주장했고, 절대왕정제가 아닌 자유민주주의를 추구한 독립운동 단체라고 규정했다. 하지만 이제는 황제와 국가와 백성을 동시에 끌어안을 수 있는 공화적 정치 체제를 만들고자 한 단체로 다시 규정해야 한다. 특히 백성의 정치 참여와 천부인권, 의회의 설립 등을 주장하여 관철시키려 했다는 점이나, 인민들의 직접적인 집회 정치를 '만민공동회'로 조직했다는 사실 등은 근대적인 대중정치운동의 서막을 알리는 것이라고 규정해도 무리가 없을 것이다. 인민들은 독립협회의 정치적 지식인이나 개혁적 관료로부터 시작한 '만민공동회'의 정치적 주도성을 자신의 것으로 만들어버렸다. 1898년 4월 이후에 일상적으로 전개된 '만민공동회'는 참여의 자격에서 특별한 제약을 두지 않고 백성들을 정치적 주체로 조직하려 했다. 따라서 사농공상(士農工商)의 신분적 차별을 뛰어넘어 심지어 천민으로 일컬었던 백정의 참여까지 활발하게 이루어졌으며, 또한 근대적인 개인을 정치와 융합시켜 내는 계기가 되었다. '만민공동회'는 말 그대로 '을'들의 공론장이었고, 집단의 힘으로 '갑'에게 압박하는 '을'들의 정치적 행위 공간이었다. 대한민국에서 정당 정치의 원시적 시원성을 말해 주는 운동 정치가 발현된 것이다. 물론 조선의 유교적 지배 질서가 사회적으로 무너져 내리고 있는 상황과 맞물려 있기는 하지만, 독립협회와 만민공동회가 정당의 기본으로 간주할 수 있는 강령과 정책, 조직화된 정치적 주체, 대중적인 정치 활동, 전국 곳곳에 지부 형식의 조직 체계 등을 갖추었다는 점에 비추어 보면, 1948년 이후에 의회와 선거를 매개로 활동하는 정당보다 오히려 대중들의 삶과 더 밀접하게 접합되어 있는 정당정치적인 정치운동의 원초적인 느낌을 준다.

구한말 한양 종로 거리에서 열린 만민공동회. '만민공동회'는 말 그대로 '을'들의 공론장이었고, 집단의 힘으로 '갑'에게 압박하는 '을'들의 정치적 행위 공간이었다. 대한민국에서 정당 정치의 원시적 시원성을 말해 주는 운동 정치가 발현된 것이다.

이처럼 인민은 부르주아 시민혁명을 비롯하여 자신의 권리를 확보하기 위한 집단적 저항을 통해 국가권력의 한 축이 되었다. 자신이 선택한 대표자들이 의회에 들어가서 법을 제정하고 개정하는 권력 체계의 주체가 된 것이다. 인민을 최고 권력자로 여기는 헌법의 원리가 실현되기 시작한 것으로 보면 된다. 그런데 인민은 그 원리와 무관하게 새로운 권력에서 배제되기 시작하였다. 자신의 대표를 선출하는 선거의 주인인 것은 맞지만, 그 대표들을 통제하고 관리할 수 있는 주인은 되지 못한 채 오히려 선거를 마치는 순간부터 자신의 대표에게 지배를 당하는 관계가 만들어졌다. 공동체에 관한 모든 상상의 출발선도 결승선도 모두 국민만 강조하도록 되어 버렸다. 삶의 공동체에 관한 인민들의 상상은 지속적으로 빈약해진 반면, 국민국가의 국민이 가져야만 할 부담만 많아졌다. 반면 국가는 국민을 지배하고 관리하는 주

당신은 민주 국가에 살고 있습니까

권의 소유자이자, 국민들에게 법의 위력만을 앞세우는 권력자로 바뀌었다.

한 개인이 국가나 사회에 염증을 느끼고 원시적인 동굴 생활을 한다고 가정해 보자! 그는 국가로부터 자유롭게 생활하고 있는 것일까? 일상의 관계가 변화되었기에 본인은 국가와 무관한 관계를 형성한 채 살고 있다고 느낄 수 있지만, 정작 국가는 자연 상태에 처해 있는 개인의 생활조차 관리하고 있다. 국가는 국민의 생활에 대한 관리를 방관하거나 묵인할지언정 결코 포기하지는 않는다. 정보 사회는 국가에게 그러한 힘을 더욱더 많이 제공하고 있다. 정보 기구를 사용하지 않더라도 국민들을 관리하고 감시할 기구들이 즐비하며, 또한 그것들을 사용하는 순간, 국가는 그 사람이 살고 있는 삶의 형식과 내용을 순식간에 발가벗길 수 있다. 국가는 국민이 동의하지 않더라도 법과 제도를 앞세운 권력을 가지고 있기 때문에, 국민들을 국가의 일반 의지 속에 가둘 수 있다. 루소Jean-Jacques Rousseau, 1712~1778는 일반 의지가 보유하고 있는 공동체와 개개인의 관계를 다음과 같이 말하고 있다. "우리들 각자는 자신의 인격을 공동체에 투여하며, 각자가 가지고 있는 모든 힘과 권리를 일반 의지에 맡겨야 한다. 다수의 개인은 이처럼 사회적인 결사와 연합체를 위해 일반 의지가 가지고 있는 최고의 힘을 인정해야 한다. 그러나 반드시 전제가 필요하다. 일반 의지는 '완전한 평등'을 유지해야만 한다. 이를 전제로 할 때만이, 모든 사람들 개개인을 그 전체 속에서 떼어낼 수 없는 한 부분으로 여기게 된다." 이처럼 루소는 국가와 국민이 '하나'가 되는 유일한 길을 '완전한 평등'에서 찾았다.

근대적 국민은 "모든 권력은 국민으로부터 나온다."고 기록한 헌법의 최고 가치가 이러한 평등을 실현한다고 믿을 것이다. 헌법이 국가의 최고 통치수단으로 등장하여 헌법을 무오류의 신화 속으로 빠져들게 한 가치이지만, 절대왕정 체제를 무너뜨릴 당시, 이것은 국가의 주인이 군주가 아니라 인민이며 인민이 법을 만들어야 정당성이 보장되는 공화주의의 원리였다. 이는 오늘날 자유민주주의의 기원이기도 하다. 이것이야말로 '인민'을 이념적 색깔의 단어로 이해해서는 안 되는 근거이다. 그렇게 할 경우, 스스로 자유민주주의를 부정하는 오류를 범하게 된다.

따라서 인민과 국민은 '다르면서 같고, 같으면서 다른' 의미를 내포하고 있다. 근대적 국민국가에서 살아가는 사람들 모두가 '인민'이고, 국가와 하나임을 계약한 모두가 '국민'이다. 그렇지만, 필요에 따라 '인민'과 '국민'을 구분해서 사용해야 한다. 근대적 국민국가의 정체성을 부각시켜야 할 경우에는 '국민'으로, 사회적 관계에서 '삶'의 정체성을 의미하려 할 경우에는 '인민'으로 사용해야 한다는 것이다. 국가의 최고 권리가 보장되는 국민 주권의 주권자는 과연 국민인가, 아니면 인민인가? 아니면 존재하는 것만으로도 힘을 발휘하는 국가, 국민이라는 정체성도 좌우할 뿐만 아니라 국민의 생사여탈권까지 보유하고 있는 국가야말로 유일한 주권자인가?

이러한 고민의 끈은 책의 씨줄과 날줄뿐만 아니라, 책의 면과 면 사이에도 드러나지 않게 숨어 있다. '국민'인가, '인민'인가? 독자와 저자가 함께 찾아야 할 숨은 그림이다. 우리 스스로 권리의 주체임을 포기하지 않는 이상, 찾아 헤매는 행위 자체가 우리를 정치사상가로 변신시키는 사유의 길로 이끌어줄 것이다.

당신은 민주 국가에 살고 있습니까

전근대가 보장했던 놀라운 권리

◇ ◆ ◇

역사를 명확하게 숫자로 구분하는 설명 방식은 각 시대에 존재했던 보편적인 삶의 형식이나 사회문화적 현상을 손쉽게 다른 시기와 구분한다. 그런데 사회의 다양한 질적 특성을 근거로 시대와 시대를 구분하기란 쉽지 않다. 삶의 요소들은 하루아침에 하늘에서 뚝 떨어지는 것이 아니라, 시간을 머금은 채, 점진적이면서도 지속적으로 자신의 형상을 변화시켜 오기 때문이다. 근대성modernity이나 근대 역사의 시기에 대한 논란이 지속되고 있는 것도 그러한 연유이다.

대한민국에서 근대적인 삶의 모습을 어느 시점, 어떤 내용에서 찾을 것인가? 연대기적으로 구분하면 간단하다. 조선시대, 대한제국, 일제 강점기, 해방 정국, 그리고 정부 수립 이후로 구분할 수 있다. 정부가 필요에 따라 2005년에 해방 60주년, 2008년 건국 60주년, 또는 2015년 광복 70주년을 성대하게 기념하는 것도, 기본적으로 일제 강점기가 종결된 시기나 정부 수립의 시기를 근거로 하고 있다. 하지만 이 근거는 생각처럼 탄탄하지 않고, 논리적으로도 많은 모순을 내포하고 있다. 그래서 그런지 정부도 '1945년 8월 15일'의 의미를 통일적으로 규정하지 못하고 있는 것 같다. 스스로가 해방인지, 광복인지, 건국인지, 아니면 독립 또는 분단인지, 이것도 아니고 저것도 아닌 상황에서 쉽게 벗어나지 못하고 있다. 물론 어떤 의미를 택하든, 1945년 8월 15일에 일제 강점기에서 벗어난 것만큼은 사실이다. 차이가 있다면, 각 의미의 개념 속에 들어가 있는 주체의 부분이다.[†]

그렇다 하더라도, 1945년 8월 15일 자체가 근대성을 보장하지 않는다. 또한 1948년에 남한만의 단독정부를 수립했다고 해서 일제 강점기의 사회경제적 유산이 현재까지 단절되지 않고 있는 만큼, 이러한 시대 구분 방식으로는 근대성을 규명하기가 쉽지 않을 것이다. 또한 연대기적인 구분이 아니라 왕정 체제와 공화정 체제로 구분한다면, 일제 강점기와 해방 시기를 어떤 정치 체제였다고 할 수 있을까? 이 물음은 그 시대의 사회적 관계와 국가권력의 성격을 어떻게 규정할 수 있을 것인가의 문제와 연결되어 있다.

‡ 1948년 8월 15일은 대한민국 정부 수립을 선포한 날이고, 광복절이라는 국경일을 지정한 것은 1949년 10월 1일이다. 1950년 8월 15일이 광복절 기념 1주년이라고 한다면, 2015년 8월 15일은 광복절 기념 66주년이다. 그런데 박근혜 정부는 2015년 8월 15일을 광복 70주년으로 규정하였다. 1949년 10월 1일 제정된 '국경일에 관한 법률'에 따르면, '8·15'는 독립기념일이라는 이름으로 제안되었으나, 국회에서 독립기념일이 광복절로 변하였다. 여기에서는 누가, 왜 바꾸었는가를 보자는 것이 아니다. 광복과 해방이라는 개념 속에 들어가 있는 주체의 측면으로 이해하면, 문제를 파악하는 변별력이 생긴다. 독립운동가들이 '광복조국', '광복독립'이라고 외치면서 투쟁의 고통을 이겨냈다는 역사적 사실에 비중을 둔다면, '광복'의 주체는 국가이다. 일제 총독부를 자신의 국가로 바라본 친일파에겐, 8·15는 곧 국가 패망이 아니었겠나 싶다. 그러나 일제 총독부의 억압과 착취로 가장 큰 고통을 받은 사람들이 식민지 조선의 인민이었다는 역사적 사실과 그러한 고통에서 벗어나는 의미를 '해방'에서 찾는다면, '해방'의 주체는 인민이었다. 하나였던 민족이 두 개의 국가로 분리되었다는 측면에서, 분단의 주체는 민족이었다.

　　　　　　　　당신은 민주 국가에 살고 있습니까

1945년 9월 9일 조선총독부 건물 앞에 일장기 대신 미군정청의 성조기가 걸리고 있다.

일제 강점기는 대한제국이 일본의 식민지가 된 이후, 일본 총독부가 대한제국의 인민들을 통치했던 시기이다. 이 기간 동안, 대한제국의 인민들은 일본과 다양한 관계를 맺는다. 어떤 이는 독립운동가로, 또 어떤 이는 친일파로 총독부 권력과 관계를 맺었다. 하지만 대부분의 인민들은 총독부 권력에 순응하거나 복종하는 관계를 맺고서, 착취와 억압을 당연하게 받아들이지 않을 수 없었다. 친일파가 되지 않는 한, 삶을 유지하기 위해 맺어야만 할 관계였다. 총독부 권력과 친일파들은 자신의 이익을 추구하는 데 방해가 된다면 인민의 저항을 언제든지 탄압했기에, 저항은 곧 삶을 포기해야만 하는 목숨의 문제였다. 그렇지만 1945년 8월 15일은 일제 강점기의 관계가 새롭게 변화되지 않으면 안 되는 기점이 되었다. 일제 강점기의 근대적 요소와 전근대적 요소가 해방 정국으로 이전되었고, 그 두 가지의 요소들은 해방 정국에서 새로운 모습으로 다시 탄생한다. 소위 근대적인 요소와 전근대적인 요소는 역사 속에서 항상 자리다툼하였다. 일제 식민지 요소와 탈식민지 요소 간의 갈등, 우파와 좌파의 대립, 그리고 분단과 통일의 경쟁이 혼재했던 시기를 거치고 난 이후, 대한민국이 수립되었다는 것이다.

그렇지만 대한민국의 근대성이라는 시점을 설정하려면, 어떤 것을 가지고 파악하느냐에 따라 달라질 수 있다. 예를 들어 토지 소유제의 정착이라는 점에 비추어 본다면, 일제 강점기에 해당하는 1912년부터 1918년의 기간이 근대성의 시점이라고 볼 수 있다. 소위 근대적인 토지 소유제가 일제의 토지조사사업으로 정착되었다. 그런데 일제 강점기 토지 소유제의 정착으로 농민들은 그동안 누렸던 토지 점유권을 상실하였다. 토지 소유제의 정착과 동시에 소작농제를 이용한 조선의 양반 관료들과 일제 총독부의 수탈이 강화되었다는 점에 비추어 본다면, 농민들에게는 근대적 토지 소유제가 근대적일 수 없다. 다소라도 점유하고 있던 토지의 주체였던 그들이 토지를 소유한 사람들의 객체로 전락하게 된 것이다.

전력, 통신, 철도와 같은 국가 기간 산업이 구축되기 시작한 것에서 근대성을 찾는다면, 일본 자본이 조선에서 그러한 산업에 투자하기 시작한 1900년대 초부터라 할 수 있다. 일본 자본이 철도 부설 사업을 시작하면서, 대한제국으로부터 얻은 특전은 세 가지였다. "첫째, 선로, 정거장, 창고, 공작물 등에 필요한 토지는 조선 정부로부터 대가 없이 빌린다. 둘째, 철도에 필요한 기계 및 각종 물건을 외국으로부터 수입하는 것의 관세 및 철도 토지에 관계된 세금을 면제하며 철도 영업에 관한 각종 이익에는 징세하지 않는다. 셋째, 각 지방의 지선 건설은 조선 정부 및 조선 인민이 건설하지 않는 한 외국인에게 허가하지 않는다." 그런데 선로, 정거장, 창고, 공작물 등에 필요한 토지를 조선 정부로부터 대가 없이 빌린다는 항목은 조선의 몰락을 재촉하는 촉매제가 되었다. 일본은 철도 부설 토지 매입에 필요한 자금으로 쓰라며 대한제국 황실에 철도 차관을 제공했고, 그 빚으로 일본에게 땅을 내주게 하는 '재정 악순환'의 상황을 만들었다. 대한제국은 일본철도회사에 땅을 내주면서 부채를 떠안고 이자까지 챙겨주는 황당한 상황에 빠져버렸다. 《동아일보》 1989년 9월 18일자 지면 〈갈무리〉에 따르면, "일본의 조선 침략 수단이 됐던 경부철도의 주식을 친일파 이완용도 소유하고 있었다는 문서가 후에 발견되었다." 이완용만 그러지 않았을 것이다. 당시에 세상의 변화를 읽고 있었던 사람들은 자신의 돈과 권력을 새로운 세상의 지배자들에게 맡기는 생명보험들을 들었다. 이러한 근대성은 주체성을 상실하는 식민화의 출발이기도 했다.

이처럼 근대성의 연원은 복잡다기하다. 외부에서 도입된 것만도 아니고 내부에서 자생한 것만도 아니다. 어떠한 것이든, 이 두 가지 요소는 사람들의 삶 속에서 보다 우위를 차지하기 위해 늘 자리다툼을 하였다. 한복을 벗어던지고 양복을 입는 사람들과 한복에 상투를 고집하는 사람들. 일제 강점기에 창씨개명한 사람과 그렇지 않은 사람들, 어떤 다툼이든 사람들이 삶의 주체가 되는 과정이자 사회적 관계의 주체성을 정립하는 것이었다.

서구 사회에서도 보통 15~16세기의 르네상스에서 근대성의 연원을 찾고 있다. 르네상스 시기의 인문주의humanism가 주요 척도였다. 신이 아닌 인간을 성찰하는 것이었다. '신'이나 '왕'과 '귀족'의 절대권력에서 벗어나는 인간의 주체성 문제가 역사 속에서 삶 속으로 귀환한 것이다. 이는 인간 스스로 자신을 재발견하는 과정이었다. 신과 교회로부터 자유로운 인간, 개인의 자유와 자아, 그리고 교양을 가진 인간을 재발견했다. 르네상스는 약 1000년 동안 지속된 신 중심의 사회를 인간과 개인이 중심이 되는 사회로 변화하려는 혁명적 운동이었고, 신으로부터 해방되려는 인간의 모습이었다. 그런데 사실상 서구 중세시대의 농노들은 신과 귀족에게 종속된 상태에서도 상당한 자급자족과 자치권을 행사하고 살았다. 농노들은 중세 장원제도 아래서 영주나 기사와 협의하면서 자치적으로 결정할 권한을 보유했었다. 마르크스Karl Marx, 1818~1883[✝]의 1844년『경제철학수고』에 따르면, "중세시대 농노조차도 자기 집이 있었고, 그 집에 딸린 땅이 있고, 4에이커 정도의 토지를 보유한 상태에서, 그 토지에서 자신의 노동으로 생산한 것은 자신의 것이었다. 공유지도 있었다." 1861년 농노 해방 이전의 러시아에도 농노들의 자율적 자치권을 인정하였다.

✝ 마르크스가 제시한 공산주의 강령을 구체적으로 접한 사람도 그리 많지 않을 것이다. 그런데 마르크스는 그저 계급투쟁의 역사를 공부해서 이론화한 것일 뿐인데, 자본주의 사회는 마르크스를 색안경을 끼고 바라보는 바람에 그의 공산주의를 왜곡된 형태로 알리고 가르쳤다. 많은 사람들이 알고 있겠지만, 마르크스는 『공산당선언』이라는 책을 통해 공산주의 강령을 세세하게 제시하였다. ① 토지소유제도의 폐지와 지대 몰수 ② 무거운 누진 소득세 ③ 상속권의 폐지 ④ 이민자와 반역자들의 재산 몰수 ⑤ 금융의 국가적 중앙집권화 ⑥ 교통·통신수단의 국유화 ⑦ 농·공의 조화와 노·농 간의 점진적 격차 해소 ⑧ 만인의 동등한 노동 의무 ⑨ 공업·농업 분야에 있어서의 국가 활동의 확대 ⑩ 미성년자의 노동 폐지 등 누구든 마르크스에 대한 색안경을 쉽게 벗지 않겠지만, 마르크스의 제안 중에는 국가의 공공적 역할을 강조하는 사회계약론의 관점에서 긍정적으로 바라볼 수 있는 지점도 상당히 많다.

중세시대의 자유는 억압이나 강압에서 벗어나 인간의 주체성을 찾는 것 그 자체였다. 자유는 자유로운 행동에 잇따르는 해방이었고, 모든 노예 상태로부터 벗어나는 것이었다. 그러나 아우구스티누스^{Aurelius} Augustinus, 354~430[†]는 자유와 해방을 연결하면서도, 그것을 베푸는 주체를 신으로 여겼다. 사람들은 잘못으로부터 해방 혹은 불행으로부터 해방되어야 자유로워지는데, 그 힘은 신이 보유하고 있다는 것이었다. 이러한 신으로부터 자유를 찾는 인간이 출현하였다. 신이 규정한 세계를 인간의 이성으로 분석하는 유형, 신의 계시를 넘어서 인간의 윤리적 가치를 스스로 인식하고 판단하는 유형의 인간이었다. 스스로 자기 행동의 준칙을 독자적으로 만드는 사람들이었다. 주체성의 관점에서 보는 근대적 인간의 출현이다. 그래서 근대적 인간들은 신과 맺은 계약을 대신할 다른 계약 대상자를 물색하였다. 이처럼 인간의 이해를 정치적으로 표현한 것이 사회계약이다. 인간성의 회복이나 주체적 권리의 관점으로 접근한다 해도, 근대성의 기원과 현상은 혼란스럽다.

† 중세시대는 교회가 세속적 권력으로 성장했던 시기였으며, 교회와 국가가 정치적 주권 획득을 위해 치열하게 붙었던 투쟁의 장이었다. 기독교가 공인되어 교회가 부와 권력을 획득하게 되자, 정치권력과 관련된 일련의 새로운 신념과 태도가 등장하기 시작하였다. 성 아우구스티누스의 『신국』은 말 그대로 기독교 신자들의 공동체인 '신의 국가'를 의미한다. 이교도들에 대한 비판을 넘어서 신의 세계에서 펼쳐질 이상사회까지 꿈을 꾸었을지라도, '신의 나라'에서도 노예제를 죄로 인한 벌의 결과이기에 아주 정당한 것으로 여겼다. 성 아우구스티누스의 정의란 참된 신을 섬길 때만 존재할 수 있었다.

그렇다면 군주제를 인정하지 않고 헌법을 최고의 가치로 여기는 자유민주주의 공화정이 곧 근대 국가의 시작이라고 할 수 있는 것일까? 그러려면 통치 권력 및 권력 구조의 근대성을 개인의 주체적 권리의 보장에서 찾고, 권력을 1인이 독점하지 않고 국민이 권력을 지배하는 차원에서 규정해야 한다. 하지만 사실 헌법이 제정된 자유민주주의 공화정에서도 봉건제형 통치 권력과 권력 구조도 존재한다. 근대성의 기원이 제도화되고 형식화된 인간의 주체성에 머무는 것이 아니라 실질적인 주체성까지 포괄하지 않으면 안 되는 이유인 것이다.

당신은 민주 국가에 살고 있습니까

계약 관계를 무력화한 조선 농민의 저항

◇◆◇

　대한민국 사람들은 근대화와 산업화의 차이를 보려 하지 않는다. 근대화와 산업화는 동전의 앞뒷면이라고 여기면 그만이다. 그저 국가가 '조국 근대화'와 '잘 살아보세'를 내세우면서 산업화 정책을 추진하였으며, 국민들에게 가져다 준 그 결과물은 풍요로운 물질이었다. 근대화의 다양성을 고민할 필요도 없이, 산업화가 근대화를 삼켜 버렸다. 나이가 많은 사람들이 자주 쓰는 말 중에서, '너희가 가난과 배고픔을 알아?'가 있다. 앞선 세대들이 반공주의와 경제 성장 제일주의를 강요하면서 꼭 덧붙였던 생물학적 무기였다. 경험해 보지 않아서 가난과 배고픔을 모르는 세대들의 입장에서는 참으로 뜬금없는 말이지만, 사회적으로는 앞선 세대의 경험과 가치가 우선시되고 물질적 성장을 신성시하는 정당화 수단으로 작용하였다. 나이와 경험을 앞세워 '꼴통' 노릇을 하거나 무지의 폭력을 일삼는 수단으로 악용되었다. 물론 한국전쟁이 터지면서 배고픔이 최고의 지배 수단으로, 이것을 면해 주는 것이 최고 '선'으로 간주되던 시절이 있었다. '배고픔'은 의식 세계나 무의식 세계를 깊숙이 파고들어, 산업의 발전과 풍요의 장애가 되는 모든 것을 '악'으로 간주하는 절대자로 군림하였다.

　그런데 대한민국의 근대화나 산업화 시점은 언제부터일까? 쉽지 않은 질문이다. 많은 사람들이 이 문제를 다양하게 이해하는 것도 대답하기가 쉽지 않아서이다. 어떤 사람은 근대화를 산업화와 동일하게 말하면서 박정희가 군부 쿠데타를 일으키고 난 뒤 1962년부터 추진된 경제개발계획에서 찾기도 하고, 또 어떤 사람은 산업화와 민주화가 결합된 1987년 이후부터 찾기도 한다.

하지만 산업화나 민주화를 일군 주체가 국가의 최고 지도자라는 관점도 만만치 않다. 대한민국 사람들은 '왕'의 역사에 매우 익숙하다. '왕'을 중심으로 기술되었던 역사가 전부였다 해도 과언이 아닐 정도로, 『조선왕조실록』은 권력자를 중심으로 재구성하였던 역사의 주춧돌이었다. 힘이나 권력을 갖지 못하는 사람들은 역사에서 '소외'되는 것을 당연한 사실로 간주해 버리는 것 같다. '1등 지상주의'나 '패자 부활이 없는 승리'만이 코드화되어 버린 것이다. 이런 역사를 보고 배우면서 권력과 힘의 우월성을 몸에 익힌 사람들의 입장에서는, 산업화나 민주화를 위해 피와 땀을 흘린 노동자와 농민이 근대화의 실제 주체임을 잘 인정하지 않는다. 역설적으로 이해하면, 노동자와 농민의 피와 땀을 '잘' 흘리게 한 지도자가 최고이다.

마냥 주관적인 추론이라고 할 수는 없다. 이는 국가의 최고 지도자를 바라보는 국민들의 시선에 그대로 반영되어 나타난다. 언제부터인가 1948년 정부 수립 이후 역대 대통령에 대한 선호도에서 늘 박정희가 1등이다. 대체 박정희가 대한민국의 대통령을 하면서 어떤 일들을 했기에, 국민들이 그렇게 좋아한다는 말인가? 민주주의와 국민의 권리를 짓밟더라도 물질적으로 풍족해지면 그만이라는 감정이나, 박정희를 좋아하는 사적인 감정이야말로 논리적으로 설명하기 쉽지 않은 부분이다. 개별화된 개인의 욕망이라고 하면 그만인 '자유민주주의 왕국'에서는 더욱 그러하다.

물론 '박정희 신드롬'은 대한민국 경제의 위기와 맞물려 경제 발전의 메시아가 출현하기를 바라는 마음이자, 민주화가 경제 성장의 방해 요소임을 부각시키고자 하는 발상과 연결되어 있을 것이다. 그런데 그러한 발상의 주역들은 권력의 승리자임을 자처하는 세력들과 창조적이지 못한 지식인들이었다. 김대중 정부는 박정희기념관의 건립을 위해 수많은 세금을 지원하였고, 군부 독재를 찬양하는 세력에게 '박정희 영웅화'[†]의 근거를 제공하였다. 박근혜 정부는 그것을 토대로

[†] 박정희는 '오카모토 이노부' 또는 '다카키 마사오'라는 일본식 이름으로 만주와 일본의 군관학교나 일본육군사관학교를 마치고, 일본 장교로 복무하다가 일제의 패망과 함께 고향에 돌아왔다. 그러나 박정희는 1946년 9월에 서울로 올라가 나중에 육군사관학교가 된 조선경비사관학교 제2기생으로 입학하여 12월 졸업한 이후 군인의 길을 걷다가, 5·16 군부 쿠데타로 정치권력을 찬탈했다. 박정희는 군대를 삶의 발판으로 삼았다. 이러한 사실에 대해서는 많은 사람들이 잘 알고 있다. 그런데 박정희가 충효 사상과 영웅 사관에 입각하여 위인들을 '신격화'했다는 점도 '박정희 영웅화'와 궤적을 같이 한다. 위인들을 신격화한 정책은 1970년대 충효사상 교육을 부활시키는 밑거름이 되었다. 박정희는 한반도의 오천 년 역사를 '퇴영과 조잡과 침체의 연쇄사'라고 격하하는 대신, 전승해야 할 유산으로 '향약과 계, 국난 극복의 애국 전통, 실학 사상' 등을 꼽았다. 박정희는 자신이 가장 존경하는 이순신과 세종대왕을 신격화하기 위한 정책을 추진하였다. 1962년부터 충무공 탄신기념제가 대규모로 열리기 시작하였고, 현충사를 성스러운 영역으로 만들었다. 1967년에는 충무공 탄신일을 국가 행사로 지정하라고 지시하였다. 군부 쿠데타를 했던 박정희가 무공 위인을 신격화하는 것은 개인의 존경을 넘어, 군부 통치의 정당성을 확보하는 것이기도 했다. 박정희는 또 세종대왕을 신격화하였다. 세종대왕 유적의 정비뿐만 아니라 세종대왕의 정책, 특히 한글 창제를 비롯한 각종의 정책을 집중적으로 홍보하면서, 그 시기를 조선시대의 르네상스로 부각시켰다. 이는 박정희 정권의 경제 발전 정책을 한민족의 새로운 황금 시대로 격상시키려는 의도와 맞물려 있었다. 보다 구체적인 내용은 전재호, 『반동적 근대주의자 박정희』(책세상, 2000)를 참조하라.

'박정희 신화화'에 온 힘을 쏟아붓고 있다. 이러한 '신드롬'을 의연하게 떠받히고 있었던 사람들은 경제 발전만을 최고로 여기거나 정치 사회의 민주화가 경제 발전의 걸림돌로 작용하지 않아야 한다는 '경제 지상주의자'들이었는데, 그들의 힘은 블랙홀처럼 수많은 인민들의 몸과 마음을 포박하였다. 먹고사는 것이 아슬아슬할수록, 그 대열은 줄지어 늘어선다. 자신에게 저질러지는 '보이지 않는 폭력'은 그닥 중요하지 않다. 누군가가 그런 폭력을 일삼는다 하더라도, 오로지 돈이면 최고인 것이다. 먹을 것과 누워 잘 곳을 구하느라 이리 뛰고 저리 뛰다 보면, 사람들은 삶의 허무감 같은 것조차 끼어들 틈이 없어진 상태에서 살아 있다는 사실만으로도 안도감을 느낀 채 살아가게 된다. '타성'에 중독되는 순간, 국민들은 능력이 있는 개별 자본가나 제왕적 대통령이 아니었으면 산업화나 민주화가 불가능했을 것이라는 허상의 굴레에 빠져버린다. 아니 국민들에게는 실제로 허상이 아닐 수 있다. 왜냐하면 자신의 우월함을 내세울 근거가 빈약할수록, 국민들 스스로가 절대적으로 믿고 따르는 대상이 펼쳐주는 우산 밖으로 벗어나려 하지 않기 때문이다.

산업화가 어떤 방식으로 추진되었든, 1960~1970년대의 경제 개발은 다양한 시공간을 압축하였다. 과거의 '착취와 궁핍'에서 자유롭지 못한 사람들에게, 20여 년이라는 시공간은 슬픔과 고통으로 남아 있는 일제 강점기, 해방 정국, 한국전쟁, 그리고 1950년대의 '트라우마'를 동시에 머금고 있다. 같은 시공간 속에 서로 다른 시공간의 생각과 경험이 복잡하게 얽혀, '하나'를 서로 다르게 볼 수 있는 다양함이 형성되었다. 오로지 '가난'에서 해방되는 것만을 최고 선으로 여기는 '돈 만능주의'만이 이 다양한 사람들을 하나로 묶을 수 있었다. 일제 강점기 가난에 시달렸던 사람들, 그리고 이념적인 대립과 남북전쟁의 상흔에 시달려야 했던 사람들이 1960~1970년대 경제 성장으로 치유되는 감성적 함정에 빠져든 것이다. 사람들의 의식은 '다양한 역사적 사건들'의 의미를 굳이 스스로 재규정하지 않았다. 대신 국가와 지배 세력이 재구성하는 방식대로 따라다녔다.

시기와 공간의 차이에 따라 삶의 조건도 분명히 달랐을 텐데, 국민들은 아마도 일과 돈으로 다 함께 시대적 '아픔'을 잊고 살았을 것이다. 돈과 권력에 순응하는 대가로 물질적 풍요를 누릴 수 있는 사회적 조건에 만족했고, 정신적 빈곤의 아련함을 고된 노동으로 대신하거나, 삶의 미래가 불확실한데도 자신만은 확실하게 보장될 수 있을 것이라는 기대 가치의 유혹에서 벗어나지 못하였다. 이러한 유혹은 50년이 지난 지금도 강렬한 힘으로 작용하는 듯하다. 대표적인 현상은 노동자 스스로 노동의 주체성에 대한 자부심을 쉽게 내세우지 못하는 것이다. '공돌이와 공순이' 생활의 부끄러움을 강요당하는 것이다. '노동자' 대신에 '근로자'의 성실성을 수용했던 그들에게는, 늘 통치의 대상으로 있으면서 착취의 고통을 당해야만 했던 그들에게는, 살아남는 것 자체가 떨쳐버릴 수 없었던 삶의 짐이고, 저항이 가져다 줄 두려운 행복보다 복종이 주는 꺼림칙하고 불행한 만족을 택할 수밖에 없었을 것이다. 이런 단면을 보지 않은 채 무작정 국민성이나 민족성까지 들먹거리는 경우도 있다. '쉽게 단결하지 못하고 노예 근성을 드러내는 국민의 정서에 비추어 보면, 제왕적 독재자 같은 지도자가 필요하다'는 식으로 말이다. 경제 위기가 발생할 때마다, 혹은 자신의 삶 권리를 위해 국가에게 저항하는 사람들을 향해, 박정희는 죽은 자가 아니라 '부활한 신'처럼 힘을 발휘한다.

특히 제왕적 대통령을 바라보는 국민의 마음은 더욱 그러하다. 대통령이 헌법 앞에서 선서하고 난 이후, 그가 헌법을 준수하고 있느냐 헌법을 위배하고 있느냐의 문제는 더 이상 관심이 아니다. 사람들이 바라보는 대통령은 대한민국의 제왕이고 법과 동일한 존재이다. 국민이 주권자인 사회가 아니라 대통령이 최고의 주권자로 살아가는 사회인 것이다. 따라서 산업화와 민주화의 실체가 노동자와 민중들의 투쟁이었다는 사실을 인정하는 것 자체가 역사에 대한 인식의 틀을 바꾸는 작업이다. 달리 말하면 국민들 스스로도 자신이 산업화와 민주화의 주역이었다는 점들을 망각한 채 살아간다. 권리를 내세우기보다 의무를 따르는 것이 살기가 편하고, 힘을 가진 사람들에게 권리를 요구했다가 후환을 두려워하는 고통을 겪으니 차라리 아무것도 요구하지 않겠다는 것이다. 이렇게 사람들은 스스로 선거할 때 빼고는 일상생활에서 주권자로 쉽게 나서지 않는다.

국가권력의 구조나 체계가 형식화되는 순간은 쉽게 알 수 있다. 권력을 법과 제도로 구성하는 시점을 찾으면 된다. 그러나 산업화의 구조나 체계가 형식화되는 시점을 찾기란 여간 쉽지 않다. 만약 봉건제 산업구조가 자본제 산업구조로 변화된 것을 근대화의 시작이라고 한다면, 산업구조의 변화를 어느 한 가지만으로 판단할 수 없게 된다. 토지 소유 제도의 문제, 사적 소유제의 문제, 상업 자본과 산업 자본의 형성 문제, 정치 제도의 문제 등이 어느 시점에서 동시에 변화되지 않는다. 삶의 양식이나 사회문화의 현상이 바뀌는 것도 연속성을 띨 수밖에 없다. 새로운 것은 하늘에서 뚝 떨어지지 않는다. 이미 존재했던 것이 변화하는 것도 '새로움'이고, 없었던 것이 나타나는 것도 '새로움'이다. 후자를 보통 '창조'라고 한다. 그러나 '창조'도 '낡음'을 새롭게 바라보는 성찰의 결과이다. 천지개벽과 같은 변화가 아니라면, '창조'

당신은 민주 국가에 살고 있습니까

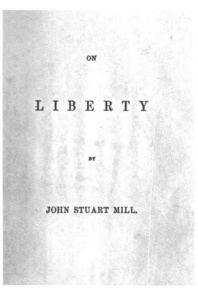

개인의 자유를 절대선으로 여겼던 밀. 그 핵심은 인간이 본질적으로 평등한 상태에서 보장되는 개인의 자유였다. 존 스튜어트 밀과 그의 저서 『자유론』의 표지.

는 '낡음'과 '새로움'을 재구성한 혁명이다.

　법으로 성문화되지 않았지만, 사람이 모여 사는 모든 곳에는 도덕이나 질서, 불문율과 같은 규칙이 있다. 구속받지 않아도 되지만 실질적으로는 구속력을 발휘하는 것들이다. 자유롭게 벗어나고 싶어도 벗어나기 어려운 힘이다. 이처럼 삶의 권리와 의무는 '실체 없는 실물'로 항상 존재해 왔다. 헌법이나 법률은 이러한 규율들을 새로운 형식으로 성문화했다. 이 순간 사람들이 새롭게 계약을 맺었다고 보아야 한다. 헌법이나 법률이 새로운 사회계약의 주체로 새롭게 등장한 것이다. 그 주체는 '신'이나 '왕'이나 '귀족'이 아닌 인민이었다. 인민이 주권자로 나서서, 자신의 권리와 의무를 새롭게 재구성하였다. 이것이 헌법이나 법률이 새로운 사회계약의 산물인 이유이다. 또, 근대 국가의 출발을 '인민 주권이 보장된 헌법'에서 찾는 이유이기도 하다. 형식과 체계로 보면, 맞는 말이다.

　그렇지만, 봉건사회의 인민은 자신의 삶 속에서 '사람'이라는 대접을 받기 위해 다양한 방식으로 권리를 행사하였다. 역사적으로 존재했던 항쟁이나 혁명 속에는 당시에 맺고 있었던 사회계약의 형식과 내용을 바꾸겠다는 인민의 의지와 권리가 존재했었다. 그들이 대나무와 낫을 들었든, 총과 칼을 들었든 말이다. 사람들은 '삶 고통'을 견디기 쉽지 않을 경우에 사회계약을 파기하거나 새로운 계약을 맺으려 하기 때문이다. 존 스튜어트 밀John Stuart Mill, 1806~1873[✝]은 『자유론』에서 말한다. "사람들이 지배 권력에게 감히 도전할 생각을 하지 않거나 도전하고 싶어 하지 않는다는 전제에서, 인민의 저항이나 반란이 최고 권력자의 권력을 제한할 수 있다." 항쟁의 본질 속에는 인간의 관계를 다시 돌아보는 열망이 들어 있었을 것이다. 인민이 지배 권력의 그늘에서 벗어나, 새로운 권력 관계를 만들고자 했던 것이다. 아리스토텔레스는 그리스 도시국가에서 일상다반사로 발생했던 시민적

[✝] 밀에 대한 이야기가 나올 때마다, '개인의 자유를 절대선'으로 여겼던 그의 자유론이 강조된다. 그런데 그 핵심은 '인간이 본질적으로 평등한 상태에서 보장되는 개인의 자유'였다. 밀은 '자유'의 개념 속에서 보편적 평등성과 특수한 개별성을 결합시키려 했던 것이다. 이러한 관점은 '모든 성년 남자들의 보편적 참정권 보장, 중산계급을 대표하는 입법부의 행정부 통제, 인민들의 이익 및 열망과 반대로 행동하는 정부 관리들을 인민들이 교체'할 수 있는 공공적 권리로서 그의 대의정부론에 반영되었다. 그러나 밀의 자유론과 대의정부론은 실질적으로 1800년대를 전후로 부흥기를 맞이한 '상공업 세력'의 권력을 위한 것이었다. 정부의 인민 대표 기능은 곧 '시장의 활성화'를 원하는 상공업인들의 열망을 대신하는 역할이었다.

　　　　　　　　　　　　당신은 민주 국가에 살고 있습니까

소요를 경험하면서, 혁명의 가장 기본적인 원인은 평등에 대한 요구였다고 결론지었다. 인민은 사회를 구성하고 있는 모든 사람들에게 공평하게 적용되는 절대적 평등을 얻으려고 노력하는 반면, 소수의 지배 세력은 비례적 평등, 즉 그들의 우월한 부와 가문에 비례해서 권력을 얻으려고 노력한다. 자연적 평등을 거부하는 사람들은 역사적으로 권력자들과 부자들이었다. 인민과 소수 지배 세력 간의 불평등은 감정적 불편함과 갈등의 골이 생기는 원인으로 작용하다가 혁명의 감정으로 자리하기도 한다. 하지만, 불만 그 자체가 반드시 혁명적 변화의 갈망을 일으키는 것은 아니다. 사회경제적 불평등에 대한 불만이 정치 행위로 표출될 때, 특히 권력에 대한 욕망이 꿈틀거려야, 불만은 자신의 영혼을 뒤흔들 만한 열정으로 바뀐다.

역사에서는 노예들의 반란이나 빼앗기고 짓밟힌 사람들의 혁명적 봉기를 아름답게 그리는 경우가 많지 않다. 인민들의 힘은 화산과도 같은 폭발력을 발휘하며, 직접 참여로 '삶 권리'를 확보하는 혁명적 전통의 산물이다. 따라서 현실에서 지배 권력을 손에 쥐고 있는 사람들의 입장에서는, 피지배 세력이 집단적인 힘으로 지배 질서를 바꿀 수 있다는 사실조차 인지하지 못하게 해야 그들의 지배가 영원할 것이라고 믿는다.

사회계약이 사람 간에 맺어진 약속임을 전제로 해보자. 그렇다면 1862년에 전개되었던 전국적인 농민항쟁과 1894년의 동학농민항쟁을 농민들 스스로 자신의 권리를 획득하려 주체적으로 저항했던 시점으로 볼 수 있다. 1862년과 1894년의 농민들은 계약을 파기하고 새로운 계약을 맺으려 하며 근대의 정치 주체로 등장하였던 것이다. 1800년대 초반, 모내기, 거름주기, 물대기 등의 기술이 발전하자, 조선의 농업

생산력은 비약적으로 발전하였다. 그런데 문제는 이러한 발전의 혜택이 농민들에게 돌아간 것이 아니라 세도 정치와 부패 정치의 대저택으로 들어갔고, 경영형 부농의 출현으로 농촌 사회의 빈부격차가 확대되었다는 점이다. 주요한 수단은 토지와 군대를 대신했던 세금, 구휼이 아니라 폭리의 수단이었던 환곡 제도를 악용하는 것이었다. 이 상황에서 농민들은 더 이상 정치권력 앞에서 순응하거나 굴복하는 통치의 대상이 아니었다. 1862년과 1863년에 3정의 문란으로 고통을 받았던 농민들의 항쟁은 진주 지역을 시발로 전국으로 확산되었다. 조선 전체 350개 내외의 '읍' 중 약 71개의 읍에서 농민들의 '삶 전쟁'이 시작되었다. 그 '삶 전쟁'은 진압되었지만, 삶의 불씨까지 사라지진 않았고 이는 결국 1894년 동학 농민들의 '삶 전쟁'으로 이어졌다. 조선 농민들의 저항을 민란 혹은 항쟁으로 정의해도 좋지만, 굳이 목숨을 거는 '삶 전쟁'이라고 하는 이유가 있다. 신분제 사회에서 농민이 왕정 체제의 권력에 저항하는 것은 목숨을 내놓아야만 가능했을 것이기 때문이다. '삶 고통'이 목숨을 내놓는 것만큼, 고통스러웠으리라.

목숨을 내놓는 두려움을 상상하면, 농민 항쟁은 두려움을 감수하면서까지 '삶 고통'을 스스로 해결하려는 투쟁이었고, 절대왕정 체제와 맺었던 계약을 갱신하려 했던 주체 혁명이었음이 이해가 된다. 1894년 동학농민혁명도 마찬가지다. 전라도 농민들이 서울에 살고 있는 '왕'과 '관리'와 '양반'들을 죽이겠다고 선포하였다. '동학농민혁명 모의' 당시 서울까지 진격하겠다는 '경사직향(京司直向)'은 3월 25일 '백산대회'에서 "병을 몰아 서울에 들어가 권귀를 진멸시킬 것"이라는 '농민군 4대 행동 강령' 가운데 한 항목으로 이어졌다. 기존 계약 관계로 보면, 동학 농민은 '왕권'을 부정하였다. 그들은 권리의 주인임을 선포하고, 지

당신은 민주 국가에 살고 있습니까

배 세력과 전쟁을 하였다. 동학 농민들은 이 과정에서 대한민국 역사 상 처음으로 지방 행정에 참여하였고, 자치 질서에 영향을 미친 '집 강소 체제'를 경험하였다. 동학혁명은 관군과 전쟁하여 소멸하였지만, 지배 세력 중 일부는 동학농민혁명의 영향을 받아 1894년 '갑오 개혁'과 '독립협회'가 중심이 되었던 '입헌공화정 정치 운동'[†]을 이끌 었다.

역사적으로 어떤 정권이든 피지배자들을 위해 권력을 행사하지 않는 다. 자유와 권력 사이의 다툼은 까마득한 옛날부터 있어 왔다. 이러한 다 툼은 인민들 가운데서도, 혹은 일부 계급과 정부 사이에서도 일어났다.

[†] 공화정은 현대 대한민국 헌법에서도 규정하고 있는 국가권력의 최고 가치로 인 정받고 있다. 그 시작은 입헌공화정 운동으로, 헌법으로 인민의 권력과 권리를 보 장하자는 정치 운동이었다. 핵심은 절대군주 1인이 독점했던 권력을 선거로 선출된 대표들과 함께 공유하고, 소수의 독점적 정치 체제를 다수결 정치 체제로 변화시키 는 것이었다. 그러나 입헌공화정 운동의 주요 주체들은 귀족들이었다. 귀족들의 근 거지는 토지였다. 당시 귀족들은 급속하게 성장하는 상공업에 비해 쇠락하고 있는 토지 경제의 주체들이었다. 그런 만큼, 귀족들의 입장에서는 인민 주권을 내세우는 방식으로 권력의 한 축을 차지해야만 했었다. 공화주의자로 잘 알려진 토마스 제퍼 슨(Thomas Jefferson, 1743~1826)의 말이 입헌공화정 운동의 의도를 밝혀주고 있다. 정부란 인민 밖에 있는 권력체가 아니라, 단지 정치권력을 행사하는 '인민들 사이에 있는 국가'에 불과하다는 것이다. 그런데 제퍼슨은 귀족들이 지배하는 정부를 다른 방식으로 추구한 것에 불과하다. 그는 "인민 중에는 덕과 지를 가진 자연적 귀족계 층이 존재하니, 이런 자연적 귀족들이 대중선거에서 선출되어 정부를 운영해야 한 다. 다수결만이 공화정을 가능케 하는 유일한 장치인 것이다."라고 강조하였다.

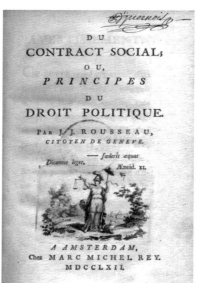

인민을 계약 관계의 주체로 본 장자크 루소. 그의 저서 『사회계약론』의 표지.

인민들은 정치적 자유 또는 권리라고 하는 불가침 영역을 투쟁으로 확보하려 하였다. 낡은 계약을 새로운 계약으로 바꾸자는 요구였던 것이다. 권력자가 새로운 계약을 침범하면 이를 의무를 위반한 것으로 간주하고, 인민들이 자신의 계약을 지키기 위해 저항하거나 반란할 수 있는 계약, 이것이 '주체적 개인, 근대적 권리, 정치의 근대화'의 시작이다.

인민들을 계약 관계의 주인으로 끌어올리고 근대의 주체로 나서게 한 대표적 사상가는 장자크 루소†였다. 그는 『사회계약론』 1권 1장 머리말에서, "국가와 권력에 대한 인민의 복종은 물론 좋은 것이지만, 인민들이 자유를 잃게 된다면, 복종하지 않는 것이 더욱 좋다. 자유를 회복하기 위한 혁명은 정당하다. 왜냐하면 자유를 약탈하는 것은 우선

당신은 민주 국가에 살고 있습니까

정당한 것이 아니다. 힘 자체가 정당한 것이라면, 자유를 회복하기 위한 힘도 정당하다."

‡ 아이들이 배우고 있는 중고등학교 교과서에서는 루소를 『사회계약론』으로 프랑스대혁명에 영향을 끼친 대표적 이론가이자 철학자로 소개하고 있다. 아주 정확한 소개다. 그러나 루소의 사상이 어디에서 출발했는가를 제시하는 것도 매우 중요하다. 그는 다음과 같이 고민했다. '인간은 자연 상태에서 혼자라도 행복하게 살 수 있을 텐데, 왜 굳이 무리를 지어서 생활하게 되었을까? 자연 상태를 벗어나 그렇게 사니까 더 행복해지고 자유로워졌는가?' 그는 서로가 관계를 맺고 살아가는 현상에 대해 의심했던 것이다. 왜냐하면 또 다른 측면에서 볼 때, 관계는 곧 권위주의적 위계질서나 자유를 억압하는 요인이었기 때문이다. 그래서 루소는 모여 살면서 나타나기 시작한 땅에 대한 독과점적 '소유'와, 자신의 자유로운 생각과 행동을 간섭하는 '위계질서'의 문제를 가지고 자유와 평등의 가치를 정립하였다. 인간이 토지를 사유화하면서부터 자연 상태의 평등은 사라지고, 부자의 횡령과 빈자의 약탈이 시작된 불평등 문명사회로 발전하게 되었다. 땅이 없어서 소작을 해야만 하는 소작농민들의 경우, 아무리 노동을 해도 경제적인 궁핍에서 쉽게 벗어나지 못하는 노예 상태에 빠져들었고 늘어나는 부채 때문에 부와 지위를 가진 사람들에게 예속된 채 살다가 죽어야만 했었다. 그래서 루소는 자유와 평등을 동시에 회복하고 순환시키는 혁명을 강조했다. 그에게 있어서는 미친 사람들만이 자발적으로 자유를 포기할 수 있었다. 왜냐하면 인간이 자유를 포기한다는 것은 인간으로서의 권리와 의무를 포기하는 것이었기 때문이다. 따라서 루소는 인민이 사회계약을 맺을지라도, 인민이 보유한 최고의 주권적 권리만큼은 그 어떤 주체에게 양도할 수 없는 것이었다. 주권자인 인민보다 많은 힘을 가진 권력 주체는 아예 없는 것이기에, 인민의 저항권은 자신의 행복을 위한 삶의 도구였다.

조선 시대 말기, 농민들은 꽉 닫혔던 세도정치와 봉건 왕조의 문을 저항으로 열었다. 신분제의 두려움을 넘어서서 근대의 개인으로 새롭게 태어났다. 농민들 스스로 사회계약을 집단적으로 파기하면서 주권자에게 저항했고, 조선의 주권자를 새롭게 바꾸려 하였다. 주권자는 왕이 아니라 자신들임을 선포하고 투쟁하였다. 이것이 동학농민항쟁에서 찾을 수 있는 주권의 모습이다. 어떤 원인에서 시작했든 농민들은 무력으로 전주성을 함락하고 집강소를 설치하여 스스로 자치적인 권력을 행사하였다. 신분제적 관계에 구속되어 있다는 점을 고려할 때, 농민들은 저항을 통해 자연 상태의 자유를 되찾으려 하였다.

루소는 『사회계약론』에서 죽는 순간까지 인간이 누려야 할 최고의 가치로 자유를 꼽았다. "인간은 자유로운 상태에서 노예 상태로 전이되어 왔다. 인간은 자유롭고 독립적인 존재로 태어났기 때문에, 인간 위에 덮어씌워진 어떠한 자연적 권위도 없고, 또 있을 수 없다. 인간들은 각 개인이 독자적 존엄을 가진 자족적인 존재이다. 인간들이 비록 도처에 묶여 있고, 어떠한 인류학적 고려에도 관계없이, 인간들은 자연적 상태로 되돌려져야 하며, 자유라는 것이 인간에게는 본질적인 것이다." 그는 적자생존의 투쟁이 어우러진 야생의 자연 속에서 인간의 자유로움을 찾았다. 17~18세기 절대왕정에 대한 인민들의 도전에 자유의 야만적 평화로움이 들어 있다는 것을 밝혔던 것이다. 이 통찰 속에서 국가와 개인은 '자유'라는 가치를 인정하는 공존의 관계로 변화되었다. 주권재민의 사상, 피치자의 혁명권, 인민의 불가양의 권리, 집행권의 제약, 대의정치, 통치권의 제약을 위한 권력분립, 법 앞에서의 평등 등으로 다시 구성된 것이다.

조선 인민에게 일제는 악이었을까

◇◆◇

일본 제국주의는 대한제국의 주권을 앗아가서, 행정-입법-사법만이 아니라 군대 통수권까지, 소위 대한제국의 황제와 양반 관료들이 장악하고 있던 모든 권력을 몰수하였다. 그럼으로써 조선 인민을 최대 피해자로 전락시켰다. 물론 조선의 양반들도 마찬가지였겠지만, 그들과 달리 인민은 조선총독부의 민족 말살 정책과 식민지 수탈 정책 때문에 더 큰 '삶 고통'을 겪어야만 했다. 강제로 쌀을 팔고 난 이후에 겪어야만 했던 배고픔, 말과 문자를 잃어버려 생각하는 두뇌 구조를 바꾸어야만 했던 어려움, 산업 현장이나 전쟁에 동원되어 건강과 목숨을 내놓아야만 했던 두려움 등이 인민들의 삶 주변에서 떠나본 적이 없었다. 이것이 국가의 주권을 잃은 '설움'이었다.

굳이 일본군 위안부 문제나 청산하지 않은 친일파와 그 후손 문제를 들추지 않더라도, 대한민국과 일본은 아직도 삶 속에 면면히 흐르고 있는 '가해자와 피해자의 관계'에서 쉽게 벗어나지 못하고 있다. 박정희 정부가 1965년 한일협정을 맺어, 1945년 8월 이후로 단절되었던 대한민국과 일본의 국가 교류가 다시 이루어졌다. 한일협정은 많은 반대[*]에도 박정희 정부는 "경제적 보상과 지원, 다양한 경제적 관계의 복원"을 이유로 식민지 관계를 청산시켰다고 했다. 하지만 대한민국이나 일본의 국민들은 아직도 식민지 역사의 애증에서 벗어나지 않았다. 특히 대한민국에서는 식민지 친일 세력을 청산하지 못해서, 그들에게 피해를 입은 당사자나 직계 후손들이 아직까지도 계승되고 있는 친일 세력의 권력과 재산에 대한 '감정적 분노의 경계선'에서 자유롭지 못하

1965년 굴욕적인 한일회담에 반대하는 대규모 학생 시위가 열렸다.

다. 이것이 현실의 경제적 관계와 과거의 역사적 관계 사이에서 생기는 감정적 딜레마이다.

⚱ 1963년부터 제기되기 시작하여 1965년에 국회에서 비준된 한일협정에 대해 수많은 국민이 반대했다. 식민지 통치가 36년 동안 지속되어 식민지 잔재의 뿌리가 깊음에도, 박정희 정부는 대한민국 정부가 수립된 1948년 8월 이후 15년 만에 일본과 국교 정상화를 맺으려 하였다. 식민지 잔재에 대한 청산도 전혀 이루어지지 않았고, 한국전쟁의 발발로 1953년까지 국가권력의 토대를 구축하기가 쉽지 않았던 사실까지 고려하면, 박정희 정부는 군부 쿠데타를 성공시킨 순간부터 '일본 식민지 지배의 역사'를 경제적 보상과 지원으로 지워버리려 했다는 의혹에서 자유롭지 않다. 특히 박정희가 친일 세력이었다는 점에 비추어 본다면, 1961년 군부 쿠데타와 함께 36년 동안 인민들을 고통스럽게 했던 식민지 지배 권력이 15년 만에 다시 살아났다고 볼 수 있다.

당신은 민주 국가에 살고 있습니까

물론 조선이 식민지로 전락했어도 득을 본 사람들이 있었다. 누구나가 대한제국의 관료였던 '을사오적'과 '친일 세력'을 떠올린다. 식민의 원인이자 수혜자들로 여겨지는 그들이다. 그렇지만, 일제 강점기를 거치면서 전쟁과 약탈의 주구로 기억되었을 일본인이 조선을 통치하는 것에 대해, 조선 인민은 당시에 어떻게 생각했을까를 그들의 눈으로 볼 필요가 있다. 대한민국의 모든 역사책은 일제 식민지 치하의 조선 인민을 두 가지 모습으로 그리고 있다. 하나는 민족해방을 위해 일본과 싸우는 모습이고, 다른 하나는 일제 총독부 권력 때문에 억압과 착취를 당하는 애달픈 모습이다. 최악이 차악을 덮어버리거나 최선이 차선을 흡수해 버리는 경우이다. 그런데 조선 인민의 대부분이 농민이자 노예였다는 점을 놓치지 않고 바라볼 때, 인민이 과연 일제 식민지 총독부 권력의 억압과 착취에 일상적으로 저항했을지 의심스럽다. 물론 전쟁과 약탈을 일삼았던 왜구들이 조선의 통치 권력을 장악한 후 국모까지 시해했다는 사실 앞에서, 조선의 인민은 공분하였을 것이다. 그렇다 하더라도, 양반들의 권력이 일본으로 넘어가고 소작 제도가 변화했으며 산업화에 따른 근대적 일자리가 만들어졌던 그 시대의 단면 또한 그들의 시각으로 재구성해 볼 필요가 있다.

　참으로 조심스러운 시각이다. 잘못하면 일본을 옹호하는 친일 매국노라는 비판을 받을 수 있다는 것을 알고 있다. 하지만 위험을 무릅쓰더라도, 조선이나 대한제국이라는 국가와 계약을 맺었던 인민의 '삶 조건'이 변화되었다는 것만은 분명한 사실이다. 일제 총독부가 사회계약의 권력 주체로 등장하였다. 그렇다면 사회계약의 주체가 변화된 식민지 시대에서, 조선의 누가 누구에게 무엇을 빼앗기고, 주로 누가 어떤 '설움'과 '고통'에 짓눌려 살았는가를 사유해 볼 필요가 있다. 특히 역사 속에 군림하는 '식민지＝인민의 고통'이라는 등식은 과연 진짜일까? 아니면 식민지가 되기 이전의 지배 세력이 만들어낸 허상의 특허품일까. 자신의 의지와 무관하게 일제 총독부 권력과 새롭게 계약을 맺은 인민에게, 일제는 악이었을까라는 의문도 여기에서 출발하는 것이다. 인민에게 새로운 권리가 부여되고, 기존과는 다르게 예기치 않은 방식으로 수탈이 이루어진 식민지 시대에는 적지 않은 의문점들이 남아 있다.

민족이라는 울타리를 걷어낸다는 것 자체가 쉽지 않지만, 민족과 국가는 항상 조건에 따라 재편돼 왔다. 이는 우리 역사에서도 쉽게 확인할 수 있다. 삼국시대든 그 이후의 시대든, 한반도에는 수많은 민족과 국가가 발생했다가 사라졌으며 다시 새로운 국가가 만들어졌다. 신라가 삼국시대의 통일을 이룬 국가이지만, 백제나 고구려 인민의 입장에서 신라를 어떤 국가로 여겼을까 생각해 보자. 신라의 관점으로 보면 '통일'이지만, 고구려나 백제의 관점으로 보면 외부의 침략이었을 것이다. 후백제나 후고구려가 등장한 것도 침략에 대한 저항의 일환으로 볼 필요가 있다. 일제 강점기에 대한제국은 총독부가 통치하는 식민지 국가로 변했다. 침략 세력이나 친일 세력의 입장으로 보면, 대한제국이라는 국가를 대신하여 일본으로 합병된 새로운 국가가 만들어진 것이다. 물론 식민지 국가를 부정하는 사람들의 눈에는, 일제 총독부는 그저 침략 세력에 불과했을 것이다.

그렇지만 국가권력과 무관하게 먹고 살아야만 할 인민의 입장에서 보면, 조선 왕조의 지배 권력이든 일제 식민지 총독부의 지배 권력이든 매한가지다. 그들을 사회적 관계를 다시 맺어야만 하는 상황으로 내몰았다는 것이다. 인민들 모두가 일제 총독부를 부정하고, 독립을 위해 싸웠을 것이라고 단언하지 말자. 식민지 조선의 인민뿐 아니라 대부분의 사람들은 자신의 '삶 조건'을 악화시키지 않고 오히려 보다 풍족하게 하는 권력에 대해 쉽게 저항하지 않는다. 역사적 가설을 전제할 때 이러한 인간의 본성적 요소를 놓치지 말아야 할 것이다.

어느 순간부터 역사 교과서에 일제 식민지 시기가 일제 강점기로 바뀌어 있었다. 일본이 조선을 점령하여 지배했다는 의미로 볼 때, 식민지와 강점기의 차이가 그리 크지 않을 수 있다. 식민지의 인과관계를 일본의 강제성에 초점을 두고자 한 의도였을 것이다. 식민지 체제를 부정하고 일본에 저항했던 조선 민중들의 주체적인 모습을 살려낸다는 의미에서, 이는 역사관의 대전환이라고 할 수 있다. 그렇지만 식민지의 원인을 일본의 강제성에서만 초점을 맞추는 것은 경계해야 한다. 물론 이 역사관이 식민지 불평등조약을 체결한 당시의 양반 관료나 왕에게 면죄부를 주려는 것은 아니겠지만, 식민지의 책임을 일본에서만 찾는 '떠넘기기 역사관'에도 함정이 있다. 책임을 떠넘기는 순간, 오히려 일본에게 합병되던 당시의 조선이 더 비굴해지고 역사의 주체성을 상실하기 때문이다. 아무리 불평등하다 할지라도, 어떤 협약이든 조약이든 긴밀한 실무 협상과 합의의 결과임을 인정할 필요가 있다.

대한제국의 왕과 양반 관료들이 주권을 일본에게 넘기기로 협의하고 합의했음을 부정할 수는 없다. 대한제국의 관료들과 일제 강점기에 식민지 관료로 있었던 친일 세력들은 내정간섭을 허용하고, 일본의 통감부를 설치하고, 외교권 박탈과 병참기지화까지 협의하여 이를 국제적으로 승인시켰다. 이러한 행태들을 일본 제국주의의 힘 앞에서 어쩔 수 없이 수용해야만 했던 것이라 말할 수 있지만, 이 모든 것들을 일본의 '강제성'이라는 역사적 출구로 내몰아 정당화할 수는 없을 것이다.

세계사적으로는 15세기 후반부터, 절대주의 국가 간의 경쟁과 대립이 식민지 쟁탈 때문에 점점 확산되기 시작했고, 보다 많은 돈을 벌기 위해 시장을 확장시키는 욕망이 무한히 꼬리를 물었다. 이러한 시대의 영웅으로 절대왕정이 등장한다. '왕의 권력은 신이 내린다.'는 왕권신수설을 토대로, 절대주의 왕정 체제는 식민지 쟁탈을 목표로 부국강병 정책과 상업을 중시하는 정책을 앞세웠다. 관료 제도와 상비군 제도는 그러한 정치 체제를 제도적으로 뒷받침하였다. 세계 역사의 한 페이지를 장식하고 있는 중상주의 시대는 곧 봉건제 사회 질서가 점점 무너져 가는 시대이기도 하다. 이 시대의 국가는 절대적이었다. 왕권을 강화하는 수단이자 동시에 상공인들에게 돈을 벌게 하는 수단이었다. 하지만 토지에 의존해서 살아야만 했던 귀족과 인민들의 입장에서는 삶의 기반을 뒤흔드는 국가의 출현을 맞이한 것이었다.

중상주의 정책이 강화되면서 봉건적인 사회 질서, 특히 신분적인 지배—종속의 관계가 흔들리는 상황 속에서 새로이 앞장선 세력은 그동안 수공업에 종사했던 장인과 물물교환이나 소규모 시장의 주역이었던 상공인들이었다. 그들은 지역별로 분할되어 있었던 다양한 지배 권력을 중앙으로 집중시켜 근대적인 절대주의 국가의 출현을 도모하였다. 왕과 상공인의 역사적 결탁이라 할 수 있다. 상공인들은 스스로 강력한 국가의 인민으로 살아남기를 원하였다. 이유는 간단했다. 국가가 집단적 정체성을 강화함으로써 구성원 간의 갈등을 화합으로, 분열을 단결로, 경쟁을 협력으로, 개별을 공동체로 변화시킬 것이고, 자신의 농작물이나 상품의 경쟁력을 뒷받침하여, 자신들에게 보다 나은 삶 조건을 보장할 것이라는 판단이었다.

'삶 조건'의 변화와 발전을 원하는 것은 모두의 바람이겠지만, 인민은 특히 물질적인 욕망에서 자유롭기가 쉽지 않다. 물질적으로 풍족한 삶만을 원해서 그러는 것이 아니다. '삶 조건'의 구성 요소들이 빈궁하고 상대적인 격차감이나 박탈감이 심할수록, 물질적인 것 이외의 삶을 바라볼 여유가 없어진다. 물질적인 삶과 정신적인 삶이 조화되기 어렵다. 이 상황에서는 그저 물질적인 삶 조건을 더 좋게 변화시키는 가치만이 의식과 행동의 판단 기준으로 작용할 수 있다. '삶 고통'은 극심해지고, 나라는 열강의 식민지 전쟁터가 되어 왕과 양반 관료들이 외세의 힘으로 자신의 기득권만을 고수하려 했던 조선 말기나 일제 강점 시기, 인민은 자신의 '삶 조건'이 혁명적으로 변화되는 것을 어떻게 생각했을까?

많은 사람들은 가문을 앞세웠던 세도정치의 부패와 왕권의 무력함 때문에, 조선 사회 말기에 '외세의 이권 쟁탈과 인민의 곤궁함'이 발생했다고 믿는다. 역사적으로 존재했던 청일전쟁, 러일전쟁, 인민의 항쟁이 발생한 사실들을 부정할 수 없기에, 대부분은 여기에 이견을 제시하지 않는다. 그러나 생각을 여기에서 멈춰 버린다면, 현상의 표면만으로 역사의 또 다른 본질을 덮어버리는 단순화의 늪에 빠질 수 있다. 사회 체제의 위기 시에 나타나는 다양한 징후들을 세도가문의 권력욕으로 둔갑시키거나, 사회 변화의 주체적인 측면을 망각한 채 모든 원인을 외부에서만 찾아내려 하는 단순화 말이다. 대부분이 불완전한 자신의 역사적 지식에 대해 면죄부를 부여할 수만 있다면, 진실을 밀랍으로 봉해 버리는 행위도 서슴지 않는 것이다.

새롭게 마주할 수 있는 눈으로 조선 시대 말기를 더듬어 보자. 조선 말기는 사회적으로 봉건제의 붕괴 조짐이 뚜렷했다. 예를 들면, 노비 제도의 붕괴 징후가 있었고, 상업과 수공업의 발달에 따라 토지에 얽

매이지 않고도 살아가는 농민들의 증가했다. 그 과정에서 농노제의 붕괴 조짐이 보였으며, 양반 족보 및 관직의 매매 성행과 같은 현상은 봉건적 통치와 지배의 막바지를 단적으로 보여주었다. 왕정은 적자 재정에 허덕여 양반 세도가문의 권력 놀이에서 자유로울 수 없었고, 중하위 계층 양반들이 몰락했으며, 그 자리에는 부자가 되어 족보와 관직의 매매를 주도하는 상공인이 대신 등장하면서 신분제 사회 질서가 무너지고 있었다. 1894년 갑오개혁을 계기로 공노비와 사노비가 완전히 해방된 것도 봉건주의 멸망과 자본주의적 현상을 촉진하는 유화제였다.

외세의 대결은 '돈'을 위한 이권 쟁탈로 이어졌고, 이 과정에서 해외 자본이 유입되었다. 자본의 입장에서 볼 때, 조선에서는 상업의 활성화로 인한 상품 유통의 토대가 마련됐고, 신분 질서에서 해방된 노비들과 자유롭게 계약을 맺어 노동력을 확보할 수 있었다. 하지만 자본주의적 질서에 맞는 행정적·사회적 하부구조를 새롭게 구축해야만 했다.

1910년 한일합병 이후, 일본은 식민지 공공 정책을 강화하였다. 일본은 공공 교육, 공중전화, 공원, 공중 변소, 공공 의료, 공공 교통, 공공 수도, 공공 저수지 등의 공공적 기간 시설을 구축해 주었다. 국공유지 확보, 공공 수로 보수 및 신설 등의 관리 정책으로 '공공 서비스'의 '삶 영역'도 제공하였다. 이러한 것들을 매개로 자본주의적 생산과 소비의 활성화를 도모하였으며, 나중에는 인민들을 착취하는 수단으로 활용하였다.

식민지 시기의 사회적 기반 시설과 공공 정책을 식민지 공공성이라고 규정하기도 한다. 하지만 그 이면에는 '공공성의 딜레마 현상'이 있다. 식민지 시기의 공공적 기반 시설 자체가 한편으로는 인민들에게 공공 서비스 재화의 혜택을 주면서, 다른 한편으로는 외세 자본에게 '돈'을 벌게 한다. 조선 인민은 다양한 공공 시설의 위용을 자신의 삶 속으로 끌어들이는 대신, 그에 상응하는 비용을 지불했다. 이 모든 것이 조선 왕조 시대와는 사뭇 다른 삶 조건들이었다. 그러나 공공 자금이 결국 인민의 세금이나 노동이었다는 점을 고려하면, 예나 지금이나 공공 시설의 구축과 이용을 매개로 '큰 돈'을 버는 외세 자본은 인민의 '돈과 노동'에 '무임승차'하는 경우가 태반이었다.

이 외에도 인민은 다양한 공공적 자유를 누렸다. 힘들게 살아가는 하층민들은 노동 계약의 자유를 이용해서 토지에 구속되지 않는 직업을 가질 수 있었다. 이들은 공공 시설을 구축하는 데 노동력의 주요 공급원이었고, 그 대가로 받는 임금으로 삶 조건을 변화시켰다. 또한 인민은 식민지 지배를 비판하지 않는 전제에서, 교육의 자유, 종교의 자유, 심지어 사상의 자유를 보장받았다. 특히 조선 왕조 체제에서 교육받을 기회가 없던 농노나 노비들의 입장에서 보면, 공공 교육의 자유는 말 그대로 혁명이 아닐 수 없었다. 그 시대의 공공 보통교육이 일본을 미화하고 식민지 지배의 정당화를 내세웠다 할지라도, 문자를 알게 되는 것만으로도, 자신의 노력 여하에 따라 고등교육을 받게 된다는 것만으로도, 인민의 삶을 바꾸는 혁명적 요소였을 것이다.

1945년 8월에 일제 식민지로부터의 독립과 해방이 "도둑처럼 다가왔다."고들 한다. 그렇다 할지라도 일본을 상대로, 국권을 회복하기 위한 운동이나 의병투쟁이 전국에서 발생한 것은, 또는 고향을 떠나 상해와 만주에서 무장독립운동을 한 것은 빼앗긴 권리를 찾기 위해서였으며 또한 앞으로 다가올 '삶 고통'에서 해방되고자 하는 욕망 때문이었다. 이러한 욕망을 실현하고자 했던 주체들은 실질적으로 누구였을까? 독립운동에 참여했다가 독립되고 난 이후에 정치 지도자로 기록된 사람들을 말하는 것이 아니라, 인민들은 실제 어땠을지 질문을 던져볼 필요가 있다. '삶 조건'의 변화를 가져다주기도 했고 '삶 권리'를 앗아가기도 한 일본은 어쨌든 조선 사람들에게 '삶 양식'을 새롭게 만들었다. 역사는 식민지 지배 체제가 조선 말기의 왕족과 양반들을 인민의 저항에서 구출해 준 측면과, 새로운 사회 체계의 지배 세력으로 재편해 주었다는 시각을 놓쳐서는 안 될 것이다.

애국심이 박약했던 조선 인민의 국가 사랑

◇◆◇

　한 국가의 구성원들을 집단적으로 부르는 방식은 매우 다양하다. 어떤 사람은 국민으로 부르기도 하고, 또 어떤 사람은 민중이나 인민이라고도 한다. 국민이나 인민 이외에도, 전체를 아우르지 못하더라도 특정한 사건이나 지역을 매개로 하여 시민이나 군중으로, 또는 대중으로 호명하기도 한다. 여기에서 이와 같은 개념어들을 설명하려는 것은 아니다. 다만 동일한 사람이라도 호명하는 주체에 따라 그 의미가 다르다는 점을 상기해 보자는 것이다.

　가장 일상적인 호명은 국민이다. 이는 특정한 국가에 소속된 사람들을 일반화시켜서 부르는 말이다. 개인의 정체성이 국가를 전제로 하거나 국가의 부속이어야 하는 것이다. 이를 차치한다 하더라도, 지배 세력은 늘 '인민'보다 '국민'이라는 호명을 즐기고 사람들도 이를 가장 익숙한 '부름'으로 여기는 것 같다. 태어나는 그 순간부터 국가와 사회계약을 맺고서 국가를 구성하는 일원으로 생활해 왔기 때문일 것이다. 국가를 매개로 '부름'을 받거나, 국가를 위해 부역과 병역에 참여하는 것은 자연스러움 그 자체가 되었다. 이러한 관계는 애국심의 근본적인 기원으로 작용한다.

　하지만 사회계약을 맺었다는 이유만으로 애국심을 갖는다고 규정하는 것은 너무 단편적인 것 같다. 대체 사람들에게 국가를 사랑하는 마음이 생기는 근본적인 이유는 어떤 것일까? 물론 무엇인가를 혹은 누군가를 좋아하고 사랑하는 데 꼭 이유가 있어야 하는가, 아니면 개개인의 성향에 따라 차이가 많을 텐데, 그러한 감정을 일반화시켜서 말할 수 있는가 등의 의문이 제기될 수 있다. 하지만 국가를 수호하는 전쟁에 참여하거나, 국가 간의 경쟁에서 승리하기를 바라는 염원은 분명히 표출되고 있다. 그런 만큼 그 원인을 경우의 수를 내세워 살펴볼 필요가 있다.

태어날 때부터 존재했던 국가가 어떤 사람에게 아주 행복한 삶을 보장한다고 가정해 보자. 그 사람은 아마도 국가를 무지 사랑할 것이고, 그런 국가를 위협하는 것이 곧 자신의 행복을 짓밟는다고 생각해서 국가를 보호하는 데 앞장설 것이다. 또 다른 방식으로 만들어지는 애국자도 있다. 국가에 의존하지 않으면, 자신의 삶을 유지하기가 쉽지 않은 사람들이 갖는 애국심이다. 국가에 고용되어 먹고 사는 사람들의 경우, 국가가 어려워지는 순간에 자신의 '삶'도 어려워진다는 동일화의 감정 때문에 애국심을 잘 발휘한다. 그런데 국가가 삶의 공간을 보장한다는 것 말고는, 살아가면서 국가의 혜택을 거의 받지 않는 사람들도 있다. 이런 사람들이 애국심을 보유했을 경우에는 그 기원을 찾기가 쉽지 않다. 하지만 이 사람들이 애국하는 일에 앞장설 수밖에 없는 이유는 아주 많다. 공공 권력의 힘이 국가에 대한 의무를 이용해 사람들을 동원하고, 이를 거부하는 사람들에게 벌을 강요하는 것이다. 국가가 인민들에게 국방 의무나 납세 의무뿐만 아니라 각종 의무에서 자유롭지 않게 만드는 것이 모두 여기 해당된다.

조선 인민도 마찬가지 상황이지 않았을까? 외세 열강의 틈바구니에서 국가 간 전쟁의 폐해와 고초를 직접 겪어야만 했던 인민의 내면에는 국가의 힘이 강해야 한다는 '부국강병'의 원리가 자신도 모르는 사이에 깊숙하게 똬리를 틀었을 것이다. 누군가가 자신의 생활 공간에 안락함을 제공한다면, 그에게 의지하면서 살아가는 것이 보통 사람들

당신은 민주 국가에 살고 있습니까

의 마음이 아닐까? 공공성과 물리력을 독점한 국가가 그런 삶을 보장하면서 '인민의 바라기'로 존재했었다면, 인민의 애국심은 자신의 '삶 조건'에 완벽히 체득되어 변치 않는 마음이 되었을 것이다.

국가가 위기 상황에 내몰릴 때마다, 지배 세력은 인민에게 국난 극복의 길에 동참하길 호소하거나 강제로 동원하고는 하였다. 특히 전쟁과 같은 상황이나 국가의 멸망이 예상되는 국면에서 국가가 인민의 애국심을 특히 자극하였던 것이 사실이다. 그런데 인민과 국가가 하나인 것처럼 보여도, 이 둘의 밀착 관계가 현실적으로 분리되는 순간 인민의 애국심이 과연 발휘될 것인가라는 의문이 뇌리에서 떠나지 않는다. 인민의 '삶 조건'이 악화되거나, 국가가 의도적으로 국민을 두 개로 분리하는 '두 국민 통치 전략'✝을 사용하여 국민을 '부자인 사람들'과 '가난한 사람들'로 나누었을 경우, 국가와 부자들이 아무리 애국심을 내세워도, 가난한 사람들은 생존 그 자체를 위한 이기적 유전자를 활발하게 작동시킨다.

역사는 조선 인민의 항일투쟁을 주로 의병운동으로 묘사하고 있다. 1905년 을사늑약이 체결되자 전국적으로 의병운동과 상소운동이 전개되었으며, 인민은 그동안 일본과 친일 내각의 '국모 시해 및 단발령'으로

✝ 이 통치 전략은 1980년 초반 영국의 마거릿 대처 수상의 작품이었다. 그동안 영국의 사회적 기반이었던 복지를 대폭 축소시키고, 노동자들이 누리고 있었던 각종 권리를 앗아다가 자본에게 넘겨주었다. 그리하여 영국 사회는 국가에게 경의를 표하면서 살아가는 '국민'과, 국가를 상대로 늘 싸워야만 하는 '인민'으로 분리되었다. 많은 사람들은 '두 국민 전략'의 기원을, 위기에 빠져 있었던 자본이 위기를 극복하기 위해 추진했던 신자유주의 전략에서 찾고 있다.

쌓이고 쌓였던 불만을 폭발시키면서 이러한 운동의 주체로 나서서 일본의 총칼에 대항하였다. 인민이 당시 일본 제국주의의 본질을 잘 인식하고 있었고, 국가를 사랑하는 마음도 매우 충만했었던 것일까? 그렇지 않다. 인민의 애국심이 충만한 것도 아니었다.

김구는 『백범일지』에서 당시 상황을 이렇게 기술하고 있다. "왜놈이 국권을 강탈하고 조약을 체결하는데, 원수의 노예가 되어 살 것인가 의롭게 죽을 것인가 하고 격분하는 연설을 곳곳에서 하니, 인민의 인심이 흉흉하였다. 그러나 아무리 급박하여도 국가 흥망에 대한 절실한 각오가 적은 민중과 더불어서는 무슨 일이나 실효 있게 할 수가 없다. 바꿔 말하면, 아직 민중의 애국 사상이 박약한 것이다. 인민의 애국 사상을 고취하여 인민으로 하여금 국가가 곧 자기 집인 줄을 깨닫고, 왜놈이 자기 생명과 재산을 빼앗고, 자기 자손을 노예로 삼을 줄을 분명히 깨닫도록 하는 수밖에 다른 최선책이 없다고 생각했다." 김구는 애국심이 거의 없고, 국가 흥망에 전혀 관심이 없는 민중의 모습을 인정하고 있다. 그런데 김구가 인민을 어떻게 생각했건, 인민은 그저 자신의 삶에 충실했을 뿐이다. 영웅이나 애국자가 되고픈 마음의 여력이 없었던 것이다. 사실 애국심은 주로 국민적 영웅들의 위대한 행적을 일상생활에서 끊임없이 읽고 듣는 시간이 누적되어 생긴다. 영웅을 접할 시간과 여유도 갖지 못하고, 국가 흥망과 자신의 삶 조건을 연계시킬 계기도 없이, 지배 권력과 관료들의 부정과 부패가 일상생활을 얽어매 본능적인 삶을 유지하는 것만으로도 버거웠던 시대의 인민에게 애국심을 요구하는 것은 그 자체로 사치였을 것이다.

낯선 일본인이 조선의 국가권력을 장악하고 통치하는 것에 대해 조선 인민은 어떻게 생각했을까? 먹을 것이 부족한 사람들에게 쌀을 강제로 공출하거나, 전쟁이나 전쟁 물자 때문에 동원되었던 사실만으로도 조선 인민의 고초는 심했다고 봐야 한다. 하지만 양반 관료들 중에도 일본에 대해 저항하지 않고 그저 방관을 현명한 처세술로 내세운 사람들이 있었던 것처럼, 인민도 '삶 조건'의 처지에 따라 매우 다양했을 것이다. 정도의 차이가 있었을지라도, 조선 인민은 식민지가 되기 이전에도 일제가 강요했던 것처럼 군주나 양반 관료들의 억압과 착취로부터 자유롭지 않았었다. 인민은 일제 식민지 시대 아래서 조선이라는 국가 주권을 상실하고 새로운 국가 주권을 갖게 되었지만, 조선 시대가 인민들에게 주권을 부여하지 않았던 만큼, 이들은 조선 시대든 일제 식민지 시대든, 국가 내에서 최고의 권력을 보유할 수 없었다. 단지 자신들을 억압하고 착취하는 새로운 세력의 등장으로 이중고를 겪었을 뿐이다. 일제 식민지 총독부가 조선의 지배 세력들을 포섭하면서 식민지 지배 구조를 만들었기 때문에, 조선의 왕족이나 양반들은 식민지 시대에도 여전히 지배 세력으로 남아 있었고 총독부 권력과 함께 근대적으로 정비되었던 다양한 시스템을 이용하여 지배 연합을 이룰 수 있었다.

그렇지만, 일부 양반 관료들과 인민은 대한제국의 주권을 잃어버리는 과정에서 의병운동을 전개하였다. 그 운동에는 일제가 군대를 해산시켜 고향으로 돌아온 군인들이 대거 참여한다. 당시 조선 군인들이 대부분 인민의 자식들이었다는 점을 염두에 둔다면, 인민은 스스로가 애국심을 가지고 있었건 그렇지 않았건 간에, 또는 국가가 주권을 상실했다는 의미를 잘 알든 몰랐든, 의병운동의 주체로 등장하게 되었다. 국모를 시해한 일본인들에 대한 분노였을지 혹은 두려움이었을지 확인하기 어렵지만, 의병운동에 참여했다는 사실의 의미를 그들의 관점으로 다시 정리할 필요는 있는 것 같다. 인민의 입장에서는 친러 세력이든 친일

조선의 지배 세력은 식민지 시대에도 여전히 지배 세력이었고 총독부 권력과 함께 근대적으로 정비되었던 다양한 시스템을 이용하여 지배 연합을 이룰 수 있었다. 사진은 조선의용대 성립 기념 촬영.

세력이든, 자신의 삶 고통과 무관하게 권력을 앞세우거나 권력 투쟁만을 일삼는 지배 세력에 불과했을 것이다. 그렇다면 의병운동에 참여하는 인민들은 마음속에 '권리'에 대한 자기 사랑이 있지 않았을까? 인민이 주권과 권리가 없는 삶의 '설움'과 '고통'을 스스로 예상하지 않았다면 일본과 친일 내각의 간담을 서늘하게 할 정도로 힘을 발휘하지 못했을 것이다. 그런데도 역사는 늘 지도자들에게 초점을 맞춘다. 의병운동에서 지도자 역할을 역임한 양반과 유생들의 애국심에 대해서는 충혼의 정신으로 기리면서도, 의병 투쟁의 과정에서 스러져 간 이름 없는 무명 용사들과 인민들의 '권리' 사랑에 대해서는 참으로 인색하다.

지금까지의 논의를 한마디로 정리하면 다음과 같다. 일제 강점기 민족말살 정책과 수탈 정책을 구체적으로 드러내고 그것과 민중들의 '삶 관계'를 평가하는 것은 역사가들에게 맡기고, 여기서는 인민이 새로운

당신은 민주 국가에 살고 있습니까

계약 주체로 등장했다는 주체성의 관점을 놓치지 말자는 것이다.

제헌의원들은 헌법 전문을 논의하면서 대한민국 국가와 민주주의의 정통성을 3·1 운동에서 찾았다. 대한민국 국회 사무처는 1948년 7월과 8월, 대한민국의 국가 정체성을 다음과 같이 제시하였다. "대한민국의 역사적 정통성을 반일 민주주의에 기반한 3·1 운동에서 찾아야 하고, 임시정부와 대한민국이 그것을 계승하고 있다." 물론 3·1 운동의 무엇을 계승하자는 것인지, 임시정부와 대한민국이 3·1 운동의 무엇을 계승했다는 것인지는 불분명하다. 하지만 대한민국 민주주의가 수입되거나 이식된 것이 아니라 주권을 찾으려 했던 인민들의 해방 투쟁과 관련되어 있다는 관점을 고려하면, 국가 정체성과 민주주의 기원은 인민들의 '삶 권리'라고 할 수 있다.

일제 총독부의 민족말살 정책과 식민지 수탈 정책에서 벗어나, 인간다운 생활의 자유와 권리를 확보하려 했던 3·1 운동의 의미를 부정하는 사람은 거의 없을 것이다. 김구가 1946년 3·1 운동 기념 경축사에서 말했듯이, 3·1 운동은 나라와 겨레의 독립과 자유를 찾고자 했던 인민들의 의지였다. 1946년 3월 2일자 《동아일보》의 기사에 따르면, 3·1 운동을 바라보는 김구의 관점이 일관되게 드러난다. "지역의 동서가 없었고, 계급의 상하가 없었고, 종교·사상에서 모든 국한된 입장과 태도를 버리고 오로지 나라와 겨레의 독립과 자유를 찾자는 불덩어리와 같은 일념에서 이 운동을 일관했다."

맞는 말인 듯하면서도, 뭔가 부족한 느낌은 쉽게 지워지지 않는다. 3·1 운동은 민족 통합의 시원이자 주권자인 인민이 탄생한 투쟁이었고, 상해임시정부는 그 운동의 정통성을 이어받았다. 그런데 많은 사람들은 3·1 운동의 지도자나 임시정부의 명망가들만을 기억한다. 초중등 교과서에 그렇게 기술되어 있어서 그렇겠지만, 그들만이 전개한

운동인 것처럼 오해를 불러일으킨다. '절반이 전체인 것처럼 오해'하면서도, 그 나머지 절반을 인식하려 하지 않는다. 3·1 운동을 〈독립선언서〉에 서명을 한 33인의 종교인, 손깃발을 만들어 거리로 나갔던 유관순, 그리고 독립만세라는 구호와 일제의 '총칼'로만 기억한다. 물론 이 절반의 사실도 망각해서는 안 될 역사의 진실이다.

그런데 3·1 운동은 또 다른 진실을 품고 있다. 인민이 거리를 메웠다는 사실이나, 3·1 운동이 1919년 3월 1일에 끝난 것이 아니라 5월 말에서 6월 초까지 지속되었다는 사실 또한 진실이다.† 그렇다면 인민이 무엇을 위해 독립만세를 외쳤는가를 다시 돌아볼 필요가 있다. 인민은 왜 거리로 나와서 장기간 독립 만세 투쟁을 전개하였을까? 이 질문을 제기하는 것도 또 다른 진실에 대한 궁금증 때문이다.

---

† 삶을 위한 인민의 투쟁은 특정한 날로 끝나지 않는다. 1946년 10월 인민항쟁은 1947년 2월까지 지속되었다. 대구에서 시작하여 대구 이남과 호남 지역을 거쳐 충청과 수도권으로 북상하면서 소멸되었던 것이다. 이러한 현상은 그리 머지않은 역사적 사건에서도 확인된다. 많은 사람들은 1980년 광주항쟁의 시발점을 정치인과 대학생들의 시위만으로 기억하고 있지만, 실제로는 1980년 3월 초부터 한 달 이상 지속된 노동자들의 자연발생적인 파업도 주요 원인으로 볼 수 있다. 노동자들의 지속적인 파업은 1987년 노동자 대투쟁과 1996~1997년 노동자 총파업 투쟁에서 꽃을 피웠다. 노동자들은 자신의 기본 권리를 쟁취하기 위해 1987년 7월부터 9월까지 파업투쟁을 지속하였으며, 1996년 12월에 '노동관계법과 안기부법'을 김영삼 정부와 민주자유당이 날치기로 통과시키자, 노동자들은 1997년 2월 초까지 총파업을 지속하여 날치기로 통과된 법들을 무효화시켰다. 이처럼 인민은 단숨에 투쟁을 하는 것도 아니고, 투쟁을 하루 만에 끝내지도 않는다. 그들의 질긴 삶처럼 지속되는 경향이 있는 것이다.

당신은 민주 국가에 살고 있습니까

일제 총독부는 행정 구조 개편 정책과 토지조사사업 정책으로 '두 마리의 토끼'를 동시에 잡을 수 있었다. 일제 총독부는 1912년 전국을 도·시·읍·면 행정 체계로 전환하고, 각 행정 단위 대표자들을 조선의 왕족이나 양반들 중에서 임명하기 시작하였다. 그리고 그 체계를 근간으로 인민을 관리하고 통치하였다. 일제 총독부는 이러한 행정 체계 덕분에 토지조사사업을 보다 쉽게 마무리하였고, 조선 지배 세력들의 반발을 순화시킴과 동시에 그들에게 기득권과 특권을 보장하는 작은 단위의 권력 체계를 구축하였다. 각 행정 단위의 대표자로 임명된 조선의 왕족과 귀족들은 토지조사사업을 원활하게 마무리하는 역할을 맡으면서 동시에 공유지나 문중 토지를 자기들의 사적 재산으로 신고하여, 1918년 토지조사사업이 마무리되고 난 이후에 대토지 소유자로 변신하기도 하였다.

이처럼 일제 총독부는 행정 구조가 개편되고 난 이후에 전국적인 토지조사사업을 실시하였다. 그런데 인민은 을사늑약을 체결했던 1905년과 달리, 1912년부터 1918년까지 추진했던 토지조사사업의 직접 피해자가 되었다. 한반도에서 경작이 가능한 토지의 50퍼센트를 전체 인구의 3퍼센트에 불과한 양반 지주들이 소유하게 되었다. 자작농이 전체 농민의 20퍼센트에 불과한 상황으로 변해 버린 것이다. 토지를 점유한 상태에서 거의 자작농에 가까웠던 농민들은 공납 의무만이 아니라 보다 더 가혹해진 소작제의 고통을 견뎌야만 했었다.

일제 총독부의 본질도 드러났다. 토지조사사업에 참여하지 않은 농민들의 토지나 공유 토지들을 강제로 빼앗아 일제 총독부가 소유하였고, 소작제나 공출제 등을 활용하여 농민들을 수탈하였다. 농민들은 그에 맞서는 직접 정치의 주체로 나서지 않을 수 없었고, 주권과 독립

대한독립선언서 또는 무오독립선언서는 음력 1918년 11월(양력 1919년 2월 1일)에 발표한 독립선언서이다. 3·1 운동의 전초가 된 독립 선언서 발표 사건이다. 출처: 위키백과.

의 필요성을 절감하였다. 이것이 농민들이 손깃발을 들고 거리로 나와, 1919년 5월 말까지 독립 만세를 외친 이유이다. 3월 1일부터 5월 말까지, 농민들이 외쳤던 것은 '삶 고통'과 '토지 문제'를 해결하자는 것이었다. 〈기미독립선언문〉에 서명하고 참여한 종교 지도자 중심의 33인이나 유관순은 농민들의 토지 문제를 내세우지 않았다. 그래서 박헌영은 "3·1 운동의 의의와 교훈"에서 이 운동이 토지개혁 구호가 하나도 나오지 않은, 일대 혁명이 아니라 불완전한 혁명이며, 어떤 의미에서 기만적 혁명이라고 하였다. 민주주의민족전선 수석의장이었던 허헌은 3·1 운동의 주체는 노동자, 농민, 지식인, 소시민, 학생 등 인민이었다고 강조하였다. 그렇게 본다면, 헌법 전문은 3·1 운동이나 임시정부의 정통성을 계승한다기보다 인민들의 '독립 만세 투쟁'을 계승하는 것으로 바뀔 필요가 있다.

✝ 3·1 〈독립선언서〉는 민족을 대표하는 33인의 지도자가 국내에서 발표하였다. 그런데 민족 대표 33인은 어떤 사람들인가? 모두가 종교인이었다. 기독교 15인, 천도교 15인, 불교 2인, 그리고 기독교계 학생 1인이었다. 이들이 공동으로 서명한 〈독립선언서〉를 파고다 공원이 아닌 음식점에서 낭독했을지라도, 자신의 목숨을 내놓은 만세 투쟁의 주체들이었다. 그런데 그 시대를 살았던 인민의 시각으로 들여다보면, 약 2,000만 명 내외의 인구 중에서 종교인은 소수에 불과했을 것이다. 특히 기독교가 1885년 4월, 장로교와 감리교의 선교사가 입국하면서부터 포교되기 시작했고, 그 주요 수단이 1891년까지 학교를 설립하는 방식이었다는 점에 비추어 본다면, 종교 지도자들에게 민족을 대표하는 지도자의 칭호를 부여하기에는 많은 함정이 있다. 민족 대표 33인을 바라보는 새로운 사실로 여겨야 한다. 더욱이 〈독립선언서〉의 핵심 내용도 마찬가지다. 민족 대표 33인은 "일제의 침략주의와 강권주의를 비판하면서도 일본의 신의 없음을 탓하지 않았고, 2000만 조선 민중의 고통을 극복하는 대안인 자주 독립을 위해 우리 스스로 일깨우고 변화를 기해야 하고, 저항을 하더라도 모든 행동은 질서를 유지해야 한다."고 강조하였다. 그런데 〈기미독립선언서〉와 달리, 그 이전에 해외에서 진행된 독립선언도 있었다. 1919년 당시, 일본 유학생들이 2·8 독립선언을 선포하기도 했지만, 이미 2월 초에 만주 벌판에서 독립운동을 전개하고 있었던 사람들도 조선의 독립을 선언하였다. 1918년부터 준비된 것이라 〈무오선언〉이라고 하지만, 이 독립 선언에는 임시정부의 주요 지도자들이 대거 참여해서, 조선의 독립과 인민들의 삶 권리를 연계시키는 투쟁의 과제까지 제시되었다. 하지만 3·1 독립선언은 질서와 평화를 유지하는 선에서 독립 투쟁을 전개해야 한다는 당부도 빼놓지 않았다. 초중등 교과서를 쓴 사람들이 무지해서 그랬는지, 아니면 의도적으로 교과서에 기술하지 않은 것인지 잘 모르지만, 필자는 〈무오선언〉을 모른 채 살아왔다. 지금부터라도 대한민국 역사 교과서의 아이러니인지, 아니면 역사관의 아이러니인지를 고민하면서 살 필요가 있다.

3° 식민지 해방, 혁명을 가장한 낡은 봉건성

식민지 친일 엘리트의 화려한 부활

1948년, 대한민국은 헌법 제정과 정부 수립을 통해 주권 국가임을 선포하였다. 제헌헌법은 일제 강점기 식민지 지배 체제나 해방 정국에서 벌어졌던 좌우 정치 세력의 갈등을 극복하고, 국민이 주권자인 자유민주주의가 '절대선'임을 제시한다. 하지만 제헌헌법에서 제시하는 대한민국의 국체 및 정체와는 무관하게, 그 헌법을 어떤 사람들이 어떻게 만들었는가를 알아야 할 필요가 있다. 법이라고 하는 것은 한 번 만들어지고 나면, 법을 만든 사람이나 그렇지 않은 사람 모두에게 적용되는 자연법칙이다. 법을 만드는 사람들이 '절대자'나 '성인 군자'가 아닌 이상, 그들은 자신에게 불리한 법을 만들지 않는다.

미국과 소련은 1946년 4월 대한민국의 정부를 수립하는 활동을 같이

당신은 민주 국가에 살고 있습니까

협의할 정당 및 사회 단체를 발표하였다. 그중에 이미 헌법 초안을 만들던 조직이 선정되었다. 당시 정치 단체 중에서 비상국민회의, 행정연구위원회, 민주주의민족전선이 헌법 초안을 만드는 작업에 착수하였다. 소위 좌우라는 이념적 측면으로 본다면, 비상국민회의와 행정연구위원회는 우파였고, 민주주의민족전선은 좌파였다.

비상국민회의는 임시정부의 임시헌장을 계승하고 외국의 헌법을 참작하기로 하였다가, 헌법 초안을 완성하지 못하였다. 대부분은 헌법의 아버지라고 부르는 유진오[†]가 헌법을 만들었다고 믿는다. 1948년 헌법기초위원회는 유진오의 초안을 원안으로 해서 헌법안을 심의하였다. 그는 1948년 제헌헌법안의 밑바탕을 그렸고, 이승만 정권의 초대 법제처장이 되었다. 그런데 과연 그를 '헌법의 아버지'라고 부를 수 있을까?

[†] 유진오는 고려대학교의 아버지이기도 하다. 민족의 대학이라고 하는 고려대학교에서 1952년부터 1965년까지 총장을 역임하였으니, 그 기간만 해도 총 14년이다. 1953년 한국전쟁이 휴전협정을 맺기 이전부터 총장을 하다가, 1965년에 민중당 대통령 후보로 나섰던 유명 인사였다. 그런데 1987년 8월 임종 후 고려대학교에 그의 빈소가 마련되자, 이때 반대하는 시위가 벌어졌다. 당시 동료 교수 5인의 심정이 이랬다. "해방 직전까지도 '우리(일본 제국)는 반드시 승리한다'고 외치는 등 친일 행각의 전력도 있거니와 야당 당수로서 반독재 투쟁을 하다가 처참한 광주의 불행과 직결된 정통성을 결여한 정권의 국정 자문위원으로 다시금 변신했던 고 유진오 씨의 빈소가 고대에 차려진다는 것은 비교훈적이라고 생각하여 사회적 통념과의 충돌을 무릅쓰고 항의 시위를 하지 않을 수 없었다." 김민철, 「유진오-일본의 연원한 승리를 다짐한 대한민국 현대사의 큰 별」, 『청산하지 못한 역사』, 반민족문제연구소, 청년사,1994.

오히려 '기회주의의 아버지'라고 부르는 것이 맞지 않을까? 유진오는 일제 식민지 제국주의론을 구체화한 대동아공영권의 정당성을 설파하고, 청년들에게 성전聖戰에 참여할 것을 독려하였다. 다음은 유진오가 1940년 7월《삼천리》라는 친일문학 잡지에 쓴 내용이다. "먼 대륙의 오지에서 모든 고통과 맞서서 싸우며 혁혁한 무훈을 세운 황군 장병 여러분에게 삼가 감사와 경의를 바치고자 합니다." 단어 하나마다 진심 어린 마음이 깊은 곳에서 올라오는 느낌이다. 그는 "황국 일본의 정신과 문화를 아시아 전역에 전달할 사명감이 문인들에게 있다."고 하면서, 전쟁 물자를 만들기 위해 공출했던 '쇠붙이 공출 정책'을 아름답다고 했다. 이랬던 그가, 해방 후에는 반공주의의 기수가 되기도 했고 1965년에 민중당의 대통령 후보로 지명되기도 했다. 또 1967년부터는 박정희 정권에 저항하는 신민당의 총재였다는 사실은 어찌 보아야 하는가?

신익희도 주도적으로 행정연구위원회를 결성하여 헌법 초안을 만들었으며, 이 헌법 초안도 제헌헌법의 심의에 큰 영향을 미쳤다. 신익희는 이승만 독재에 저항한 야당 정치인이며, 대통령 후보로 나섰다가 열차에서 심장마비로 생을 마감했다. 그러나 신익희는 본래부터 이승만에게 저항한 사람이 아니다. 그는 오히려 친일 행정 관료들을 조직하여 이승만 정권의 수립에 기여하였고, 국회의장을 지내면서 이승만 정권과 권력을 나누었던 사람이다.

일제 강점기에 고위 행정관직을 역임하고, 해방 이후에 정치인으로 살았던 윤길중은 1991년에 자신의 회고록을 발간하였다. 윤길중이 그 책에서 밝힌 사실이지만, 신익희는 독립운동과 건국을 서로 다르게 인식하였다. 해외나 국내에서 독립운동을 한 사람들은 비록 애국심은 강하나 기술을 요하는 행정을 담당할 수 없다고 결론 짓고, 행정 분야는 일제 치하에서 고등문관시험에 합격한 사람과 행정 경험이 있는 사람, 그리고 의사 등 인텔리를 기용해야 된다고 생각하였다. 그리고 일제 치하의 관료들이 대대적으로 참여하는 방식으로 '행정연구반'을 조직 하였다. 이것이 행정연구위원회에 친일 관료들이 대거 합류하게 된 이유다. 신익희가 친일 관료 중 행정 실무에 밝은 인물들을 처벌 대상으로 보지 않고 오히려 국가 건설의 조력자로 포용한 것이다. 새로운 국가의 현실을 인정하여 명분과 능력의 균형을 중시할 수밖에 없었다고는 하지만, 이는 제헌헌법이 일제 강점기의 낡은 권력과 단절할 수 없는 요인이 되었다.

그러나 1946년 허헌·박헌영·여운형·김원봉 등은 '민주주의민족전선'을 결성하였다. 해방 직후, 좌파들이 총결집한 조직이었다. 좌파들은 통일전선조직으로 국가권력을 수립하려 하였다. 민주주의민족전선은 1946년 3월 '정당–사회단체 전국대회'에서 '조선민주공화국 임시약법 시안'을 확정하여 제시하였다. 특정 세력이 주도하여 확정하는 방식이 아니었다. 모두가 소통하고 공유하는 방식으로 대한민국의 임시약법을 확정하였다. 헌법 전문이나 조항으로만 존재하는 민주주의가 아니라, 헌법을 만드는 과정에서도 민주주의를 실현하려 하였던 것이다. 임시약법의 핵심 내용은 국호를 '조선민주공화국'으로 하고, 대통령과 부통령을 선출하여 정부 수반으로 삼는다는 것이었다. 입헌주의와 공화주의도 전면에 내세웠다. 이 외의 내용들도 국민의 기본적 권리와 의무가 인간의 자연권을 보장하는 수준이었다. 대표적인 예만 들어도, "18살 이상의 모든 인민에게 선거권·피선거권을 부여한다. 모든 국가 기관은 인민의 기관이며 합의제를 대원칙으로 한다. 모든 국가 시설은 인민에게 속하고 균등하게 활용된다." 등이다. 이 원칙은 현재 실행되고 있는 헌법조차 실현하지 못하고 있는 새로운 권리나 새로운 자유를 국민들에게 돌려주려는 것이었다. 말 그대로 '권리의 새로움'이었다.

이런 '새로움'을 제헌의회 국회의원들은 수용할 수 없었다. 그들은 조선민주공화국 임시약법 시안을 폐기하고, 행정연구위원회가 만든 헌법 초안을 기초로 제헌헌법을 만들었다. 제헌헌법을 주도한 사람들은 '인민 주권'이라는 '새로움'을 택하지 않았다. 그들은 낡은 국가의 유산인 '권력 주권'을 선택하였다. 이승만·신익희가 주도한 대한독립촉성국민회(이승만계 55석)와 일제 식민지 시대의 지주 세력을 대표하는 대한민국민주당 세력이 낡은 국가를 선택하자 임시정부 계열의 사람들도 이에 동조하였다.

제헌국회 '헌법기초위원회'는 1948년 6월 3일에 헌법기초위원과 헌법전문위원을 구성하여 활동하고, 제헌헌법안을 만들었다. 제헌헌법은 단원제 국회, 대통령 중심제, 위헌심사권의 헌법위원회 귀속 등을 포함했다. 제헌헌법은 총 9장으로 만들어졌다. 국민의 권리와 의무, 국회, 정부, 법원, 경제, 제정, 지방자치, 헌법 개정 등과 관련된 조항으로, 국가를 유지하기 위한 최소한의 체계이다.

교과서포럼의 대안교과서인 『대한민국 근·현대사』에 따르면, 제헌의회 국회의원들은 60퍼센트 이상이 일제 식민지 시대에 일본에서 유학한 지식인이었다. 직업별로 분류하더라도 금융계나 산업계에서 일한 사람들이었다. 일제 식민지 시대 동안 민족해방운동과 무관하게 살거나 혹은 친일 활동을 했던 사람들로 보아야 한다. 제헌의회 국회의원 중에서 대한민국 임시정부에 참여했던 독립운동가 출신은 5~10퍼센트 정도였다. 대한민국에 불행한 결과이지만, 일제 식민지 아래서 일본이나 미국으로 유학을 가서 공부하고 많은 돈으로 유권자들의 표를 살 수 있었던 사람들이 제헌의회 국회의원이 되었다. 이들이 바로 제헌의회 헌법 기초위원들이었다. 이들은 돈으로 인민의 권리를 사서 국가를 책임지겠다고 나섰다. 돈으로 투표의 권리를 사고파는 금권 정치의 시작이라 해도 과언이 아니다. 이런 주장이 인민들의 능력을 무시한다는 비판을 받더라도 어쩔 수 없다. 무능한 것까지 두둔하고 싶지 않다. 하지만 이전까지 국회의원 선거를 해본 적이 없던 인민들이, 아니 의회가 무엇인지조차 모르는 인민들이 자신의 대표를 선출하는 투표 방식을 알았을까? 분명 의심하지 않을 수 없는 대목이다.

더욱이 1950년대 투표 행태는 '부정투표 백화점'이라 해도 과언이 아니었다. 막걸리나 고무신과 교환했던 '교환투표', 다른 사람에게 맡겼던 '대리투표', 다양한 투표소의 투표인 명부에 부정 투표권자의 이름을 미리 기재한 '중복투표' 등이 있었고, 투표가 끝나고 난 이후에 투표함을 개표소로 옮기는 과정에서 투표함을 교체하는 것도 기본이었다. 정치 세력들은 유권자들을 '권리 매매업자'로 전락시켰다. 1950년대가 이러할진대, 1948년 제헌의회 선거가 정상적으로 이루어졌을 리 만무하다.

제헌의회 선거에 참여한 유권자들의 눈높이에서 보면, 그들은 아마도 현실로 존재하는 '눈앞의 힘과 권력'을 선택했을 것이다. 그들이 선택할 대상은 일제 강점기부터 대대손손 세습되는 지역 양반 명문가나 소위 고등문관시험에 합격한 친일 관료, 일본에서 유학하거나 엘리트로 칭송받는 사람들이었을 것으로 추측된다.

이렇게 당선된 사람들이 대한민국 제헌헌법을 만들었다. 이것이 바로 제헌헌법에 일제 식민지 시대에 기득권을 누렸던 사람들의 이해관계가 반영될 수밖에 없는 근거들이다. 또한 제헌헌법은 일제 식민지 시대와도 단절하지 못하였다. 자유민주주의 스스로 단절할 힘을 갖고 있지 못한 것이라고 보는 것이 맞다. 헌법 전문은 대한민국의 정통성을 독립운동에서 찾고 있지만, 실제로는 독립운동과 무관하게, 선거의 민주성과 상관없이, 오로지 선거를 모르는 유권자들의 투표로 만들어졌을 뿐이다. 애초부터 식민지 유산과 잔재의 청산을 뒤로 한 채 식민지 기득권을 계승하려는 세력의 집단 의지가 곧 정통성의 출발이었다고 볼 수 있다.

당신은 민주 국가에 살고 있습니까

제헌헌법, 불완전한 헌법의 원조

◇ ◆ ◇

　입헌주의는 자유주의 국가마다 각기 다른 모습으로 존재한다. 그 사회가 가진 역사적 배경과 문화적 특성에 따라 차이를 보인다. 헌법은 동일한 목적과 가치를 추구하지만, 그 존재 형태와 운용 방식은 같지 않은 것이다. 예컨대, 국민의 자유와 권리의 보장이라는 헌법적 가치를 구현하기 위하여 국가권력을 분립하는 점은 같으면서도, 입법부와 행정부의 관계와 같은 권력 구조는 다르게 배치하는 식이다.

　제헌헌법의 내용 그 자체만을 놓고 본다면, 대한민국이 자유민주주의 공화국인가 의심하게 된다. 제헌헌법은 사기업의 이익을 노동자들이 균등하게 나눌 권리도 보장하고 있고, 제85조와 제87조 및 제88조에서는 국가 기간산업의 국유화와 공유화로 국민의 기본적 생활을 보장하는 권리까지 보장했다. 특히 제88조는 국민 생활상 간절한 필요에 의한다면 사영 기업을 국유 또는 공유로 소유권을 이전하거나 또는 그 경영을 통제하고 관리할 수 있게 하였다. 국가 기간산업이 국유화나 공유화되어 국민에게 값싸고 질이 좋은 공공 재화를 제공한다면, 제헌헌법은 현행 헌법에 비해 상대적으로 진보적일 수 있다. 하지만 국유화나 공유화가 국민들에게 양질의 생활권을 보장하는 것과 무관하게 이루어지는 것이라면 그 조항은 거꾸로 자유민주주의 원칙에 위배된다고 할 수 있다. 국가가 그 조항을 내세워 개인이나 기업의 소유권과 경영권을 압수하는 폭력을 행할 수도 있기 때문이다.

　또 하나 지적할 점은 제헌헌법 제18조에서 노동자라는 말을 근로자라는 말로 대체시켜 버린 것이다. 자유민주주의 공화국은 헌법을 매개로 노동자들을 국민의 정체성으로 재구성하였다. 군주의 신민들이었던 '인민'이 국가의 신민인 '국민'으로 거듭난 셈이다. 자유민주주의 세력들은 일제 식민지 시대나 해방 정국을 거치면서 분출된 노동자들의 집단적인 힘을 약화시킬 필요가 있었다. 그 수단은 노동자들을 근면하고 성실하게 일만 하는 사람으로 만드는 것이었다. 일제 식민지 해방 정국에서 노동자·민중의 국가권력이 수립되지 못했다면, 식민지 지배 체제의 기득권 세력은 국가권력을 수립하면서 아예 노동자라는 말을 헌법에서 폐기한 것이나 다름없었다. 그 이후 노동자는 천하고 더러운 일을 하는 사람으로 천대받았다고 해도 과언이 아니다.

제헌헌법에서 그나마 진보적인 조항이라고 평가할 수 있는 것은 제27조의 불법 공무원 파면청원권이다. "공무원은 주권을 가진 국민의 수임자이며 언제든지 국민에 대하여 책임을 진다. 국민은 불법 행위를 한 공무원의 파면을 청원할 권리가 있다."는 내용이다. 물론 이 조항조차 국민에게 공무원 파면권이 아니라 파면을 요청하는 청원권을 보장한 것에 불과하다. 국민이 아무리 청원한다 하더라도 국가가 받아들이지 않으면 그만인 조항이다. 그런데도 헌법이 1987년 10월 29일까지 아홉 차례 개정되는 과정에서, 그나마 불법 공무원을 파면·청원할 이 권리조차 박탈하였다.

결코 진보적이지 않은 제헌헌법에서 그나마 위안을 찾을 수 있다면 공무원에 대한 '국민파면권'과 국가 기간산업 '국민몰수권'을 상상하는 것이다. 국민이 사회계약의 당사자인 국가를 관리하고 통제할 수 있는 최소한의 권리이다. 국민은 국회의원이나 대통령을 파면할 수 있는 국민파면권과 국가 기간산업에 대한 국민몰수권을 통해 자신의 '삶 권리'와 행복권을 누려야 한다. 국민은 국가가 사회계약의 집행 주체에

당신은 민주 국가에 살고 있습니까

불과하다는 헌법의 기본 원리와 가치를 복원하고, 그것이 삶 속에서 제 모습을 '잘' 드러내고 있는가를 감시할 필요가 있다. 스피노자Spinoza, 1632~1677도 '감시인 제도'를 설파하였다. 국가에 대한 감시를 국회의 역할로 제한하지 말고, 국민도 '감시인 제도'[*]에 따라 인민의 권리를 침해하는 모든 관리를 재판에 소환하고, 그 죄의 경중에 따라 처벌할 권한을 가져보자는 것이다. 이런 제도의 토대는 바로 헌법의 민주적 가치였다.

제헌헌법에서 보장하고 있는 불법 공무원 파면청원권을 공무원에 대한 '국민파면권'으로 대체하면 어떨까? 공무원의 다른 이름이라고 해도 부담감으로 다가오지 않았던 부정부패나 무사안일과 복지부동 등의 문제는 점차 해소되고 있지만, 인민 주권의 핵심은 국민이 공무원이나 관료들을 상대로 주인 노릇을 할 수 있는 것이다. 국민을 대신하는 대의제도나 국민을 지배하고 통제하는 정부의 관리만을 고집할 것이 아니라, 국민이 직접 공무원을 임명하거나 파면할 수 있는 자유도 염두에 두자는 것이다. 국민이 국가의 관료적 지배 장치를 자신의 것으로 만들어야 할 이유는 많다. 공무원이 국민의 안녕과 관련된 일

---

[*] 스피노자는 17세기 중반에 사상의 자유와 언론출판의 자유를 내세웠던 대표적 철학자이다. 그의 국가관은 소통과 표현의 사회를 만드는 것이었다 해도 과언이 아니다. 국가는 사회에 대한 인간의 만족도를 높이기 위해서 개인의 소통과 표현을 기반으로 하는 '정의와 평등'을 추구해야 한다. 만약 사상의 자유와 언론출판의 자유를 국가가 저지하려 할 경우 인민들은 쌓였던 불만과 분노를 혁명적 행동으로 표출할 것이기 때문에, 국가는 이를 예방하는 정책에 집중해야 한다. 감시인 제도는 바로 국가의 이런 역할을 촉진시키는 수단이었다.

에 종사하면서 사회적 위험에 맞서 싸우는 것이 아니라, 그저 권력의 메신저나 도구 같은 역할만을 고집한다면, 국민 스스로 자신의 안녕을 지키는 주체로 나서지 않을 수 없다. 공무원을 대신해 국민이 권력을 지배하고 관리하는 전복의 수단은 바로 모든 공무원에 대한 국민파면권을 행사하는 것이다. 국민이 국가권력 내부에 존재하는 모든 사람들을 대상으로 파면할 수 있는 권리이다. 예를 들면, 대통령이든 국회의원이든, 혹은 대통령이 임명한 장관을 비롯한 모든 공무원을 파면할 수 있는 권리†까지도 국민이 가지는 것이다.

제헌헌법에서 또다시 추출할 수 있는 권리는 국가 기간산업에 대한 국민몰수권이다. 대한민국 정부는 2000년대에 들어서서, 신자유주의 시대에 걸맞게 국민의 기초 생활과 밀접한 전기, 수도, 가스 및 공공성을 가지고 있는 공공 기업들을 민영화하고 있다. 물론 공공 부문 민영화 정책은 1990년대부터 세계적인 현상이었다. 공공 부문 노동자들은 노동조합을 중심으로 민영화 정책에 반대하면서 국가와 싸웠다. 그들의 요구는 공공 기업을 자본에 팔지 말라는 것이었다. 그들은 세계적으로 나타난 민영화 현상의 결과를 잘 알고 있었다. 민영화가 값싸고

---

† 물론 국민에게 막대한 권력이 부여된다고 해도 그것이 꼭 '올바르게' 사용된다는 보장이 있을까? 권력이 남용될 가능성도 농후하다. 특히 '정치의 기본'이 없는 '격 떨어지는' 나라에서는 더욱 염려가 되는 부분이다. 다수가 권력을 잘못 휘두르는 것을 다차원적으로 방지하는 것이 과제이다. 공무원 파면권 등 권리를 행사하는 과정 자체가 국민 주권의 연속이 되도록 하고, 국민들에게 '권리의 격'을 높이는 고행의 길을 걷게 할 필요가 있다. 이럴 때만이 소수가 권력을 마구 휘두르는 것보다 더 정당하다고 말할 수 있다.

당신은 민주 국가에 살고 있습니까

좋은 공공 서비스 재화의 가격을 폭등시키며, 국민의 세금으로 만든 산업 시설을 헐값으로 기업에 넘긴다는 것이다. 그런데 정부는 국민에게 양질의 서비스를 제공하기 위해 민영화를 한다고 응답하였다. 이 지점에서 의아한 부분이 있다. 한국인에게 너무 익숙한 기업이나 그룹의 주식 대부분을 외국인이 소유했다는 사실을 접하면, 이 기업을 '우리 것'이라고 생각했던 국민은 왜곡된 애국심을 불끈 내세운다. 그러한 기업이나 그룹의 제품을 구입하지 말자는 불매 운동을 전개하거나, 그와 반대로 대한민국 국민이 소유하고 운영하는 것과 마찬가지의 기업이니까 정부가 나서서 살려내야 한다는 운동을 펼치기도 한다. 대한민국의 그 어떤 기업이든, 특히 대기업의 경우에는 외국인이 주식을 보유하는 것이 너무나 자연스러운 현상이다. 그러나 국민들은 대한민국 사람이 경영한다는 이유만으로 기업을 '우리 것'과 '남의 것'으로 구분하여, '우리 것'을 소유하는 것을 애국심과 같은 것으로 여기는 늪에서 쉽게 벗어나지 못한다. 진짜 애국심이 필요한 곳은 '세금으로 설립하여 공공적 주체들이 경영하고 있는 공공 기업'이건만, 이러한 공공 기업을 외국인들에게 팔아버리는 민영화 정책에 대해서는 철저하게 외면한다.

애국심이 아무리 왜곡되어도 이렇게까지 변형된 경우는 그리 흔하지 않다. 진짜 애국심은 '삶터'를 보장하는 국가와 자신이 한 몸이 되어 자신의 권리를 보장하는 상태이다. 민영화 정책은 현행 헌법 제10조에서 보장하고 있는 국민의 권리, 다시 말해 모든 국민은 인간으로서의 존엄과 가치를 보장받아야 하며 기본적 인권과 행복을 추구할 수 있다는 공공적 권리를 국가가 무시하는 것과 마찬가지다. 그런데도 국민은 자신의 안전하고 행복한 '삶터'를 무너뜨리는 민영화 정책에 대해서는 애국심을 앞세워 묵시적으로 동의하거나 혹은 싸움을 하려 들지 않는다. 그래서 국가는 민영화 정책이 국민에게 생활의 고통을 가중시키고 있다는 것을 뻔히 알면서도 그 정책을 강행한다. 국회도 역시 국가의 민영화 정책에 적극적으로 동참하고 있다. 정부와 국회가 동시에 헌법을 위반하고 있는 것이다. 이처럼 대한민국에서는 헌법상의 규정이 일반 법령이나 국무회의에서 결정하는 시행령보다 못한 '종이호랑이'에 불과하다. 정부의 의지대로 헌법이 좌지우지되는 경우가 허다하다. 국민은 그저 정책의 희생양으로 남는 경우가 많다.

국민은 자신의 세금으로 세운 국가 기간산업을 되돌려 받아 행복의 권리를 복원할 필요가 있다. 전력이나 가스, 물과 같은 국가 기간산업은 인간의 생존에 절대적으로 필요한 재화를 생산하여 공급하는 만큼, 인민의 자연적 권리에 해당한다. 이러한 권리는 인민의 삶 공간에서 독점할 필요가 있다. 국가 기간산업에 대한 국민의 몰수 권리는 그러한 산업을 국가나 자본에게 맡기는 것이 아니라 국민이 몰수하여 직접 운영하고 관리한다는 내용까지 포함하고 있는 것이다.

북한, 반국가단체인가? 주권 국가인가?

◇◆◇

뉴스를 자주 접하는 사람들은 하루가 멀다 하고 북한 이야기를 듣는다. 요즈음에는 종합편성채널이 많아서 그럴 기회가 더 많다. 대부분 좋지 않은 소식들이다. 북한 인권 문제, 탈북자 문제, 핵 문제, 권력을 세습한 김정은 문제, 군사 훈련을 도발하는 문제 등 자유와 평등이 없고 전쟁만을 준비하는 북한의 모습이 등장한다. 북한에는 좋게 이야기할 거리가 없는 것인가, 아니면 있는데도 보도를 하지 않는 것일까?

이런 의문을 던지면서도 이보다 더 큰 궁금증이 호기심을 자극한다. 정부를 필두로 남한의 모든 사람들이 조선민주주의인민공화국을 '북한'이라고 하는데 과연 맞는 것인지, 아니면 북한은 우리 '남한'을 남조선이라고 부르고 있는데 맞는 것인지. 남한이나 북한 모두 헌법에 고유 이름을 명시하고 있지만, 서로가 국가의 고유 이름을 인정하지 않고 있다.

대한민국에서는 '조선민주주의인민공화국'이나 '북조선'보다 '북한'이 더 익숙하다. 세계의 모든 언론들은 '남한국South Korea'과 '북한국 North Korea'으로 분리해서 호명하고 있는데, 대한민국 사람이 자기 나라를 남한이라고 부르는 것을 어색하게 여기기도 한다. 참으로 익숙한 어색함이다. 이름만큼 익숙한 것도 따로 있다. 자신들이 북한을 잘 알고 있다는 국민의 '자기 함정'이다.

가끔 학생들에게 질문을 한다. 북한에 대해 언론을 통해서 알고 있는 것 말고 보다 구체적으로 북한을 설명할 수 있을까? 고개를 갸웃하는 학생들이 많다. 왜 저런 질문을 하는 것일까, 아니면 뻔히 알고 있는 내용 아닌가? 대개는 이런 반응이다. 이를 예상했기에, 나는 학생들에게 다시 질문한다. 북한은 대한민국과 똑같이 주권을 가진 국가인가, 아닌가? 학생들 반응은 묵묵부답이면서 매우 혼란스럽다는 표정이다.

답을 알고 있는 질문자의 입장에서는 이미 예상했던 모습이다. 두 가지를 추론할 수 있다. 하나는, 학생들이 그동안 듣고 배우는 과정에서 북한을 '주권 국가'라고 생각해 본 적이 없다는 점이다. 그렇게 배운 적이 없다고 해야 할 것이다. 다른 하나는, 학생들 스스로 '자기 검열'을 하느라 쉽게 답변하지 못한다고 볼 수 있다. 그동안 알고 있는 것을 부정해야 하는 것인가, 아니면 그것을 부정하는 순간 자신이 북한을 찬양하는 사람으로 '내몰림'을 당하는 것이 아닐까? 국가보안법이 자신의 '삶'을 구속하는 것은 아닐까?

북한 사회주의 헌법 제1조는 다음과 같이 규정한다. "조선민주주의인민공화국은 전체 조선인민의 리익을 대표하는 자주적인 사회주의국가이다." 헌법에서 '공화국가'임을 명시하고 있다. 그렇다고 해서 대한민국이 북한을 '공화국가'로 인정하는 것은 아니다. 대한민국 헌법 제3조는 북한 지역을 대한민국 영토로 규정한다. "대한민국의 영토는 한반도와 그 부속도서로 한다."는 규정에 따르면, 북한 지역에는 한반도의 일부를 점령한 불법 세력이 있을 뿐이다. 문제는 북한도 한반도 남반부 지역을 자신이 통일해야 할 대상으로 삼고 있다는 것이다. 1948년에 제정된 북한 헌법에는 한반도를 대표하는 정부가 북한이라고 명시되어 있다. 그리고 2010년에 개정한 북한 헌법 제9조도 우회적으로 대한민국을 인정하지 않고 있다. "조선민주주의인민공화국은 북반부에서 인민정권을 강화하고, 사상, 기술, 문화의 3대 혁명을 힘 있게 벌려 사회주의의 완전한 승리를 이룩하며, 자주, 평화통일, 민족대단결의 원칙에서 조국통일을 실현하기 위하여 투쟁한다." 북한은 헌법에서 조선민주주의인민공화국을 조국으로 규정하고 있다.

남북한 헌법만을 비교한다면, 남한과 북한은 한반도를 대표하는 국가의 정통성을 공히 주장한다. 이제는 정통성을 놓고서 서로 싸울 필요가 없다. 북한은 '조선민주주의인민공화국' 이름으로 대한민국과 함께 1991년 국제연합UN에 함께 가입한 주권 국가이다. 1991년 당시 UN에 가입된 170여 국가들은 북한을 UN의 일원으로 받아들였다. 국제적으로 인정하는 별칭은 '북조선'이다. 이 UN 회의에서 대한민국도 주권 국가로 인정된 만큼, 북한도 역시 대한민국을 인정해야 한다.

그럼, 북한과 대한민국은 주권 국가이면서도 서로를 국가로 인정하지 않고 있는 것인가? 대한민국에서는 북한이 주권 국가임을 애써 부정하려는 사람도 많다. '북한'이라는 이름만 들어도 '자기 검열의 늪'에 빠질 준비를 하는 사람들이다. 이름 속에 많은 의미가 내포되어 있듯이, 대한민국이든 조선민주주의인민공화국이든, 기회가 생길 때마다 서로를 다시 점령해야 할 지역이라고 생각해서 그렇게 부르는 것일지도 모른다.

하지만 남북한 통치자들이 아닌 인민의 생각에 집중해 보자. 인민 입장에서 가장 쉽게 말할 수 있는 해결책은 아마 이것일 것이다. 북한은 북한대로, 남한은 남한대로, 평화롭게 서로 잘살면 되는 것 아닌가. 남북한 지배 세력은 상시적으로 평화롭지 않은 한반도를 원하는지도 모른다. 인민에게 전쟁이 연상시키는 '불안함'을 안겨줌으로써 얻게 되는 보이지 않는 이득이 있는 것일까? 그렇다면 그 이득을 얻는 특정한 사람들도 분명 있을 것이다. 이런 점에서 남북을 '적대적 공존관계'로 설명할 수도 있다. 북한의 사회주의인가 대한민국의 자본주의인가를 떠나서, 남북한 지배 세력이 서로 대결하는 모습은 남북한 체제를 유지하는 일종의 전략이다.

　매우 혼란스럽겠지만 이 관점에는 수긍할 부분이 있다. 대한민국 국민들은 중요한 선거 때나 정치 사회의 위기 상황마다, 소위 '북풍'을 경험하였다. 휴전선 이북에서 불어오는 반공 태풍이 국민들의 투표 행태를 좌우했다 해도 과언이 아닐 정도로, 이 폭풍은 아주 강력했다. 1976년 판문점 도끼 만행 사건, 1987년 대통령 선거 전에 발생한 KAL기 폭발 사건 및 김현희 압송 사건, 1992년 대통령 선거 전에 발표한 간첩 이선실 및 남조선노동당 사건, 그리고 1997년 대통령 선거 직전의 총격 요청 사건 등이다. 이런 사건들을 대한민국 정치 세력이 유도하고 조작했든 아니면 북한이 우연히 감행을 했든, 남북한 간에 다양하게 발생한 갈등이나 사건이 대한민국 정치를 요동친 것은 분명한 사실이다. 유권자들은 이러한 사건에 직면하는 순간, 한국전쟁을 직접 경험했든 그렇지 않든 그 아픔과 상처를 고스란히 물려받게 된다. 이 북풍 때문에 자신이 지지하는 정당이나 후보자를 바꾸는 현상까지 나타났다. 선거에서 제대로 판단하고 투표해야 할 유권자의 힘이 약화되는 것이다.

　　　　　　　　　　　당신은 민주 국가에 살고 있습니까

공화정이란 무엇인가?

◇◆◇

공화국은 주권을 가진 국민이 국가를 지배하는 형태이다. 이러한 형태는 전제 왕정이나 절대주의 군주정, 그리고 폭군정과 분명하게 다르다. 국가권력이 분립되고 인민도 국가권력의 한 주체인 이상 공화정은 자유와 평등을 실현한다.

근대 공화국은 영국이나 프랑스의 시민혁명과 함께 탄생하였다. 1688년 영국의 명예혁명과 1789년 절대 군주제에 저항하는 프랑스 민중들의 혁명적 투쟁으로 공화정의 서막이 열렸다. 시민혁명은 자유와 평등의 원리 아래 국민 주권, 저항권, 사유재산의 불가침권, 보통선거에 의한 인민총회, 국왕제의 폐지, 의회의 정착, 공화정의 수립 등을 추구하였다. 민주주의를 말하면서 영국과 프랑스의 혁명 사례를 거론하지 않는 사람은 거의 없다. 그러나 그 사례의 함정도 같이 볼 필요가 있다. 영국과 프랑스의 혁명은 절반의 민주주의였다. 절대군주나 귀족들은 부르주아지와 협의하여 공화정을 도입하지 않았고, 그 대신에 권력을 서로 나누어 갖는 신체제를 구축하였다. 그것은 의회 제도나 군주 제도가 동시에 존재하는 공화정이었다.

그런데 전체주의 국가로 알고 있었던 구소련이나, 왕족처럼 권력을 세습하고 있는 북한도 헌법에서는 공화국임을 선포하고 있다. 소비에트연방공화국이나 조선인민민주주의공화국, 이외에 공산주의 국가로 알고 있는 쿠바도 공화정이다.

대한민국은 자유민주주의 공화국이다. 현재 '87년 헌정 체제'인 제6공화국이다. 1987년 6월 민주항쟁으로 전두환 정권과 함께 제5공화국도

프랑스대혁명 직전, 왕권에 대해 공공연한 반대 의사를 표명한 최초의 사건이 일어났다. 「테니스 코트의 서약」, 자크루이 다비드 그림.

몰락하였고, 박정희 군부 독재자의 사망과 함께 제3공화국과 제4공화국도 사라졌다. 제1공화국도 이승만 독재 정권의 소멸과 함께 그 명을 다했다. 그런데 어떤 공화국에서는 몇몇 정부가 지속되기도 하였고, 어떤 공화국은 하나의 정권만 있었다가 사라지기도 했다. 대한민국의 경우, 1987년 이후 현재까지, 다른 이름을 가진 여섯 개의 정부가 들어섰다가 사라졌다. 헌법을 새롭게 개정하거나 제정할 필요가 없는 상황에서, 선거로 정부를 교체하는 체제가 정착된 것이다. 하지만 1961년 5·16 군부 쿠데타처럼 단순하게 헌법만 바꿔서 새로운 공화국이라고 한다면, 헌법의 내용이 '악'하게 변해도, '헌법'을 바꾼 사람이나 세력을 '악'하다고 말해도, 새로운 공화국이 등장한다.

　절대군주제였던 영국은 17세기에 의회가 왕위 계승을 보장하는 입

당신은 민주 국가에 살고 있습니까

헌군주제로 변화되었고, 정당 정치의 발전과 함께 의원내각제를 도입하였다. 그런데 영국을 비롯한 북유럽의 많은 국가나 일본 등 의원내각제를 도입한 대부분의 국가는 군주제나 신분차별 제도를 헌법에서 다양한 방식으로 보장하고 있다. 물론 프랑스에서는 1848년 2월 혁명을 끝으로 왕국이 멸망하지만, 1789년 이후 입헌군주제를 세 번, 제정정치를 두 번, 공화제를 다섯 번, 그리고 한 번은 인민의 자치제인 코뮌 제도를 도입하였다. 이러한 혁명적 투쟁은 1793년에 군주제를 폐지하고 공화정을 도입하는 계기로 작용하였다. 1919년 차르 체제의 러시아를 소비에트(인민공화국)공화국으로 만든 러시아 혁명도 그렇다. 제2차 세계대전 이후 식민지 국가를 공화국으로 독립시켰던 세계적인 민족해방혁명도 마찬가지이다. 그렇지만 자유민주주의 공화국만큼은 혁명의 실질적 주체였던 노동자·민중에게 권력을 보장하지 않는다. 자유민주주의 공화국은 헌법으로 지배 세력 간의 권력을 서로 나누어 갖는 정치 체제를 옹호하였기 때문이다.

그런데 공화국이 정의하는 공화共和의 의미가 경우마다 다른 것 같다. 로마 공화정이든 프랑스 공화정이든, 공화정을 수립할 당시 다양한 세력들도 공화를 서로 다르게 이해하지 않았을까 하고 질문을 던져본다. 기득권 세력은 자신의 힘을 상실하지 않는 수준에서 인민에게 권력 참여를 허용했을 것이고, 인민에게는 그동안 누리지 못했던 권력 참여가 이루어지는 만큼 공화란 곧 혁명이었을 것이다. 이런 상황에서 기득권 세력과 인민은 권력을 공동으로 점유하는 수준에서 합의하였다.

공화의 의미는 이를 바라보는 가치와 기준에 따라 다양하다. 기득권 지배 세력이 바라보는 '공화'와 인민이 생각하는 '공화'는 같을 수 없다. 기득권 지배 세력들은 자신의 힘을 보장하는 '공화'를 내세운다.

기득권을 가진 군주나 귀족은 각자의 사회경제적 힘을 서로 인정하는 '공화'를 추구하였다. 이러한 '공화'는 '공화 공동체'를 위한 윤리, 덕목, 자질, 헌신과 봉사의 정신civic culture 등을 법과 제도로 추구한다. 반면에 인민은 인간다운 자유와 평등을 구현하는 '공화'를 원한다.

2014년 12월 19일, 헌법재판소는 '통합진보당 해산 심판'을 하면서 '자유민주주의 기본 질서'를 다음과 같이 제시하였다. "폭력적·자의적 지배를 배제하고, 다수를 존중하면서도 소수를 배려하는 민주적 의사결정과 자유·평등을 기본 원리로 해서 구성되고 운영되는 정치적 질서이다." 이러한 결정은 사람들을 혼란에 빠뜨렸다. 그렇다면 국가가 행사하는 폭력이나 다수의 힘으로 밀어붙이는 의회의 반민주적 의사결정, 그리고 소수자들을 배려하지 않는 사회 구조 등은 자유민주주의의 기본 질서가 아니라는 말인가. 헌법재판소가 규정한 자유민주주의의 의미를 그대로 수용하더라도 여전히 해결되지 않는 의문이 남는다. 자유민주주의가 적대시하는 소비에트민주주의나 인민민주주의는 헌법재판소가 말하는 기본 원리, 즉 폭력적 지배의 배제, 민주적 의사결정, 자유와 평등의 실현과 정말 다른 것인가? 다르다면, 어떻게 다른 것인가? 헌법재판소는 '소수에 대한 배려, 함께하는 소통, 독선을 배제하는 의사결정, 폭력을 거부하는 평화'를 추구하는 대한민국의 자유민주주의를 찬양했을 것이다. 하지만 국가권력이나 권력자들이 자유민주주의를 오염시키고 있을 때도 말해야 할 것이다. '공화와 자유민주주의의 원리에 반한다면, 그 무엇이든, 그 누구든, 민주주의 정치질서를 혼란스럽게 하는 죄목을 내세워 세상과 격리시켜야 한다.'

헌법이 세운 우상

◇ ◆ ◇

북한은 1949년 제헌헌법부터 현재까지 인민민주주의를 내세우고 있다. 2010년에 개정한 헌법에 따르면, 북한의 주권은 인민에게 있다. 북한 헌법 제4조가 규정한다. "조선민주주의인민공화국의 주권은 로동자, 농민, 군인, 근로인테리를 비롯한 근로인민에게 있다." 근로인민이 국가권력의 '주인 노릇'을 한다는 것이 헌법 원리이다. 이러한 원리를 부정할 이유는 없고, 그것을 수용할 근거도 빈약하다. 그저 북한이 제시하는 헌법의 가치일 뿐이다.

그런데 1998년에 개정한 북한 헌법이든 2010년에 개정한 북한 헌법이든, 서문만을 본다면 북한이 인민민주주의공화국인지 김일성공화국인지 이해하기 어렵다. "조선민주주의인민공화국은 위대한 수령 김일성 동지의 사상과 령도를 구현한 주체의 사회주의조국이다. 위대한 수령 김일성 동지는 조선민주주의인민공화국의 창건자이시며 사회주의 조선의 시조이시다. (……) 김일성 동지께서는 〈이민위천〉을 좌우명으로 삼으시여 (……) 위대한 수령 김일성 동지는 민족의 태양이시며 조국통일의 구성이시다. (……) 조선민주주의인민공화국 사회주의헌법은 위대한 수령 김일성 동지의 주체적인 국가건설사상과 국가건설업적을 법화한 김일성헌법이다." 헌법 서문만을 본다면, 헌법 자체가 사회주의 조선의 시조인 김일성을 유일한 수령으로 신격화하고 있다. 1998년의 헌법은 서문에서 김일성을 '사회주의 조선의 시조'로 아예 규정하였다.

한 개인을 신으로 대접한다는 것 자체를 문제시 할 필요는 없다. 자발적이든 그렇지 않든, 개인 역량이 뛰어난 사람을 '신'처럼 대하는 사람들도 많다. 대한민국에서는 특정 분야에서 '성공'한 개인을 기념하거나 추모하는 일들이 자연스럽다. 모두 개인을 내세워 '성공'을 우상화하는 경우이다. 북한에서 근로인민이 어떤 내용으로 사회계약을 맺고 있는지 잘 알 수 없지만, 이런 우상화는 북한이 고수하는 주권자 원리에 대한 신뢰를 떨어뜨린다. 북한에 인민 주권이 존재하는 것인가? 북한은 1인이 권력을 소유하고 그 권력에 절대성을 부여한 국가주석제도를 1972년 헌법에서 도입하였다. 대한민국에도 군주제와 같은 '1인 독재 체제'가 있었다. 1962년 군부 쿠데타 이후, 박정희는 공화제 형식을 내세우면서도 실제로 '군주제'를 실현하였다. 대한민국 통치자가 주권자였고, 통치자와 국가가 하나였다. 한 개인이 중세시대 절대군주와 같은 존재가 되고 국가의 절대권력을 소유했다면, 그 국가는 공화제가 아니라 군주제다.

남북 통치자들은 기회가 날 때마다 권력의 주인인 인민을 섬긴다. 국가의 주인이 국민이라고 한다. 정말 그럴까? 헌법이 규정한 이상, 그 원리는 맞다. 단지 그 원리가 현실에서 다르게 나타날 뿐이다. 원리는 언제나 백성이 하늘이고, 통치자는 땅이었다. 이민위천以民爲天은 백성을 하늘로 여기면서 치국治國의 근본으로 삼는다는 원리이다. 역사 속 권력자들이 권력의 정당성을 내세우는 수단이기도 했다. 그런데 이러한 원리는 주체 사상이나 동학에서도 작동하였다. 사람을 섬기되 하늘같이 하라는 사인여천事人如天이나 사람이 곧 하늘이라는 인내천人乃天도 마찬가지다. 모두 인민이 주권자임을 내세운다.

북한은 1992년 헌법에 '주체사상'을 도입하였다. "조선민주주의인민공화국은 사람 중심의 세계관이며, 인민대중의 자주성을 실현하기 위

당신은 민주 국가에 살고 있습니까

한 혁명사상인 주체사상과 선군사상을 자기활동의 지도적 지침으로 삼는다."(헌법 제3조) 여기서 말하는 주체사상은 모든 것의 주인이 사람이듯 세계의 주인도 사람이라는 생각으로, 인민들에게 주인다운 '의식과 활동'을 아로새겼다. 이런 사상을 국가가 주도하는 것이 아니라, 인민이 주도하였으면 어땠을까! 국가권력이나 국가의 영도자가 '인민의 요구와 명령대로 움직이는 꼭두각시'였다면, 주체사상은 인민민주주의를 실현하는 원리가 되었을 것이다. 물론 역사와 현실에는 그 반대 현상만이 있었다는 것이 증명되었다. 북한의 영도자는 분명 꼭두각시가 아니었다. 그렇다면 북한이 내세웠던 '프롤레타리아 독재'는 인민을 기만한 것이었을까, 아니면 사회를 혁명적으로 변화시키기 위한 수단이었을까?

1972년 12월 27일, 북한은 제헌헌법을 '조선민주주의인민공화국 사회주의헌법'으로 개정하면서 '프롤레타리아 독재'를 명시하였다. '프롤레타리아 독재'는 자본주의를 무너뜨리는 혁명에 성공하고 난 이후, 사회주의나 공산주의를 만들어 나가는 과정에서 등장한 권력의 한 형태이다. 대부분 '프롤레타리아 독재'는 사람들에게 무시무시한 '두려움'만 강요하는 권력으로 알고 있다. 심지어 프롤레타리아 독재와 공산주의를 같은 것으로 말하기도 한다. 간단하게 이해하면, 프롤레타리아가 독재 권력의 힘으로 자본주의의 사회 구조를 청산하고 새로운 사회 구조의 '터'를 만든다는 것이다. 자본주의가 소수 부르주아지의 독재였다면, 프롤레타리아 독재는 다수 프롤레타리아의 독재이다. 자본주의든 프롤레타리아 독재든, 소수 통치자가 권력을 독점하여 인민을 지배한다면 그것이 독재이다. 북한도 그랬고, 대한민국 국민도 경험했다. 물론 '프롤레타리아 독재'를 사회주의로 보는 사람도 있고, 자본주의나 사회주의가 아니라 사회주의 이전에 해당하는 단계로 보는 사람도 있다. 어떻게 규정하든, '프롤레타리아 독재'는 사회 체제의 이행기 권력이다.

그런데 '프롤레타리아 독재'는 '프롤레타리아에 대한 독재'의 요소도 함께 가지고 있었다. 옛날 소련이나 동구 지역 공산주의 국가들이 패망한 원인도 여기서 찾을 수 있다. 프롤레타리아에게 '양질의 삶 조건'을 제공하지 못한 독재, 다시 말하면, '프롤레타리아에 대한 독재'로 빠져든 것이다. 북한은 김일성 유일 지도 체제로 유지되었던 '독재'에서 자유로울 수 없다. 부모와 자식이 권력을 세습하는 것만으로도 충분하다. 이 문제는 북한의 다른 '선'을 '악'으로 변하게 한다. 많은 사람들이 '프롤레타리아 독재'가 아니라 '프롤레타리아 민주주의'에서 새로운 대안을 모색하려는 이유이기도 하다.

당신은 민주 국가에 살고 있습니까

악의 축을 지탱하는 힘

◇◆◇

북한은 국제 사회에서 '악의 축'이었다. 쿠바나 이란도 그중 하나였지만, 미국과 쿠바가 외교 관계를 복원함과 동시에 쿠바는 '악의 늪'에서 빠져나왔다. 그런데 북한을 '악의 축'으로 주도했던 미국이나 서방 국가들은 북한에 대한 '봉쇄 정책'을 풀 의지가 없는 것 같다. 한반도 주변에 있는 국가들의 관계가 복잡하게 얽혀 있기는 하지만, 물론 국가 간의 관계는 필요에 따라 적대적인 관계에서 평화적인 관계로, 혹은 그 반대의 관계로 변화되기도 하고, 상대방 국가에 대한 적대성과 평화성을 혼재시키는 관계를 유지하기도 한다. 아무튼 중국과 소련이 우호적인 상태에서도 북한의 고립화는 지속될 가능성이 높다. 미국과 일본은 북한 핵 문제를 내세워 북한을 압박하면서 평화적인 관계를 도모하면서도, 적대적인 힘의 위력을 과시하고 있다. 대한민국과 미국이 주도하는 군사 훈련도 그 연장선이다.

북한의 '체제 위기나 체제 붕괴'에 대한 이야기는 오래전부터 있었다. 1990년대 중반, 국제 사회의 봉쇄 정책으로 생존 위기에 내몰렸고, 지속되는 자연재해로 식량 위기를 넘겨야 했다. 권력 체계의 변화가 있을 때마다 이 말들이 등장했다. 그런데 북한은 부자간의 권력 승계를 자연스럽게 유지하면서 자신의 체제를 공고화시키고 있다. 최근에는 인공위성을 쏘아 올리는 데 성공하여, 북한의 위기라는 말을 무색하게 하고 있다.

하지만 북한 인민들의 삶까지 위기에서 벗어났다고 할 수 없다. 한국이 인도주의 차원에서 '쌀'을 지원하기도 하였지만, 여전히 북한은 식량 부족의 고통을 겪고 있다. 그리고 김일성과 김정일이 사망하고 난 이후,

김정은이 권력을 승계하였다. 그런데 북한은 여러 어려움을 딛고, 여전히 국가를 유지하고 있다. 그 힘은 어디에서 나오는 것일까? 어려움을 극복할 힘이 없었다면 이미 붕괴되었을 텐데, 여전히 한국이나 미국의 군사 훈련에 맞장구치는 군사 정치까지 하면서 버티고 있다. 1992년 김일성이 개정한 '선군정치'의 힘이라고 하기에는 한국과 미국의 군사력이 더 세고, 강냉이와 감자만으로 식량 위기를 넘겼다고 하기에는 인민들의 '삶 고통'이 심했을 텐데, 인민들은 왜 북한 통치 세력들을 몰아내지 않고 체제를 유지하는 실제 '삶 주체'로 존재하는가! '한강의 기적'처럼 '대동강의 기적'으로 보아야 하는지, 아니면 본래부터 북한의 '체제 위기나 체제 붕괴'의 조짐이 없었던 것인지 궁금증을 해소하기가 쉽지 않다.

어떤 사회든 최고의 힘은 구성원들이 단결했을 때 발휘된다. 미국이 50년 이상 쿠바를 '봉쇄'했어도, 전쟁에 반대하는 목소리를 외면하고 베트남 전쟁에 참여했어도, 쿠바와 베트남의 인민은 힘을 합해서 미국에 저항하였고 끝내 미국을 패하게 만들었다. 북한이 버티는 힘을 '인민의 단결'이었다는 가정에서 그 원인이 무엇인가를 찾아보자.

자신의 '의지'와 상관없이 해야만 할 일이 있을 경우, 어른이든 아이들이든 일 속에서 자신의 존재감을 찾지 못한다. '소통과 동의'야말로 존재감의 터전이다. 구성원들이 맺는 사회계약일수록, '소통과 동의'가 더욱 필요하다. 누군가가 강요해서 하는 '동의'가 아니라, 자발적으로 참여하는 '동의'라면 그 힘은 더욱 강하다.

아직까지 김일성 헌법이 힘을 과시하고 있다. '체제 위기'나 '체제 붕괴'에 대한 말들은 아직도 증명되지 않고 있다. 그 원동력을 두 가지로 이해해 볼 필요가 있다. 하나는 지배 세력이 인민의 권리를 억압하거나 인민의 저항을 철저하게 통제하고 있어서, 인민이 북한 국가권력을 무너뜨리

당신은 민주 국가에 살고 있습니까

기 위한 주체로 나서지 못한다는 점이다. 다른 하나는 인민 스스로 북한의 지배 세력과 일체감을 형성한 상태에서, 자신의 '삶 조건'에 만족하고 산다는 점이다. 인민이 설마 북한 체제를 유지할 정도로 만족하면서 살고 있을까? 그렇게 살지언정, 남한 사람들은 믿지 않을 것이다.

북한에서 탈출하여 남한으로 오거나 다른 나라에 망명해서 살고 있는 북한 사람들은 말한다. "북한은 철저하게 통제되고, 인권이 없는 사회이다. 공산당 당원이나 관료들만이 잘사는 국가이다. 불만을 품었던 사람들은 수용소에 갇혀 있다." 탈북자들은 이런 말도 빼놓지 않는다. "도시와 농촌의 빈부격차는 심하고, 인민은 배고픔에 시달린다."

그렇지만 일제 강점기에 배고픔에 시달렸던 사람들의 입장에서 김일성 세력을 바라볼 필요가 있다. 토지가 없어서 높은 소작료를 지불해야 하고, 일본 사람들에게 헐값으로 곡식을 팔면서 살아야 했던 인민은, 소작제를 폐지하고 경작지를 무상으로 분배했던 김일성 세력을 어떻게 대했을까? 남한에도 아직까지 '박정희 향수'에 젖어서 사는 사람들이 많다. 박정희가 독재자였다고 비판하는 사람들과 무관하게, 그가 인민을 '배고픔'에서 벗어나게 하였다고 믿고 있다. 그 '믿음'이 허상이라고 말한들, 노동자와 농민들이 피땀을 흘려서 잘살게 되었다고 말한들, 결코 들으려 하지 않는다.

그러한 '믿음'을 가지고 있는 사람들에게, 김일성과 박정희는 신과도 같은 존재이다. 존경을 넘어서서 자신의 '삶'을 구원한 절대자들이다. 그 믿음이 계승되고 있다는 점에서 남한에서도 권력이 세습되고 있다고 봐야 할지도 모른다. 북한이든 남한이든, 특정한 집단 내에서 권력이 승계되고 관료에 대한 '회전문 인사'가 자연스럽다면, 권력은 국민이 아닌 신과 같은 세력의 소유물로 전락한다.

정통성은 어디에 있는가

◇◆◇

대한민국과 북한은 UN에 동시에 가입한 주권 국가이면서도, 서로가 한반도 국가의 정통성 때문인지 헌법에서 상대방 국가를 인정하지 않고 있다. 남북은 그러면서도 서로 공존한다. 공존 관계가 무너지는 순간, 한반도는 전쟁에 휩싸여 수많은 사람이 목숨을 잃을 것이다. 그렇다면 남북은 적대적 공존 관계를 평화적 공존 관계로 변화시킬 필요가 있다. 그런데 그 관계의 주도권이 남쪽에 있느냐, 북쪽에 있느냐가 문제다. 이것이 남북이 서로 대립하고 갈등하는 이유이자, 잘 드러나지 않는 문제의 본질이기도 하다. 한반도 국가의 정통성이 어느 쪽에 있는 것인가? 우스꽝스럽고 어리석은 물음일 수 있다. 남쪽 사람들은 남한이라고 할 것이고, 북쪽 사람들은 북한이라고 할 텐데! 이런 일면적인 대답을 넘어서, 북한이 한반도 국가의 정통성을 내세우는 근거가 무엇인지 알아보는 것이 현명할 것이다.

제2차 세계대전 당시, 국제 사회는 한반도를 분할하여 점령하기로 합의하였다. 38선 이남은 미국이, 38선 이북은 소련이 점령하게 된다. 한반도 인민들은 이 과정에서 어떤 권리도 행사하지 못했다. 일본이 전쟁에 패했고 식민지 권력을 내놓는 소식에 환호를 지르며 거리에서 '독립 만세, 해방 만세'의 깃발을 흔들었지만, 그들은 독립 국가를 수립하기 위한 계약을 누구와 맺을지 잘 알지 못했다. 그런 와중에 항일독립운동을 했던 세력과 미군정과 소군정이 국가권력을 수립하겠다고 나섰다.

1945년 8월 15일 이후, 소련군과 김일성은 항일독립운동 세력들과

당신은 민주 국가에 살고 있습니까

함께 38선 이북 지역으로 들어왔다. 김일성은 1932년부터 무장투쟁전술을 앞세워 장백산을 중심으로 항일투쟁을 했던 갑산파 지도자였다. 1932년 중국공산당에 입당했을 당시 스무 살이었으니, 20대와 30대 초반까지 항일유격투쟁을 한 것이다. 북한은 김일성이 항일유격대장을 하면서 홍길동처럼 신출귀몰했다고 선전한다. 건장한 20대 청년이 힘차게 투쟁했던 사실들을 묘사했을 것이다.

김일성은 소련군과 함께 갑산파[+] 무장 세력을 데리고 이북 지역으로 들어와 '인민민주주의 정부'를 수립하면서, 다양한 정치 세력과 권력 투쟁도 전개하였다. 갑산파에게 저항한 대표 세력은 국내에서 독립운동을 했던 국내파였다. 국내파 지도자는 박헌영이었다. 김일성은 그 투쟁에서 승리하여 유일 지도 체계를 구축하였다. 그러나 1950년대 후반에 자신의 유일 지도 체계를 위해 무장독립운동을 함께했던 갑산파 세력을 숙청한 것도 김일성이었다.

이런 권력 투쟁은 남한에서도 있었다. 미군은 1948년 9월에 남한에 진주하여 군정을 세웠고, 연안파와 조선공산당 중심의 국내파, 임시정부 세력, 민족주의 세력, 이승만 중심의 해외 유학파 세력 등이 미군정이 제시하는 틀 안에서 권력 투쟁을 전개하였다. 해방 이후,

---

[+] 일제 강점기에 항일독립운동을 조직적으로 전개한 세력들이 많이 있었다. 다양한 조직들이 참여하여 임시정부를 구성하여 활동했던 세력 말고도, 대표적인 세력은 김일성을 중심으로 했던 갑산파 세력, 김두봉이 지도했던 연안파 세력, 이승만과 같이 일본이나 미국에서 유학하면서 활동했던 해외유학파, 그리고 박헌영과 같이 국내에서 다양한 조직을 만들어 항일운동을 전개했던 국내파 등이다. 대부분 항일독립운동을 위해 조직을 결성하고 활동했던 지역에 근거하여 불렀던 이름이다.

약 100여 개 이상의 단체들이 정치 활동을 하겠다고 나섰다. 1945년 8월 15일부터 1948년 8월까지, 권력투쟁이 활발하게 전개되었다. 이북 지역에서 남한으로 내려온 사람들도 그 투쟁에 참여하였다.

재산과 토지를 놓고 내려온 이상 먹고 사는 것 자체가 어려웠을 것이고, 끼리끼리 뭉쳐서 힘을 발휘할 필요가 있어서 청년들은 조직을 만들었다. 대표 조직이 '서북청년단'이다. 1946년 11월 30일에 결성된 이 조직은 표면적으로는 '조국의 완전 자주독립의 전취, 균등사회의 건설, 세계평화에 공헌'을 내걸었지만, 주로 38선 이북 지역에서 재산을 몰수당하고 남한으로 내려온 사람들이 가입한 탓인지, 갈취와 약탈, 폭행과 살인까지 서슴지 않았다. 대표적인 사건으로는 1947년 3·1절 기념 행사를 마치고 시가 행진을 하는 도중에 좌익 단체들을 상대로 폭력을 행사한 것과, 민주애국청년동맹의 사무실을 습격하여 갈취한 것 등이 있다. 또 1948년 제주도 4·3 항쟁을 앞장서 진압하면서 무고한 양민들을 학살하기도 하였다. 백범 김구를 암살한 안두희도 서북청년단 종로지부 총무부장이었다.

남한 정치 세력이든 북한 정치 세력이든, 인민들과 맺을 계약의 내용을 밝혔다. 남한 정치 세력은 '인민민주주의 세력'들을 탄압하는 미군정의 도움으로 북한과 달리 주로 '소유권 보장과 개인의 자유'를 앞세웠다. 일제 강점기의 개인 소유권을 보장한다고 하니, 지주나 기업인들은 '자유민주주의' 세력에게 동조하였다. 해방 당시 한반도 전체 경작지 중 50% 이상을 약 3% 미만의 지주들이 소유하고 있었는데, 이들은 해방 이후 인민민주주의 정치 세력이 정부를 수립할까 전전긍긍하고 있던 차였다. 미군정과 '자유민주주의' 정치 세력은 이들에게 구원자였다. 물론 미군정과 '자유민주주의' 정치 세력도 토지개혁과 적

당신은 민주 국가에 살고 있습니까

산불하를 인민들에게 유리하게 하겠다고 약속하였지만, 그것을 실행하지는 않았다. 미군정과 이승만 세력은 남한 권력투쟁에서 승리하였다.

김일성은 정권을 수립하는 과정에서 혁명적인 정책을 추진하였다. 대표적인 것은 토지의 무상몰수 무상분배, 인민의 민주적 권리를 보장하는 법의 제정, 인민군 창설이었다. 이런 정책이 북한 지역의 지주들이 집과 땅을 남겨두고 남한으로 내려오는 계기가 되었다. 지주들은 일제 식민지 시대에 농민들을 착취했다는 보복이 두려웠고, 토지에 대한 '무상몰수, 무상분배'로 재산을 빼앗길 수밖에 없었던 상황에서 가족들을 데리고 38선 이남 지역으로 내려왔다. 하지만 일제 강점기에 소작농으로 가난하게 살면서 지주들에게 착취를 당했던 사람들은 무상으로 토지를 분배받으려고 북한에 주저앉았을 것이다.

대다수 인민들의 입장에서 볼 때, 자신에게 유리한 계약 조건을 제시한 정부는 남한이 아니라 북한이었다. 남한 정부는 일제 강점기에 잘 먹고 잘 살았던 지주나 기업가들에게 유리한 계약을 맺었고, 북한 정부는 가난하고 헐벗게 살았던 사람들에게 유리한 정책을 추진하였다. 북한 인민들이 남한 인민들보다 '독립 만세와 해방'의 혜택을 많이 누렸다. 물론 해방 70년이 되는 현 시점에서, 산업의 발달에 따른 물질적 총량으로 볼 때, 남한 인민들이 더 풍족한 것이 맞다. 하지만 해방 정국 당시 인민들의 '삶 조건'을 어떻게 안정시키고 행복하게 하는가를 인민 주권의 전제로 했다면, 북한이 한반도 국가의 정통성을 내세우는 이유는 아마도 이러한 인민 주권과 연계되어 있다고 해도 무방할 것이다.

행복을 짓밟는 국가,

2부  허상

국가를 소유한 가난뱅이

1°

대한민국 헌법을,
대한국민 헌법으로!

헌법의 의무는 무엇인가

◇◆◇

나는 지금 잘살고 있는가? 내가 내 삶 속에서 '주인 노릇'을 하면서 살고 있는가? 이런 질문은 누구에게나 삶의 꼬리표처럼 따라다닌다. 많은 사람들이 나이가 들수록 현재의 삶을 회의하거나 자신의 삶을 반추하면서 어릴 적 추억과 흔적들을 찾아 나서거나, 현재 하고 있는 일 속에서 자신의 주체적 존재감을 진단하기 위해 '자기 성찰'의 시간을 갖는다. 살면서 맺었던 관계들을 돌아보는 것이다. 물론 '자기 성찰'의 잣대가 모두에게 같을 수는 없다. 어떤 이는 돈과 힘, 어떤 이는 지식, 또 어떤 이는 존재감과 주체성을 성찰의 잣대로 삼을 것이다. 그만큼 그 잣대를 객관적으로 규정하기 어렵다. 이 차이는 '자기'라는 존재 자체가 관계 속에 개별적으로 존재하기 때문에 발생한다.

그러나 개별적 잣대와는 다르게, 인간이라는 보편적 주체의 관점에서 보면, 그 준거점이 제시될 수 있다. 인간이라면 누구나 가질 수 있는 보편적이면서도 객관적인 욕망이 존재했기 때문이다. 그것은 바로 행복하고 인간적인 삶을 살다가 죽는 바람일 것이다. 거의 모든 국가가 헌법에서 "국민들이 행복하고 인간적으로 살 권리가 있다."고 규정한 것도 그러한 이유 때문이라고 본다.

대한민국은 OECD 국가 중에서 자살률이 가장 높다. 아이들의 학업 스트레스 세계 1위, 대장암 발병률 세계 1위, 노인 자살률도 세계 1위다. 대한민국은 참으로 씁쓸한 부분에서 선두이다. OECD에 가입하는 것은 선진 국가의 징표로 여겨진다. '선진'이라는 말을 쓰면서도 어떤 기준과 어떤 내용으로 선진과 후진을 나누는지 헷갈린다. 사회적으로 인권이 보장되지 않고 민주주의가 없어도 국가의 GNP 규모나 1인당 평균 소득만 높아지면 선진국이라고 불러도 되는 건지, 경제 이외의 부문에서는 인간답게 살지만 경제적인 소득이 적다는 것 때문에 후진국으로 불려도 되는 것인가. 대한민국에서는 자살과 관련해서 목숨을 내던지는 그들 탓으로 돌려서 말하는 사람이 많고, 자원이 부족한 국가의 힘을 인적 자원으로 이겨내야 한다고 하면서 학업 경쟁력을 부추기는 경우도 자연스럽게 받아들인다.

그렇다면, 행복하고 인간적인 삶은 무엇일까? 더불어 국가는 국민에게 어떤 삶의 조건을 보장해야 하는가? 우리는 이런 질문을 서로가 서로에게 던질 필요가 있다. 다른 사람이 겪는 불행을 내가 누릴 행복과 견주는 것이 아니라, 국가라는 공동체에서 너나 할 것 없이 모두가 행복하고 인간답게 사는 길을 '성찰'해야 한다. '가난했어도 그때가 행복했었다'는 말을 굳이 음미하지 않더라도, 돈만 있다고 행복한 것이 아니라는 점에 대해서는 누구나 동의한다. 돈으로만 이루어지거나 평가되는 인간관계를 좋아하는 사람도 드물다.

사형제의 존폐를 놓고서 많은 논란이 있다. 존속시켜야 한다고 주장하는 사람들은 '극악한 범죄 행위에 대해 최고 수준의 징벌을 해야만 범죄를 예방할 수 있다'는 것이고, 폐지시켜야 한다고 하는 사람들은 '범죄를 유발하는 사회구조적 요소들이 변화된다면, 격리의 징벌만으로도 범죄를 예방할 수 있다'는 것이다.

그런데 사람들이 '사형'이라는 법률 제도에 대해 비판을 제기하는 이유는 그 제도가 가지고 있는 비인간적인 측면에서이다. 아무리 흉악한 범죄를 저지른 범죄자라 하더라도, 국가가 사람의 목숨을 빼앗을 수 없다는 반감일 것이다. '죄가 밉지, 사람이 밉나!'라는 말도 그렇다. 범죄 행위에 사람의 본성까지 덧씌우지 말자는 것이다. 평생 동안 세상과 격리되어 살지라도, 자신의 범죄 행위 때문에 자신의 의지에 반하여 목숨을 빼앗겨서는 안 된다는 것이다. 그런데 사람들은 다양한 방식으로 자신의 목숨을 빼앗긴다. 자살을 다르게 말하면, 사람이 자신의 생명을 스스로 사형시킨다는 의미이다. 원인이야 무엇이든, 삶에서 '왕따와 소외'가 최고조에 이른 상태이다. 가장 비인간적인 삶의 모습이고, 행복하지 않은 삶의 얼굴이다. 사람들이 '왕따와 소외'에서 벗어날 수 있도록 하는 것, 이것이 헌법에서 규정하고 있는 국가의 의무이다. 국가 공동체의 정체성을 "한 국가의 근본 성격이나 가치, 제도, 정책 등에 대하여, 구성원들이 공유하는 믿음과 일체감"에서 찾는다면, '왕따와 소외'는 결국 국가 공동체를 약화시키고, 더 나아가 구성원 간 갈등을 고조시킨다. 그리고 그 해결 방법을 혁명에서 찾아야 하는

당신은 민주 국가에 살고 있습니까

상황을 유발한다.

그런데 돈이 아니면 살기 어려운 사회에서, 돈의 한계를 넘어서 과연 어떻게 사는 것이 행복하고 인간다운 것인가를 성찰하기가 쉽지 않다. 요즘 인문학이 대세로 흐르는 현상도 사람들이 그런 어려움을 외부의 힘을 빌려 해소하려고 하는 까닭일 것이다.

'행복'이라는 주제어를 사이버 공간의 검색창에 치자마자, 너무나 많은 정보가 나를 혼란에 빠뜨린다. 그것에 대한 정의와 경험도 많이 소개되고 있고 '행복'과 관련된 책도 어마어마하게 많이 출간된 상태이다. 다들 욕심을 내려놓고 주어진 조건에 최선을 다하다 보면 행복해진다는 이야기들이다. 불행이든 행복이든 모두 개인의 생각에 달려 있다고 조언을 아끼지 않는다. 그런데 그렇게 접해서 느끼는 행복이란 단순하지도, 그리 복잡하지도 않은 것 같다. 스스로 행복하다고 느끼는 감정이 지속되는 조건을 만들면 되기 때문이다. 사람들은 자신의 개성과 가치가 관계 속에서 존중받음으로써 존재감이 확인될 때 행복감을 느낀다. 존재감은 관계에서 배제되지 않는다는 느낌과 감정이다.

그런데 비정규 노동자들은 노동 현장뿐 아니라 일상에서조차 존재의 박탈감을 숙명처럼 받아들이면서 살아가고 있다. 누구나 취업을 하면 정년퇴직을 하는 것이 당연하다고 여기면서 살았는데 어느 순간부터 '사오정' 또는 '오륙도'라는 신조어가 난무하면서 명예퇴직이나 조기퇴직을 자연스럽게 여기다가, 이제는 비정규직으로 일하는 것만으로도 눈물겹게 고마워하는 시대가 되었다. 일자리가 계속 없어지는 세상이 된 것이다. 자기 자식들을 생각하면 안타깝기 그지없는 문제로 받아들여야 정상 사회라 할 수 있는 것 아닌가? 그리도 자식을 소중하게 생각하면서도 자식에게 일자리를 제공하지 않는 세상에 대해서는 방관하는 것인지, 사람들의 아이러니한 모습에 의문을 던지지 않을 수 없다.

대한민국 1800만 노동자 중에서 약 60퍼센트 이상이 비정규직이고, 30, 40대 정규직조차 퇴직을 강요받고 있다. 2016년 1월 22일, 정부는 법률을 위반하면서까지 '저성과자 일반 해고 도입 및 취업 규칙 변경 요건 완화'와 관련된 행정 지침을 내려, 실업자가 득시글한 '헬조선'의 추진체를 발사하였다. 2015년 10월 현재, 정부가 재원을 출연해서 설립 · 운영하고 있는 공공 연구기관의 노동자 중에서도 비정규직이 약 40퍼센트이다. 대학에서 교육과 연구를 책임지고 있는 비정규직 교수의 비율은 58.9퍼센트이다. 2014년 국정감사 자료에 따르면, 4년제 대학의 교수 중에서 58.9퍼센트인 90,856명이 비정규직이고, 그중에서 시간강사가 38.6퍼센트로 약 5만 9000여 명에 달한다. 그 나머지 20.3퍼센트는 겸임교수, 초빙교수, 명예교수 등이다.

이러한 비정규직 중에는 직종의 특성상 근본적으로 비정규직인 경우도 있고 (반)자발적 비정규직인 경우도 있다. 그렇지만 대부분의 비정규직은 자신의 의도와 무관하다. 비정규직 노동자의 문제를 집중적으로 제기하는 주체는 민주노총과 한국경영자총연합회이다. 비정규직 노동자를 바라보는 관점에서 대립하는 주체이기도 하다. 민주노총은 노동 과정과 노동 성과의 분배에서 비정규직 노동자들을 차별하지 말자는 것이고, 한국경영자총연합회는 경영자들이 돈을 벌기 위해서는 비정규직 노동자들을 보다 많이 고용할 수 있어야 한다는 것이다. 물론 비정규직 노동의 문제는 정규직에 비해 차별받는 불평등을 핵심으로 하고 있다. 임금 및 기업 복지 등 작업장에서 누리는 다양한 권리의 차별이 고착화된다. 정부와 국회는 정규직과 비정규직의 차별 문제만큼은 해결해야 한다고 하면서 비정규직을 보호하는 법까지 만들었다. 그러나 그 법은 오히려 비정규직 노동자들을 고용한 기업이나 비정규직 노동자들을 파견하는 기업에게 유리한 모습으로 변신에 변신을 거듭하고 있다.

그런데 차별의 진짜 모습은 같은 작업장에서 같이 일하면서도 회사의 같은 직원이 아니라는 점이다. 같은 장소에서 함께 자동차를 조립하고 있어도 누구는 대기업에 소속된 정규직 노동자이고 다른 누구는 대기업의 하청 업체나 파견 업체에 소속된 비정규 노동자이다. 열심히 일하는 순간에는 노동이 주는 즐거움에 빠질지 몰라도 작업장 공동체에서 정규직과 비정규직으로 분리된 채 일하고 있다는 사실을 인지한 순간부터, 즐거웠던 노동의 자리에 고통의 감정이 비집고 들어온다. 작업장 공동체의 주체적 느낌과 감정에서 배제되어 있는 것이다.

이렇게 소외되거나 배제되는 감정이 없는 상태에서 살아가는 삶이야말로 인간적인 삶이 아닐까? 물론 국가가 국민 개개인 모두의 개별적 관계나 감정의 문제까지 간섭하기는 쉽지 않다. 개별적 감성과 이성은 개인의 다양한 특성을 반영하며, 또 개인 스스로도 국가가 자신의 사적 관계까지 개입하고 관리하도록 허용하지 않기 때문이다. 따라서 인간적인 삶의 모습을 크게 두 가지로 압축할 수 있다. 관계를 형성하고 삶을 유지하기 위해 하는 일 속에서 자신의 주체적 존재감을 확인하는 것이 첫째이고, 주어진 시간과 공간을 스스로 지배할 수 있는 상태가 둘째일 것이다. 하지만 이 조건을 누가 마련하는가? 주체적 존재감을 확인하는 것이나 시공간에 대한 자기 지배나, 모두가 관계 속에서 이루어져야 할 것들이다. 그 속에 행복의 조건들이 있다. 그런데 행복의 조건을 만드는 역량이 대부분 개인에게 맡겨져 있다. 헌법의 규정[*]대로라면 국가가 할 일인데도 말이다.

권리와 의무도 삶의 만족도에서 중요한 부분이다. 주체적 존재감이라고 하는 것은 권리와 의무에서 '왕따' 되지 않는 자신의 상태를 의미한다. 누구나 누려야 할 권리를 누리지 못했을 때 느끼는 쓸쓸함, 함께 해야만 할 것을 하지 못한 찜찜함, 자신과 자신의 동일성이 부정되는 혼란스러움. '소외'는 바로 이런 감정이다. 당연히 누리고 해야만 할 것들을 누군가가 '왕따' 시켰다고 하면, 그 '왕따'가 주는 상처는 행복하고 인간적인 삶의 최고 걸림돌이 된다.

그러나 국민들에게 헌법의 내용을 알고 있는지 묻고 싶다. 헌법에서 규정하고 있는 권리가 무엇이고 자신이 국가와 사회를 위해 책임을 져야 할 의무가 무엇인지를 알려면, 한 번이라도 헌법을 읽었어야 할 텐데, 딱딱하고 재미없는 문장으로 넘쳐나는 헌법을 누가 읽겠는가. 사법고시를 준비하는 사람들이나 대학에서 법을 가르치고 배우는 사람들 외에, 그 누구든 헌법을 끝까지 읽기 어렵고, 읽더라도 너무나 기본적인 원칙들만을 나열하고 있다는 느낌도 지울 수 없을 것이다.

---

[*] 헌법 제10조의 내용이다. "모든 국민은 인간으로서의 존엄과 가치를 가지며, 행복을 추구할 권리를 가진다. 국가는 개인이 가지는 불가침의 기본적 인권을 확인하고 이를 보장할 의무를 진다." 국가가 국민보다 우선이 아닌 한, 이 내용은 헌법 스스로 자신의 의무를 규정하고 있는 가치이다. 이를 법리적으로 해석할 필요도 없다. 헌법 제34조가 다음과 같이 밝혀주고 있기 때문이다. "모든 국민은 인간다운 생활을 할 권리를 가진다." 이 내용은 국민 모두에게 행복한 삶의 여건을 조성하는 것이 국가의 의무라고 말한다.

당신은 민주 국가에 살고 있습니까

화려하고 수려한 단어들만 모아서 국민을 현혹하기 위한 규정으로 채워진다면 그것은 헌법이 아니다. 헌법은 국가의 것이 아니라 국민의 것이어야 한다. 대한민국 헌법에는 국가와 국민이 주체로 명시되어 있다. 모든 권력이 국민으로부터 나오고 국민이 주권자라고 헌법에서 규정한 이상, 국민이 헌법의 주인이라는 점을 자각하자. 국민이 아주 자연스럽게 헌법상의 국가 기관들을 지배하고 통제할 수 있는 헌법이 되어야 한다는 것이다. 헌법의 이름을 '대한민국 헌법'에서 '대한국민 헌법'으로 바꾸고, 그 형식과 내용도 바꿀 필요가 있다. 헌법 제40조부터 제116조까지 모두 국가 기관에 대한 내용들이다. 국민의 헌법은 이러한 내용들을 헌법에서 규정하는 것이 아니라 일반 법률로 제정하는 것이다. 헌법에서는 국민의 권리와 의무만을 명시하는 것이다.

그렇다면 국민들 스스로 행복하고 인간다운 삶에 대해 성찰하고 사유할 조건까지 만드는 것조차 국가와 헌법의 의무가 아닌가라는 의문이 든다. 어려운 철학이나 역사적으로 유명했던 사람들의 말과 글이 아니라, 국가의 최고 규범인 헌법에서 이 조건을 찾아보자. 그것은 집회·결사의 자유나 사상의 자유와 표현의 자유로 표현되는 '공론의 권리'이다.

사회적 차별과 특권이 개입하지 않고 합리적인 대화를 추구하는 개인들로 구성되는 공간, 그곳은 소통과 참여의 권리를 누리는 공론의 영역이었다. 공론장은 참여자들에게 평등을 보장했고, 접근의 자유를 보장했다. 공론장에 참여하는 순간만큼은 자신이 담론을 형성하고 유포하는 주인공이었고, 참여자들 서로 존재감을 확인하였다. 헌법에서 집회와 결사의 권리, 또는 사상과 표현의 권리를 보장하는 것도, 행복하고 인간적인 삶을 살아가는 여건에 해당한다. 공론장은 '왕따와 소외'뿐만 아니라, 소통이 되지 않아서 발생할 수 있는 비인간적 삶의 조건을 줄이는 주요 수단이다. 아주 건강한 공론의 권리라 할 수 있다. 정보통신의 사회에 걸맞게 사이버 공간이야말로 공론의 권리를 행사할 수 있는 또 다른 공론장이다. 그런데 모든 공론의 권리가 건강한 것은 아니다. 남들을 마구잡이로 깎아내리면서 자존감을 채우려는 사람들도 아주 많다. 특정한 험담 사이트를 동시에 접속하는 사람이 2만 명이나 된다고 한다. 악성 댓글은 말할 것도 없다. 합리적인 대화를 추구하는 개인들로 구성된 공론장이 아니라 병들어 초췌한 공론의 권리가 행사되는 것이다.

이러한 현상은 어디에서 오는 것일까? '왕따와 소외'를 받는 사람들도 스스로 해결 방법을 찾아 나선다. 이는 주로 사이버 공간에서 찾아진다. 그들 스스로 이름과 얼굴을 드러내지 않을 수 있는 숨은 공간에서 적극적으로 스스로를 드러내는 주인공으로 변한다. 이것은 어떤 시공간에서든 존재감을 확인하려는 주체성의 발로인 것이다. 자신들 스스로 다른 사람들의 '행복'을 짓밟고 오로지 자신만의 '행복'만을 추구하는 병든 관계의 산물이다.

당신은 민주 국가에 살고 있습니까

주객이 전도된 주권

◇◆◇

헌법에서 '국민 주권'이 보장되는 대한민국을 자유민주주의 국가라고 선언하고 있지만, 정작 국민들은 주권자로 살아가고 있을까? 이 문제에 대해선 누구도 크게 고민하지 않는다. 아마도 주권의 의미를 아는 사람은 극히 소수에 불과할 것이다. 그래도 국민들은 일상생활에서 주권의 실체인 양 살아간다. 그렇게 국가에 대한 주권자가 아니라, 국가를 위한 주권자로 남는다. 국가가 요구하거나 뒤로 빠질 경우, 국가의 주권을 위한 싸움꾼으로 나서기도 한다.

독도가 대한민국의 것인가, 일본의 것인가? 역사적인 증거 자료만이 아니라, 대한민국 독도수비대가 주둔하고 태극기가 휘날리고 있다는 것만으로도 독도는 우리 땅이다. 그런데도 일본은 계속해서 독도를 자기네 땅이라고 우겨댄다. 이것은 대한민국의 영토를 넘보는 침략 행위이다. 국민은 일본의 이런 만행에 공분하여 일본을 규탄하는 대열의 주체로 나선다. 대한민국과 일본 간의 식민지 역사를 넘어서서 국가를 보호해야 한다는 주권자의 의지가 발현된 것이지만, 조선의 주권을 일본에게 넘긴 친일 세력이나 각종 공공 기관이나 공기업들을 다른 국가의 자본에게 팔아넘기고 있는 국가에 대해서는 왜 방관자로 남아 있는 것인가. 미국이나 중국과 자유무역협정FTA을 맺으면서 주권자 대다수의 권리를 외국의 자본에 팔아넘기는 국가에 대해서는 왜 그리도 온화한지 궁금할 뿐이다.

국민들은 공공 담론을 수없이 접한 탓인지, 자신이 살고 있는 국가와 다른 국가 간에 분쟁이 발생할 때마다 '주권을 침해하는 세력에 저항하기 위해, 주권을 보호하기 위해, 국민이 일치단결해야 한다'는 말을 사람들 사이에서 자주 듣고 말한다. 이것이 국민들이 주권을 이해하는 주요 통로일 것이다. 주권은 국가 간의 관계에서 한 국가가 독립과 권리를 행사하는 주인이 되는 권리로 정의된다.

국가의 주권 때문에 발생하는 최고 갈등은 군사적 충돌과 전쟁이다. 전쟁은 국가 간의 국경을 살상무기들이 짓밟고 수많은 사람들을 죽음으로 내몬다. 역사 속의 수많은 전쟁을 들여다보면, 기득권을 누려 왔던 사람들은 정작 목숨을 내거는 싸움터에 없었다. 1950년 한국전쟁 당시, 기득권 세력들이 서울에서 탈출하고 난 이후에 한강 다리를 폭파하여 국민들의 피난조차 막아버린 역사적 사실에서 배울 수 있는 것이지만, 그들은 상대적으로 안전한 방호소 안에서 선무방송을 해댄다. '인민들이여 당신들의 국가가 위기에 처했으니, 빨리 주권자답게 전쟁터로 나가 국가를 구하시오.'

국가를 위해 의무를 다하는 것이 주권자의 참모습이라고 한다면, 국가에 대한 주권자의 권리는 어디에 있는 것일까? 주권을 그렇게 이해하는 것이 맞는가? 사람들은 다른 사람에게 잘 설명할 수 있을 만큼 주권을 이해한 것일까? 주권이라는 단어의 정의조차 선뜻 다가오지 않는 것은 내 무지일까? 아니면 주권을 편향적으로 이해시키려 했던 국가 교육의 문제일까?

교육은 개인에게 다양한 기회를 제공한다. 인지 능력을 향상시킬 기회, 취업할 기회, 기득권층으로 진입할 기회 등이다. 사람들은 교육의 효과라고 말하는 사회화 과정을 거친다. 이 과정에서 교육의 '위대함'이 증명된다. 특정한 이익만을 추구하는 집단이 학교와 교육을 장악해서 사회적 획일성을 강력히 촉진시키더라도, 사람들은 기꺼이 수용한다. 학교와 교육이 '삶 조건'을 마련하기 위한 최소한의 필요조건인 사회일수록, 그러한 현상은 더욱 보편적이다. 교육은 기득권층이 요구하는 능력을 쌓는 것이 정당하다는 국가 교육의 전달자 역할에 온 힘을 쏟는다. 이런 사회에서는 학교와 교육만으로도 사람들의 의식과 행동을 조작하고 통제할 수 있다.

대표적인 사례가 국가에 대한 부분이다. 초중고 교과서 속 주권자는 국민이 아니라 국가이다. 국민이 모든 권력의 원천이라는 점도 잊지 않고 있지만, 교과서는 국가가 있어야 국민이 행복하고 안전하게 잘 살 수 있다는 국가 주권을 숭상하고 있다. 국가와 국민의 관계가 거꾸로 되어 버린 것이다. 많은 사람들은 주권이 국가의 3대 요소 중 하나이자, '국가가 보유하고 있는 최고의 권력'이라고 말한다. 그렇다면 한 국가의 최고 권력은 무엇일까? 국가 주권을 말하는 사람들은 국가=주권이고, 국민 주권을 말하는 사람들은 국민=주권일 것이다. 국가의 최고 권력을 국민이 보유하는 것이 자유민주주의의 기본 원칙이라고 한다면, 오히려 국민이 주권의 우위에 서는 관계가 맞지 않을까?

장 보댕Jean Bodin, 1530~1596의 말을 쉽게 이해하면, 국가에 대한 최고 지배 권력이 곧 주권이다. 그것은 국가의 의사나 권력 형태를 최종적으로 결정하는 독립적 국가권력 또는 통치권이다. 그래서 국가 주권, 국민 주권, 군주 주권, 귀족 주권, 계급 주권 등 권력의 주체에 따라 주권을 다양하게 말한다. 국가의 구성원들이 주권을 잃어버려서 큰 고통을 겪는 것도 천차만별이다.

그러나 주권은 역사적으로 국가와 통치권자, 통치권을 일치시키는 수단으로 존재하였다. 절대왕정 체제에서 주권자는 곧 절대군주였다. 군주를 높여 부르는 '주군'도 비슷했다. 국가를 구성하는 모든 것을 지배하는 것이 절대권력인 것처럼, 절대군주는 법과 제도뿐만 아니라 국민을 지배하는 절대자였다. 국민에게 절대적 주권자의 법과 제도가 삶의 족쇄였는데, 새로운 통치권자나 주권자가 그 족쇄를 풀어주었다면 상황은 어떻게 될까?

예를 들어, 일제 식민지 통치는 조선시대의 신분 제도, 특히 노예 제도를 폐지시켰다. 그렇다면 조선의 노예들은 삶의 족쇄를 풀어준 일제 식민지 통치 권력을 어떻게 바라보았을까? 당시 조선의 노예들은 근대적 개인으로 재탄생되었지만, 그들이 이와 동시에 식민지 통치 권력에 저항하는 주체적 인민으로도 변했는지는 어떤 사람이든 대답하기가 쉽지 않은 부분일 것이다. 민족과 국가의 주권을 앗아간 식민지 지배 국가가 오히려 노예들을 신분제에서 해방시키고, 일제 식민지 자본과 노동 계약을 맺는 계약 주체로 만들어준 장본인이니 말이다. 이는 조선의 주권자가 변화되어 나타난 현상이다.

하지만 새로운 절대권력자는 그 노예들을 새로운 사슬로 묶었다. 노예 신분에서 벗어난 그들은 먹고 살기 위해 토지나 공장을 가지고 있는 사람들과 또 다른 계약을 해야만 했다. 법과 다양한 계약 관계를 맺었지만, 문제는 법 자체가 또 다른 족쇄라는 점이다. 그 족쇄는 많은 사람들이 국가를 필요한 악으로 받아들이는 주요 이유로 제시된다.

자유민주주의는 궁극적으로 개인의 자유와 평등을 보전하기 위해 국가의 역할과 기능을 개인의 재산, 생명, 자유의 보장에만 미치는 최소한의 수준으로 설정한다. 그런데 밀의 대의정치론에 따르면, 이 목표를 실현하는 데 가장 좋은 정치 형태는 대의 제도이고, 또한 최선의 정치 형태는 최고의 권력체인 주권이 사회 전체를 지배하는 통치 형태라고 제시하였다. 만약 인민이 주권이라고 한다면, 인민이 사회를 지배하는 형태가 최선인 것이다.

'대한민국은 자유민주주의이고, 모든 권력은 국민으로부터 나온다.' 는 헌법 제1조 내용을 모르는 국민은 없다. 이것은 국가권력을 국민이 만든다는 것이다. 그런데 국가권력을 상대로 누가 '권리의 주인 노릇' 을 하는지는 대부분 관심이 없다. 국민 주권이라고 한다면 국민이 '권 력의 주인 노릇'을 하면서 통치권자나 통치 구조를 지배한다는 의미일 텐데, 정작 국가는 '주인 노릇'을 하려는 국민에게는 폭력을 행사하고, '노예 노릇'을 하려는 국민에게만 시혜를 베풀려 한다.

공무원 생활을 하다가 노동조합운동을 한다는 이유 때문에 해고자 로 살아가는 공무원들이 아주 많다. 그들은 국민이 국가권력의 주인이 되는 행정의 주체가 되겠다고 선언한 이후 국가권력의 민주화를 위해 다양한 활동을 하였다. 공무원 노동조합을 건설하여 활동한 것이 대표 적이었다. 공무원 노동조합의 활동은 두 가지의 전략에서 이루어졌다. 하나는 공직 사회 개혁이고, 다른 하나는 노동 3권의 확보였다. 그런 데 국가는 공무원 노동조합의 주체적인 활동을 보장하지 않은 채, 틈 만 나면 노동조합을 탄압하였다. 공무원 노동조합이 국가권력의 환부 를 자발적으로 드러내 스스로 치료하는 것에 대한 두려움이 앞서서일 것이다. 그런데 국가는 각종 보조금을 받으면서 활동하는 관변단체에 대해서는 참으로 관대하다. 역사적으로 3대 관변 단체는 한국자유총연 맹, 새마을운동중앙회, 바르게살기운동협의회이다. 3대 단체의 회원이 약 412만 명 내외이다. 이 단체들이 지방의 기초 생활 단위까지 조직되 어 있다는 점을 고려하면, 국가의 통치 전략은 이들 단체의 회원들을 전략적으로 동원하는 데 몰입하지 않을 수 없다. 조직은 언제든 선거 의 지지 기반으로 활용할 수 있기 때문이다. 그래서 이러한 단체는 주로 중앙정부와 지방자치단체의 각종 보조금을 지원받으면서 활동하는 대신에 행정 기관이 주최하는 축제, 기념식, 체육대회, 문화행사, 불우 이웃돕기, 각종 관변 행사 등에 참여한다.

주권이 왜곡되고 법과 제도가 삶의 족쇄로 존재하는 모습이다. 올바른 국가를 만들려는 사람들에 대해서는 공공적 물리력으로 탄압하고, 국가야 어찌 되든 권력자들이 어떤 행동을 하든 상관없이 국가가 요구하는 대로 움직이는 사람들에게는 정책적으로 보상한다. 이러한 가치의 차이를 루소의 '인간의 자유'라는 관점으로 볼 수 있다. 자유는 인간의 본질상 그 어떤 경우에라도 보존해야만 할 핵심 요소이기에, 위태롭게 타락한 자연 상태에 처한다 할지라도 인간은 그 곤란함을 타개하기 위해 결코 노예의 굴레를 선택하지 않아야 한다.

'주인 노릇'이 무엇인지를 잠깐 생각해 보자. 사람들은 자신의 소유물을 누군가가 자신과 상의도 하지 않고 빼앗아갈 때 주인 의식을 가장 크게 느낀다. 부모형제들과도 사소한 소유물을 놓고서도 많은 갈등이 발생한다. 생활하면서 남는 잉여분을 남에게 베풀거나 쓸모없게 만들어 버리는 것도 대표적인 경우이다. 그런데 소유자들은 소유물을 직접 지배하거나 관리하기 어려울 경우 관리인을 고용한다. 주인은 이런 과정에서 '무늬만 주인'으로 남을 수 있는 위험 부담을 안게 된다. 국민은 정치 사회의 공간에서 일하는 사람들을 고용하여 자신이 소유하고 있는 권리의 일부만을 위임하였는데, 정치 사회는 국민에게 실질적인 권리를 남겨두지 않고, 국민을 지배하는 주권자로 다시 등장하여 오히려 국민을 지배한다.

이처럼 정치 사회와 국민의 관계가 뒤바뀌었는데도 국민들 스스로 계속 '권리의 주인 노릇'을 하려면 국가와 싸울 수 있는 권리의 기본기를 갖추어야만 한다. 물론 기본기가 없이 살아온 사람들에게 갑자기 기본기를 말하는 것 자체가 뜬금없는 것 같지만, 자신의 '권리'라는 사실을 알고 그것을 포기하지 않는 것이 곧 기본기이다. 개인이 싸워야 할 경우 더욱더 기본기로 중무장해야 한다. 일상생활을 포기해야 하는 경우도 많기 때문이다.

1987년 이전, 국가정보기관이나 정보경찰들이 국민을 사찰하는 것이 국가의 권한인 양 자연스러웠다. 대학에 상주하면서 각종 학생운동 정보를 수집, 노동조합운동을 하는 활동가나 간부들의 동향과 정치인들의 동태를 불법적으로 파악하는 것이 국가의 주요한 업무 중에 하나였다. 이러한 불법 행위는 1987년 민주화 과정을 거치면서 사라지는 듯했다. 그러나 국가는 필요하다고 여길 경우 언제든 불법 행위를 저질렀다. 2008년 국무총리실이 불법적으로 민간인을 사찰한 사건이 있었다. 국가권력이 불법 행위를 저지른 것이다. 사건의 피해자인 김종익은 자신이 만든 것도 아닌 '영화 식코를 패러디한 쥐코' 동영상을 자신의 블로그에 올렸다는 이유로 다니던 회사를 사임해야만 했고, 회사는 압수수색을 당해 폐업해야만 하는 상황으로 내몰렸다. 그는 국가 폭력의 희생자가 된 것이다. 그런데 자기 삶이 파괴될 위기 속에서 국가와 싸웠던 김종익은 이렇게 말한다. "국가권력과 싸운다는 것 자체를 아예 생각하지 않고 살았다. 싸울 수밖에 없는 조건에서 국가권력을 상대로 싸우고 있는데, 이는 정말 고통스럽지만 역으로 삶을 즐겁고 역동적으로 만들기도 한다. 일상생활에 필요한 돈만 가지고 있다면." 국민은 보통 국가권력과 일상적으로 싸울 단단함이나 돈의 여유가 없는 사람들이다. 그들이 할 수 있는 것이 있다면, 선거에서 정치사회의 고용인을 바꾸는 일이다.

정치 사회는 국민들의 약한 지점을 정확하게 안다. 직접 거리로 나서서 집회하고 시위하는 방식으로 정치 사회를 변화시키려는 '주인 노릇'이 오래 지속되기 어렵다는 것, 그런 국민들에게 생활의 고통을 강화할 경우, 싸우려는 의지가 반감된다는 것도 알고 있다. 국민은 일상 생활을 유지하는 데 필요한 돈을 벌어서 먹고 살아야 하기 때문에, 국가권력을 대상으로 싸움을 지속하기가 쉽지 않다.

먹고사는 데 힘이 들면 들수록, 사람들은 공적인 시공간의 문제들에 관심을 가질 여력이 미약하다. 오히려 가난하게 사는 사람들은 주로 공적인 '힘'으로 자신에게 도움을 줄 만한 세력에게 의존하면서 살아 갈 방도를 마련한다. 그러한 현상은 선거에서 잘 나타난다. 후보자들이나 정당의 이념과 정책을 보고서 선택하는 유권자 비율이 얼마나 될까 의심스럽다. 힘을 가진 후보나 정당을 우선시 하는 정치 문화 때문에, 인민들 스스로 공적인 것은 자신의 문제가 아니라, 먹고사는 것을 걱정하지 않는 사람들의 문제이거나, 공적인 '힘'을 가지고 있는 사람들의 일로 여긴다. 국민들이 공적인 사안에 관심을 덜 두는 주요 이유 이기도 하다.

국민들이 사적인 문제에 집중하면 할수록 정치 사회는 손쉽게 자신의 의지대로 권력을 만들 수 있다. 주요 수단은 국민을 보다 쉽게 관리하고 지배하기 위한 법과 제도를 마련하는 것이다. 이것이 국민을 지배하는 '권력의 힘'이다. 정치 사회의 통치권자들은 이를 수단으로 하여 정책을 수립하고 집행한다. 이 과정에서 헌법이 내세우고 있는 행복하고 인간적인 삶의 가치는 사라지기 쉽다.

가끔 어떤 전통이 국민들의 의식과 행동을 지배하고 있는 것은 아닌가를 의심해 본다. 국민들이 정치 사회를 자신의 고용인으로 보지 않

당신은 민주 국가에 살고 있습니까

고 자신의 생명과 안전을 보호해 주는 절대자로 여긴다면, 이런 현상의 연원을 왕정의 역사에서 찾아야 할까, 아니면 물질적으로 가난했던 삶의 조건을 변화시킨 개발 독재에서 그 향수를 찾아야 할까? 제왕적 대통령이나 현대 군주로 존재한 정당을 내치기는커녕 진짜 인민들의 가난과 함께 하겠다는 정치 세력을 거부하고, 불합리한 정치 세력만을 지속적으로 고용하는 국민의 힘은 어디에서 나오는 것일까! 참으로 혼란스럽다. 이는 전통이 국민들의 의식과 행동에 영향을 미치는 문제와 연결되어 있을 것이다. 전통이란, 과거의 사회적 관계에 영향을 미쳤던 생활 요소가 현재와 미래의 사회적 관계에 영향을 미치는 힘이다. 절대왕정 체제나 독재 체제에서, 정치 사회가 국민에게 베풀기만 할 뿐 국민은 권리를 누리거나 인식하지 못한 채 살아야만 했던 시혜적 관계의 전통. 이것이 국민들의 의식과 행동을 지배하는 '무의식의 힘'이자 '예속된 권리의 힘'으로 존재할지도 모른다.

헌법도 악법일 수 있다

◇◆◇

한때 '법대로'라는 담론이 대한민국 사회를 지배한 적이 있다. '대쪽 판사'라는 별명을 가지고 있었던 사람이 1997년과 2002년에 한나라당(현 새누리당의 전신) 대통령 후보로 나서면서이다. 외부의 청탁이나 압력과 무관하게 사법권의 독립성과 법치주의의 당연함을 제기하여, 그것을 몸소 실천하는 사람에 대한 국민의 기대가 놀라울 정도로 높았다. 아마도 두 가지 측면이 작용했을 것이다. 하나는 법은 있는데 돈이나 힘 앞에서 무력한 법의 현실, 즉 '유전무죄, 무전유죄'를 비판하고 있었던 사회적 분위기였고, 다른 하나는 법을 무시하고 거리에서 직접 민주주의를 실현하고 있었던 노동자들의 정치 행위를 '법대로' 단죄해서, 사회의 질서를 바로 잡자는 사명이었다. 권력이 국민으로부터 나오는 만큼, 법이 국가권력을 어느 정도 제한하면서 개인의 권리를 안전하게 보장할 것이라는 마음인 것이다.

여기서 아주 유명한 경구가 연상된다. "악법도 법이다." 소크라테스가 죽으면서 남긴 말이다.

소크라테스가 이 말을 직접 했는지 아니면 제자인 플라톤이 했는지 확실치 않다. 그 진위 여부를 놓고서 이견이 있지만, 권창은과 강정인은 소크라테스의 말이야말로 명언이 아니라, "권위주의 체제의 억압적 법 집행을 정당화하는 데 악용할 수 있도록, 정치 사상을 연구한 교수들의 작품이었다."고 밝혔다. 법 만능주의 혹은 법 순결주의를 내세우는 측면에서 보면, 소크라테스 같은 위대한 철학자조차 법에 순응했으니 평범하고 무지몽매한 사람들이 법을 거스르는 행동을 용서할 수 없

당신은 민주 국가에 살고 있습니까

는 것이다. 선하든 악하든, 실정법은 존재만으로도 고결한 권력의 상징이었다. 소크라테스는 어떤 근거를 내세우면서 악법이라고 했을까? 당시에도 다른 사람은 그 악법을 최고 선한 것으로 여겼을 텐데 말이다. 법의 '선함'과 '악함'은 상대성의 원리대로 규정되며, 이해관계의 여부에 따라 '천의 얼굴'이기 때문에, 그 준거점을 객관적으로 마련하기가 쉽지 않다.

'천의 얼굴'을 가지고 있는 법의 사례는 무수하다. 같은 경제사범이지만 큰 도둑질을 한 기업가들에게는 솜방망이 체벌을 하고 작은 도둑질을 한 생계형 범죄자들에게는 강철봉을 적용하는 법의 유연함이 뛰어나다. 또한 유사한 범죄를 저질러 재판을 받더라도 많은 돈으로 변호사를 고용한 경우와 돈이 없어서 국선변호인의 힘을 빌려야 하는 경우가 있는데, 재판의 결과는 아주 엉뚱하게 나오기 십상이다. 같은 성폭력 범죄를 저지른 국회의원은 권력과 법의 보호망으로 잠시 사라졌다가 다시 활보하지만, 권력을 가지고 있지 않은 성범죄자들은 정의의 전자발찌를 차야만 한다. '천의 얼굴' 속에 가려져 있는 법의 힘은 재량권을 악용하는 '악의 얼굴'인 것이다.

법이 가지고 있는 '천의 얼굴'은 각종 사건에 대한 재심 판결로 드러난다. 재심 판결을 수용하는 사법부는 수십 년이 지났어도 억울한 피해자들을 구제하는 '정의의 사도'로 등장한다. 그렇지만 법은 조작된 증거만을 증거로 채택해서 유죄로 판결할 당시에도 '정의'를 외쳤을 것이고, 재심 판결에서 조작된 증거임을 확인하여 무죄로 판결할 때도 '정의'를 외친다. 법이 내세우는 '정의'가 무엇인지 궁금하다.

박정희 유신 체제는 1973년 2학기부터 동맹 휴학, 수학 거부, 시험 거부 등 반유신 투쟁의 분위기가 고양되고 있는 분위기를 제거할 필요가 있었다. 그래서 박정희 유신 체제는 1974년 4월 3일 긴급조치 4호를 선포하였고, 학생들의 유신 철폐 투쟁을 현 정부를 전복하고 공산주의 국가를 건설하려는 공산주의자들의 소요로 규정하고, 전국민주청년학생총연맹 가담자로 자수를 하지 않으면, 사형 또는 5년 이상의 유기징역에 처하고, 시위가 있을 때 대학 폐쇄를 불사하며, 군 지역 사령관은 지방 장관으로부터 치안질서 유지를 위한 병력 출동의 요청을 받을 때에는 이에 응하여 지원한다는 조치로 대응하기로 하였다. 박정희 유신 체제는 학생운동을 제압하기 위해 또 다른 법의 희생양을 찾는 하이에나가 되었다. 1974년 4월 17일, 여정남이 체포되는 것을 시작으로 민청학련 관련자들과 인혁당 관련자들이 체포되었고, 도예종은 4월 20일에 잡혔다. 그리고 1974년 6월 15일부터 시작된 재판은 약 10개월에 걸쳐 진행되었지만, 여덟 명을 사형시키고 나머지는 20년 이상의 징역형을 선고하였다. 1975년 4월 9일은 사법부가 사법 살인을 한 날이다. 국제변호사협회는 이 날을 '세계 사법사상 최악의 날'로 공표하였다. 인혁당 재건위원회 사건으로 기소된 도예종, 서도원, 하재완, 이수병, 김용원, 우홍선, 송상진, 여정남 등의 상소가 대법원에서 기각(4월 8일)되자 하루 만에 이들에 대한 사형이 집행된 것이다. 이들의 죄목은 국가보안법과 반공법 위반, 내란예비음모 등이었다. 40년이 지난 지금도 국가보안법 위반과 내란예비음모로 국회의원까지 보유하고 있었던 통합진보당이 해산당하는 실정임을 고려하면, 유신 체제의 사법부는 강제와 고문으로 조작한 인혁당 재건위원회의 관련자들을 사형시키고도 남음이 있었다. 2002년 의문사진상규명위원회가 '인혁당 재건위원회 사건은 중앙정보부가 조작한 사건'이라고 발표하기 이전까지 1975년 4월 9일의 사법부는 '선'한 얼굴이었다. 그러다, 유족들의 재심 청구가 받아들여져 2005년부터 재심 재판이 진행되는 동안 사법부의 얼굴이 일그러지기 시작하더니, 재심 재판에서 2007년 1월 사형수 여덟 명에게, 2008년 1월 징역형을 살았던 사람들에게 무죄가 선고되자 사법부는 '악'의 얼굴 그 자체가 되었다.

그렇지만 사법부는 언제나 정의의 수호신인 것처럼 국민들에게 불법을 행하지 말라고 명령만 한다. 법의 선악에 대한 판단도 법이 하는 것인 만큼, 국민들은 그저 법의 테두리 내에서 살아야 한다는 것이다. 이 지점에서 예링^{Rudolf von Jhering, 1818~1892}의 명언이 떠오른다. "법은 국민에게 불법을 행하지 말라고 하기보다, 불법을 감수하지 말라고 요구해야 한다." 불법에 순응하지 말고 저항하라는 차원에서 법의 역할을 찾고 있다는 것도 신선하지만, 더욱 유쾌한 지점은 인민의 권리를 진짜 보장하고 집행하는 것에서 법의 '선'을 찾고 있다는 것이다. 법의 선악을 판단하는 중요한 판단 기준이 '권리'임을 말하려 했던 것이다.

실정법주의나 법치주의의 실현이나 '법대로' 하자는 요구를 곰곰이 생각해 보면, 그 이면에는 또 다른 의미가 존재한다. 관계에서 발생하는 다양한 갈등을 주체들이 해결하는 것이 아니라, 제3의 주체인 국법에 의존하는 현상이다. 법이 공정한 중재자 역할을 할지 못할지 잘 알 수 없는 상태인데도 '법'이 무조건적인 '선'으로 부각된다. 2015년, 대법원은 권력자들의 범죄 행위를 인정했던 하급 법원의 원심을 깨고 다시 내려보내는 '환송'을 즐기고 있다. KTX 승무원 노동자들의 노동자 직위 확인 소송 사건에서, MBC 노동자들의 손해배상 및 정정보도 청구 소송 건에서, 그리고 원세훈 전 국정원장의 대통령 선거 불법 개입 사건에서, 대법원은 모두 권력자들의 손을 들었다. 대법원이 판결의 절대자라는 말인가, 아니면 하급 법원이 무식하고 무능해서 판결을 잘못했다는 말인가? 대법원의 '원심 파기 환송'은 어떤 측면으로 보건, 사법부 스스로 '제 얼굴에 침을 뱉고 있는' 것과 다름없다. 정의 justice와 평등이라는 법의 균형추를 위해 3심제가 도입되었던 것이고, 제1심과 제2심에서 잘 판단하지 못해 억울한 일들이 발생하는 것을 막기 위해 대법원이 있는 것일 텐데, 그 제도가 오히려 법의 정당성을 무너뜨리고 사회적인 갈등을 해결할 객관적 잣대조차 사라지게 한다.

사람들은 관계 속에서 발생하는 갈등을 해결하면서 살아간다. 그것이 사람들이 삶의 경험 지혜를 터득하는 과정이기도 하다. 물론 갈등의 형식과 내용은 매우 다양하고, 그것을 해결하는 방법도 그렇다. 그런데 갈등 주체들이 스스로 해결하지 못할 경우에는 서로가 제3의 중재자를 요청하거나 그러한 중재자가 나서기도 한다. 법이 그런 역할을 맡는다. 문제는 국가가 법에서 규정하고 있는 것을 근거로 삼아, 혹은 법의 의미와 내용을 왜곡하여 인민에게 고통을 줄 때이다. 형식적으로는 얼마든지 법대로 집행하고 판단했다고 할 수 있지만, 실질적으로는 사법부가 법의 최고 가치인 정의justice를 의도적으로 실현하지 않는 경우도 허다하다.

국가는 이 과정에서 '악법도 법'이라는 경구를 되새김질 한다. 국가도 어쩔 수 없다는 말과 함께, 필요하다 생각하면 사멸되었던 법도 부활시켜 무조건 적용하려 한다. 박근혜 정부는 1986년 이후 실질적으로 사멸된 것으로 여겼던 '소요죄'를 전국민주노총 위원장에게 적용하려 하고 있다. 사회가 소란스럽다는 법적 기준도 없다. 그저 국가가 소란스럽다고 여기면 그만이다. 가끔은 국가가 국민에게 소란스러운 일들을 했을 경우 이 죄목을 적용하는 것은 어떨까 생각해 본다.

소크라테스가 법에 적용되기 이전까지 악법을 악법으로 인지하지 않고 있다가, 자신의 생명을 위협하는 순간에 악법을 악법으로 여기면서 그 악법에 순응하였다는 사실도 되새길 필요가 있다. 이렇게 다른 각도에서 이 격언을 바라보면, 선한 법과 악한 법이 있을 때 그것을 구분할 수 있는 기준이 무엇인가라는 질문을 갖게 된다.

신이 지배했던 시대에는 선과 악을 구분하는 기준이 곧 신에 대한 믿음이었다. 법이 없어도 서로가 납득하고 인정했던 불문율이 기준이었고, 모두가 의심하지 않고 합의할 수 있는 상식이 잣대였다. 그런데 입헌주의는 법에 '정의의 신'이라는 옷까지 입혔다. 불문율이나 보편적 상식과 같은 일반적 관행도 법의 정의 앞에서는 무용지물이 되었다. 법이 정상적인지 비정상적인지의 여부를 떠나, 법은 곧 '정의의 신'처럼 여겨졌다. 그렇지만 법이 과연 '신'이 될 자격이 있는지의 여부는 간단한 것 같다. 하나는 법은 구성원의 생활에 좋은 영향을 발휘하는 최고의 가치를 기준으로 해야 한다는 것이고, 다른 하나는 사람들의 권리가 실질적으로 실현되어야 한다는 것이다.

문제는 법은 모두에게 공평하다고 말하기 어렵다는 사실이다. 헌법이 아닌 하위법이나 법령을 부자나 가난한 사람이 만날 때, 또 자본가나 노동자가 만날 때, 누군가는 항상 그것들을 '귀에 걸면 귀걸이, 코에 걸면 코걸이' 식으로 사용하려고 한다. 물론 많은 사람들은 그리스 신화에 나오는 '프로크루스테스의 침대'처럼 법을 자의적으로 적용하는 행태에 분노하지만, 국가는 이 과정에서 어쩔 수 없다는 말과 함께 법을 사악하게 적용한 행위를 정당화하려 한다. 인민이 이런 국가를 상대로 저항하지 않는 한, 정의와 상식이라는 법의 가치는 부정의와 몰상식으로 변해 버린다. 인민에게 남는 것은 그저 상처와 고통뿐이어서, 투쟁하고 싶어도 싸울 힘조차 없게 된다.

그래서 법은 모두에게 공평하다고 말하기 어렵다. 아리스토텔레스는 '정의'와 '부정의'를 바라보면서 '차별적 평등'을 강조하였다. 그는 정치학에서, "동등한 사람들은 동등하게, 그렇지 않은 사람들은 차별해서 대우해야 한다. 동등한 사람들이 차별 대우를 받거나, 차이가 있는데, 같은 대우를 하는 것, 이것이 부정의injustice이다." 경제적으로 불평등한 사회일수록 이런 다중성과 불편부당함은 모순으로서 사라지지 않는다.

힘의 주인은 국가일까, 개인일까?

◇◆◇

　사람들 사이에서 '공존'을 실현하는 최고의 가치는 서로가 권리의 주인답게 살아가는 것이다. 자신의 권리를 내세우는 순간, 상대방의 권리를 인정하면서 살아가야만 하는 것이 공존의 원리이자 미덕이다. 헌법이 권리와 민주주의의 가치를 내세우는 근본 이유이기도 하다. 그래서 누구든 자기 스스로 권리의 주인으로 또는 민주적인 삶의 주체로 살아야 한다는 것을 저절로 체득하고 있다. 삶 속에서 발생하는 온갖 투쟁은 결국 '삶 권리'를 중심에 놓고서 벌어지는 일이다. 하지만 상대방의 권리와 자신의 권리가 부딪혀서 갈등이 발생했을 경우에 문제가 복잡해진다. 그것을 해결할 방법도 잘 모르겠고 해결하는 것 자체가 가치 없어 보여서 그런 것인지, 타인을 배려하는 것이 꼭 손해를 보는 것인 양 자신의 권리만을 들이미는 경우가 허다하다. 서로가 관계를 맺고 있는 이상 서로가 해결해야만 할 갈등이건만, 해결의 실마리를 풀지 못하는 이유일 것이다.

　국가가 존재하는 이상 개인은 의식하든 의식하지 못하든 태어나는 순간부터 사회 구성원들과 계약을 맺는다. 혼자서는 삶 자체를 유지하는 것이 버겁고, 의식주와 같은 기본적 욕구를 해결하기가 쉽지 않기 때문이다. 철학자들은 그것을 사회계약이라고 하였다. 이 계약은 자연 상태에서 누렸던 권리를 확실하게 보장받기 위해 구성원 간의 합의에 따라 국가를 만들었다. 계약의 내용은 태어난 이상 '삶의 투쟁'에서 살아남고, 보다 행복하게 살다가 죽는 권리가 실현되는 사회를 국가가 보장하는 것이다. 즉 국가는 사람들 간의 계약을 이행하는 집행 기관으로 존재한다. 루소는『정부론』에서 다음과 같은 말을 하였다. "국가는 그 자체로 존재하지만, 정부는 단지 주권을 통해서만 존재할 따름이다. 국가권력을 집행하는 정부 구성원들은 단지 주권의 봉사자일 뿐이다." 국가권력이 국민들을 어떻게 대해야 하는가를 잘 표현하고 있다.

그런데 국가는 이 과정에서 구성원 전체의 집합적 주체로 등장한다. 절대적인 공공의 힘이 개인을 통치하고 통제하는 강력한 권력을 정당화시킨다. 개인은 국가 속에서 비로소 존재 가치를 가진다. 물론 헌법은 개인의 자유와 권리를 보장하고 있지만, 실질적으로 국가는 개인의 자유와 권리를 언제든 간섭하고 통제할 수 있다. 따라서 주권을 국가가 가지고 있다고 생각하는 경우가 많다. 국민으로부터 권력이 나온다는 헌법 규정과는 달리, 국가는 전체의 이익을 앞세워 국가보다 개인이나 국민을 내세우는 사람들을 통제할 수 있다. 인민 주권과 국가 주권을 동일시하는 내셔널리즘도 비슷하다.

전체주의는 1930년대 파시즘이나 나치즘과 같은 말로 쓰였다. 제2차 세계대전 이후에는 공산주의 사회 체제가 개인의 존재 가치를 국가 속에서만 인정하는 현상을 지칭했다. 그러나 21세기, 어떤 국가든 개인의 자유와 권리를 실질적으로 인정하지 않는다면, 그러한 국가가 바로 전체주의일 것이다.

헌법에서는 자유민주주의 공화국에 걸맞은 권리들을 개인에게 보장하고 있다. 사상의 자유, 표현의 자유, 양심의 자유, 종교의 자유, 집회ㆍ결사의 자유 등 많다. 그러나 국가보안법은 사상의 자유와 양심의 자유를 억압하고 있으며, 집회 및 시위에 관한 법률은 집회ㆍ결사의 자유를 제한하고 있다. 언론 및 표현의 자유도 제약당하고 있다. 개인의 다양한 권리를 제약하는 이유는 아주 간단하다. 개인이 권리를 행사할수록 국가가 위기 상황으로 내몰린다는 것이다. 2015년 12월 현재, 대한민국 국회에서는 몇몇 쟁점 법안들이 통과되지 못하고 표류하고 있다. 새누리당과 더불어민주당이 서로 합의하지 못한 노동관계법, 테러방지법, 서비스산업발전기본법 등이 그것이다.[†] 이에 청와대와 새누리당은 대한민국을 '비상사태'의 상황이라고 하면서 국회의장에게 관련된 법안들을 직권으로 상정해 줄 것을 요구했다. 정의화 국회의장은 '국가가 비상사태임'을 내세워 테러방지법(안)을 직권으로 상정하였다. 정부나 새누리당은 어떻게든 관련 법안을 통과시키겠지만, 이런 말을 들을 때마다 드는 생각이 있다. 국가가 그리도 허약한가? 쟁점이 있어서 합의하지 못하고 있는 법안 몇 개 때문에 '비상사태'에 빠져들고 있다니, 허구적인 비상사태 시나리오대로 따라 움직이는 권력자들이 국가를 움직인다니, 그렇다면 국민소득 2만 달러 시대나 선진화 시대와 같은 슬로건들은 다 국민을 속이기 위한 것에 불과하다는 말인가.

[†] 개정하려는 노동관계법의 내용에서 많은 노동자들이 반대하고 있는 핵심 부분은 비정규직 노동자들의 계약 기간을 (현재는 2년) 2년을 더 추가해서 4년까지 늘릴 수 있게 하는 내용과 파견근로의 대상을 제조산업의 다양한 직종으로 확대시키는 내용이다. 그리고 서비스산업발전기본법의 핵심은 의료산업과 공공기간산업(철도, 전력, 가스, 수도 등)의 민영화를 추구하는 것이다. 이 법안을 다르게 해석하면, 서비스산업의 발전을 추구한다는 의미가 곧 그동안 공공서비스산업이 발전하지 못했다는 것인지, 지금까지 잘 발전하고 있는데 앞으로 더 발전시키자는 것인지 분명해졌으면 좋겠다. 엄청난 세금을 쏟아부었는데도 발전시키지 못했다면 그 책임을 물어야 할 것이고, 잘 발전하고 있다면 '서비스산업발전기본법안'이 필요 없게 만든 노고를 치하하면서 관계자들에게 포상해야 할 것이다.

국가에 대해서는 스피노자에게 배워야 한다. 그는 사회계약을 체결했다는 이유만으로 개인이 국가에 복종해서는 안 된다고 강조하였다. 국가는 단지 개인을 위한 수단에 불과한 것이었다. 개인의 자유야말로 인간이 살아가는 동안 지켜야 할 가장 소중한 가치이기 때문에, 국가는 개인을 침범하지 않는 상태에서, 그저 사회계약을 집행하는 기관으로 존재해야만 한다. 국가가 개인의 권리를 위해 봉사해야 할 것 세 가지가 있다. "첫째, 국가를 구성하는 개인들의 이익에 진실로 유익한 것. 둘째, 개인들의 자유로운 활동 조건을 조성하는 데 참으로 효과적인 것. 셋째, 인민들에게 일반적인 분노와 반감을 주지 않는 것." 스피노자가 생각한 국가의 역할이다. 국가는 개인의 자유와 권리를 보장하는 선에서 맺어진 사회계약을 집행하는 역할에 머물러야 한다는 것이다.

국가의 권력을 집행하는 대부분의 관료와 공무원들은 스스로 국민의 공복公僕임에 자부심을 느끼면서 살아간다. 국민의 이익을 위하고 국민에게 편안하고 행복한 생활 조건을 마련하는 데 일익을 담당하는 기쁨일 것이다. 그런데 가끔은 관료와 공무원들이 국민의 공복이 아니라 국가나 법의 공복이 아닐까 의심을 한다. 보다 많은 국민들에게 이익이 될 수 있는 정책을 국가에 제안해 보았던 사람들은 잘 안다. 관료나 공무원들은 제안된 정책을 받아보는 순간, 온갖 '법과 규정'의 이해하기 어려운 내용을 제시하면서, 제안한 것은 고맙지만 받아들이기가 어렵다고 말한다. 이런 경우들을 여러 번 겪다 보면, 일상에 파묻혀 먹고 살아가는 것조차 힘든데 다수의 공동 이익과 관련된 일에 대해 누가 관심을 갖겠는가.

어떤 계약이든 서로 협의하지 않는 경우는 없다. 서로 동등한 조건에서, 자신에게 불리한 내용으로 계약하는 사람이 있을까? 사회를 구

당신은 민주 국가에 살고 있습니까

성하고 있는 모든 사람들이 서로가 자신의 자유와 권리를 인정하는 계약의 내용, 이것이 '일반 의지'이다. 루소는 일반 의지만이 사회를 명령할 수 있다고 하였다. 일반 의지는 너와 나의 생각들을 모두 합쳐서 만들어지는 것이 아니라, 개인의 생각 속에 들어 있는 개인만의 특수한 이익을 뺀 나머지의 생각들이 모이고 모여서 생성된다. 대부분의 공동 이익으로 표현되는 것이다.

서울광장과 광화문 앞 사거리는 억울하고 분한 감정에 속을 삭이지 못해 자신의 생각을 권력자들에게 직접 전달하려는 집회와 시위가 종종 열린다. 국민에게 분노와 반감을 주지 말라는 스피노자의 명제를 국가가 위반한 경우가 대부분이다. 그런데 이럴 때마다 정부와 경찰은 집회 및 시위에 참여한 사람들에게 '교통을 방해하지 말아야 한다'고 강조한다. 경찰은 합법적으로 진행되는 집회 및 시위인데도 교통을 위해 이를 방해하는 경우가 많다. 그런데 집회 및 시위를 하는 세력들은 주로 개인의 이익을 요구하는 것이 아니라 다수의 보편적 공동 이익을 요구한다. 경찰이 집회 및 시위를 허가하는 이유도 그렇다. 그렇지만 집회 및 시위 때문에 교통 장애를 겪어야 하는 대부분의 사람들은 특수한 개인 이익의 침해를 받는다. 서울광장과 광화문에서 집회 및 시위가 진행되고 있다면, 경찰은 차량들을 다른 도로로 유도해서 개인들의 특수한 이익을 침해하지 않도록 해야 한다.

개인의 자유와 권리는 개인의 특수한 이익이 아니라, 사회계약을 맺는 모든 사람들에게 보장해야만 하는 공동 이익과 유기적으로 결합될 필요가 있다. 국가가 집행해야 할 것은 오로지 이러한 유기적 공동 이익에 관한 것뿐이다. 그래서 일반 의지는 언제나 공정하며, 인간의 자연적 평등을 침해할 수 없다. 문제는 국가가 공동 이익을 왜곡할 경우에 발생한다. 국가는 공동 이익이라는 실체가 잘 드러나지 않는 점을 이용하여, 공동 이익을 국가 이익 뒤에 숨어 있는 특정한 소수의 것으로 변화시킨다.

공동 이익의 주체는 개인을 대표하는 국민이건만, 국가 이익을 목적하는 순간 이익의 주체가 불분명하게 다가온다. 통치자일까? 관료나 공무원일까? 혹은 모든 국민일까? 아니면 쉽게 드러나지 않는 다른 세력이 있는 것일까? 그래서 국가가 개인이나 집단과 갈등을 겪을 경우, 국가는 그 원인을 개인이나 집단의 특수한 것으로 몰아가면서 공동 이익을 위해 개인과 집단이 포기해야 한다고 말한다. 하지만 실상은 그럼으로써 개인이나 집단의 자유와 권리를 침해한다. 국가가 '일반 의지'를 위배하는 경우이다.

연합한 개인의 특수 이익들을 국가가 정책으로 추구하는 경우가 많다. 국가의 역할과 기능을 '대리인'으로 규정하는 사람들이 내세우는 근거이다. 국가 수준에서 대규모로 추진된 정책 중에 하나가 '4대강 개발 정책'이었다. 4대강 사업은 이명박 정부가 들어서자마자 추진되었다. 정부는 홍수 예방, 생태 환경 복원, 다기능 복합 공간의 설립이라는 4대강 살리기 '마스터플랜'이라고 했고, 시민사회 단체나 종교계 등이 사업에 반대하는 세력들은 4대강 죽이기 '막장 플랜'이라고 했다. 그렇지만 이 한국형 뉴딜 녹색 프로젝트는 30조 원 이상의 세금을 들여 2013년 초에 완료되었다. 문제는 4대강 사업에 대한 감사원의 감사에서도 드러났듯이, 말 그대로 부실 백화점이었다. 그렇지만 연합한 토목 자본과 한국수자원공사의 특수 이익은 4대강 살리기 마스터플랜으로 실현되었다. 진짜 살려야 했던 것은 물을 끌어안고 있는 4대강의 강바닥이나 강둑이 아니라 '4대강의 물'이라는 사실이 대한민국 주권자들의 공동 이익이었을 것이다.

이처럼 연합한 개인의 특수 이익에 국가가 매달릴 때, 주권을 둘러싼 국가와 개인의 갈등이 깊어진다. 대리인 역할만을 하려는 국가를 개인이 비판하고 나서는 것이다. 주권이란 개인의 공동 이익과 유기적으로 결합되어 있는 일반 의지를 실현하는 것이기 때문이다. 따라서, 주권은 왕이나 국가에 양도될 수 없다. 국가가 개인의 자유와 권리를 침범하지 않는 것, 이것이 국민이 '주인 노릇'을 하는 국가의 모습이다. 1789년 프랑스의 '인간과 시민의 권리선언'이 정답인 것 같다. "인간은 모두가 자유롭고 평등하게 권리를 가지고 있어서, 자신의 자유, 재산, 안전, 그리고 자신에 대한 억압에 저항할 수 있다. 인간이 정치적으로 결집하는 것도 그 누구도 침해할 수 없는 자연적 권리를 보전하기 위해서이다."

타락한 헌법을 어떻게 할 것인가?

◇◆◇

타락이라는 말을 들을 때마다, 선의 울타리에서 벗어나 악의 소굴로 들어가는 일탈을 저절로 떠올리게 된다. 정서상 악의 늪에 빠진 느낌이다. 악에 대한 기준을 고민할 여지도 없다. 선과 악의 기준이 무엇인지 몰라도, 타락은 금단의 땅이자 절대자가 나서야 하는 구원의 대상으로만 존재한다.

그런데 사람들은 이미 계약을 맺을 때, '선'과 '악'의 기준을 제시한다. 최소한 서로가 동의할 수 있는 선에서 계약이 이루어지는 '삶 원리'가 존재할 경우 말이다. 그 기준은 공동 이익이다. 힘을 가진 절대자는 자신의 기준을 강요하기가 쉽다. '짐이 곧 법이고, 자신이 기준'이었던 권력의 역사는 상존한다. 절대군주에게는 '절대선'이지만, 국민이나 신하들에게는 '절대악'이었을 사례들이다. 만약 '선'과 '악'을 사회계약을 통해 바라본다면, 서로가 서로의 자연적 권리를 인정하고 서로에게 삶의 고통을 주지 않는 것은 누구나가 바라는 보편적 '선'이자 사회적 '정의'이다. '공존하는 정의'라고 해야만 한다.

만약 보편적 '선'과 사회적 '정의'를 이렇게 본다면, 타락을 간단하게 규정할 수 있다. '자신의 의식과 행동이 정의롭지 않은 상태로 빠지거나, 혹은 정의로운 상태에서 오염된 상태로 변화되는 것'이다. 앞에서 말한 '병든 공론의 권리'처럼, 권리를 악용하여 '선'과 '정의'를 비정상적인 것으로, 타락을 정상적인 것으로 변질시키는 경우가 많다. 그래서 사람들은 관계 속의 다양한 타락 현상을 정의의 신처럼 여겨지는 법으로 해결하려고 한다. 법이 보편적인 '선'을 판단할 수 있는 공동 기준이라고 간

당신은 민주 국가에 살고 있습니까

주되기 때문이다. 그렇지만 연합한 개인의 특수성을 반영한 기준들이 해결책으로 서로 앞 다투어 제시될 때, 타락 현상은 해결되는 것이 아니라 더 증폭될 수 있다. 따라서 법으로 무장한 국가가 그 중재자임을 자처한다.

물론 이는 국민이 스스로 맺었던 사회계약의 권리를 복원하고, 삶의 고통에서 해방되기 위한 과정이다. 하지만, 국가가 공정한 심부름꾼이 아닐 경우에는 오히려 더 타락한 모습을 볼 수 있다. 국가가 국민의 기본 권리를 짓밟는 범죄 행위의 주체로 등장하는 것이다. 범죄는 다른 사람의 기본 권리를 짓밟는 행위이자, 자신의 마음속에 있었던 '정의롭지 못함'을 다른 대상에게 발휘하는 행위이다. 다시 말하면, 자신의 의무를 이행하지 않는 것이다. 타인의 권리를 인정하고 배려하는 것이 국가와 만인의 의무이고, 이러한 의무가 보편화된 사회에서는 범죄는 발생하지 않을 것이다.

세월호와 함께 바닷속으로 수많은 생명이 사라졌다. 2014년 4월 16일 이후 아직까지 세월호와 함께 수장되어 있는 생명이 사람들 마음속에 서서히 과거의 사고이자 사건으로 자리를 잡고 있다. 하지만, '세월호 진실'에 대한 사람들의 목소리와 몸짓은 여전히 현재진행형이다. '세월호'의 국가적 책임까지 과거의 일로 끝내버릴 것인가, 아니면 반인륜적 국가 행위를 끝까지 물을 것인가는, 그 사회가 '생명과 인권 그리고 진실'에 대해 가지고 있는 가치와 연관될 것이다.

국가는 항상 공동선의 주체인 양 사회 구성원 간의 갈등을 해결하거나 조정하려 하였다. 국가는 이 과정에서 사회 구성원들을 법과 제도의 틀로 구속하였고, 국가가 운영하는 법과 제도를 최고의 가치로 내세웠다. "국가가 있어서 살 수 있고, 국가가 잘살면 나도 잘살 수 있다."는 함정을 파고, 국가를 적대시하는 행위야말로 악질 중에 악질인 것처럼 여기게 했다. 국가의 뒤에서 누군가 온갖 악행을 저지르더라도, 혹은 국가가 앞장서 폭력을 행사하더라도, 국가 행위는 늘 정당한 반면 국가의 의지에 반하는 사회 구성원들의 행위는 정당하지 않다는 것이다. 국가 중심의 통치가 최고선인 양, 온 누리에 국민은 없고 국가만이 존재하는 듯하다.

생명을 구할 수 있었는데, 구하지 않았거나 못했다? 아직까지 세월호 안에 갇혀 있을 아홉 명의 생명, 이 생명을 건지려 하지 않는다? 대체 왜 그러는지 잘 모르지만, 이것만은 확실하다. 국가는 국민의 생명과 안전에 대한 직무유기를 범하고 있다. 이것이야말로 국가 범죄이다. 조국 교수는 「'반인권적 국가 범죄'와 공소시효의 정지·배제」라는 글에서, '반인권적 국가 범죄'를 "국가 기관이 그 직무를 행함에 있어 시민을 살해 또는 고문하는 등 헌법과 법률을 위반하여 시민의 인권을 중대하고 명백하게 침해하거나 이 침해 행위를 조직적으로 은폐·조작한 행위로 정의"하고 있다. 이러한 정의에 비추어 본다면, 세월호 사건은 국가 기관이 헌법과 법률을 위반하면서 행한 중대 범죄, 즉 ① 인권침해 중대 범죄, ② 권력남용 중대 범죄, ③ 직무유기 중대 범죄에 해당한다고 할 수 있다. 국가의 중대 범죄가 어디 이뿐이겠는가. 일단 저지르고 난 이후에 정보를 수 십 년 동안 숨겼다가, 공소시효가 지난 이후에 짐짓 국민에게 시혜를 베푸는 척 하면서 피해자들에게 사과하고 돈으로 끝내려는 국가 범죄의 '악순환 고리'가 이제는 끊어져야 한다.

반인권적 국가 범죄는 정치·사회적으로 다양한 의미를 내포하고 있다. 국가 스스로 국가를 부정하는 것이다. 권력의 원천인 사회 구성원의 권리를 부정하는 행위, 국가권력의 정당성을 국가 스스로 상실하는 행위, 국가권력의 무능력을 폭력적 국가 기구로 엄폐·은폐하는 행위인 것이다. 또한 국가가 더 이상 국민에게 법의 정당성을 요구할 수 없다는 것이다. 소수의 엘리트를 중심으로 법과 제도의 평등한 적용을 부정하는

당신은 민주 국가에 살고 있습니까

서울시청 광장 앞에 모인 세월호 가족들과 시민들.

행위, 국가 이해를 앞세워 사회 구성원의 이해를 침탈하는 행위 등이 국민을 국가로부터 떠나게 하는 것이다. 소위 '헬조선'과 같은 현상은 국가 스스로 국가의 권위를 상실해서 나타나는 것이다. 이러한 국가 범죄 행위에 공소시효를 부여하는 것 자체가 사치스럽다. 시작과 끝의 진실을 알아야 하고, 그것을 거울삼아 인권 사회의 면모를 갖추어 나가야 한다.

그렇지만, 사고와 사건의 가해자가 공공적 국가권력일 경우, 국가가 나서서 진실을 규명하려 하지 않는 것처럼 답답한 것은 없다. 국가의 중대 범죄에 대한 진실을 밝히지 않는 것 자체가 자연스럽고 당연하게 여겨지는 사회, 국가를 상대로 진실을 요구하는 사람들에게 짜증을 느끼는 사회! 참으로 생명과 인권을 천하게 여기는 시대인가 보다. 생명을 말하고, 인권을 요구하는 것이 고리타분한 사람의 어리광인 것처럼 여겨지는 시대인가 보다.

개인에 대한 국가의 의무도 그렇다. 만약 국가가 법과 권력을 악용하여 국민의 권리를 짓밟거나, 정의롭지 못한 행위를 국민에게 강요한다면, 이는 곧 국가가 타락하는 모습이다. 헌법은 입헌주의 원칙을 내세워 국민의 자유와 권리를 침범하는 것을 금기시하였다. 국가권력을 헌법이 제한하고 구속하는 입헌주의 원리, 이것은 국가의 타락과 범죄를 막는 가치였다. 몽테스키외[Baron de Montesquieu]가 『법의 정신』에서 정식화한 고전적 권력분립[†]의 기저를 이루는 가치이기도 하다. 이는 헌법을

[†] 몽테스키외나 로크는 권력분립론으로 민주주의의 기본 원칙을 수립하였다. 서로 감시하고 견제함으로써 균형을 이루어, 권력의 독과점을 방지할 수 있는 권력분립의 민주적 성격에 대해 이의를 제기할 사람은 거의 없다. 몽테스키외는 권력분립을 입법, 사법, 집행(국제관계 포함)으로, 로크는 입법권, 사법권, 연합(동맹)권으로 구성하였다. 이러한 권력분립의 구조는 현재까지 잘 계승되고 있다. 그런데 권력분립을 제기하게 된 배경이나 의도는 절대군주나 귀족 계급을 살려내기 위한 고육지책이었다는 점도 간과하지 말아야 한다. 영국 명예혁명(1688년)의 이론가였던 로크는 군주신권설을 비판하면서 권력분립의 필요성을 제기하였다. 그것이 필요한 이유는 지배 권력 내부의 독재와 불화를 방지하여, 인민들의 저항으로 발생할 무질서와 지배 질서의 파멸을 사전에 방지하자는 것이었다. 현재, 상원과 하원으로 분리시켜 운영하는 '양원제도'는 귀족 계급에게 보장했던 입법원의 연장이었다. 군주는 집행(국제관계 포함)의 권력을 보장받았고, 사법권과 입법원의 하원은 인민의 권력으로 위임하였다. 이처럼, 권력분립은 공화주의의 원리처럼 지배 세력의 기득권을 보장하는 차원에서 '그들만의 권력 리그'로 만들어진 것이었으며, 인민들의 저항을 포섭하는 장치이기도 했다. '권력 리그'의 대표적인 원리는 관료들의 공무상 부정 행위를 인민들의 입법원이 기소하더라도, 귀족들의 입법원이었던 상원에서 재판하게 하는 것이었다.

당신은 민주 국가에 살고 있습니까

법을 위반하는 것 자체를 금기시하는 것이다. 만약 헌법을 위반하는 국가, 헌법을 악용하는 국가, 헌법을 조작하는 국가가 범죄를 일삼는 다면, 국민은 타락한 국가를 어떻게 해야 하는가?

국민이 타락할 경우, 국가는 타락한 사람을 다른 사람들과 격리한다. 주요 수단은 감옥에 보내는 것이다. 타락하거나 범죄를 저지른 사람에게, 일상생활의 시간과 공간을 관계에서 격리하는 징벌이다. 격리를 당하는 사람은 일상적인 삶의 즐거움을 빼앗기고, 자신의 범죄 행위에 대한 응분의 책임을 수행한다. '징벌과 교화'가 공존하는 과제들이 부여되기 때문이다. 그래서 국가는 감옥을 '징벌과 교화'의 공간으로 여긴다. 타인과 맺은 계약을 파기한 사람이라면 당연히 그에 상응하는 책임을 지고, 피해자가 '회복과 치유'를 하는 동안 그 고통을 함께 공유할 필요가 있다. 또 다른 타락 행위를 방지하는 과정이 될 수 있기 때문이다.

그렇지만 감옥으로 격리되는 순간, 가해자는 자신의 타락 행위로 발생한 피해자의 '삶 고통'과 권리 회복의 당위성을 공유하기 어려울 수 있다. 상호 회복을 위한 소통과 공유가 잘 이루어지기 어려운 상태에 놓이는 것이다. 국가도 마찬가지다. 정의로운 자신의 과거로 돌아가는 것이 관계의 회복일진대, 망각에 맞서서 함께 투쟁하여 정의로운 사회 계약을 다시 맺는 것일진대, 국가는 이러한 회복을 추구하기가 쉽지 않다. 국가 스스로 국민과 격리된 상태에서는, 국민을 상대로 타락 행위를 할 가능성이 매우 높기 때문이다. 반면에 감옥은 공공 권력에 대한 두려움을 나타내는 사회적 징표이기도 하다. 이것이 사람들이 자신이 주권자이면서도 국가를 두려워하는 이유 중에 하나일 것이다. 격리조치가 동반하는 대증요법이다. 타락이나 범죄와 무관하게 살면서도, 국가가 언제든 자신을 격리시킬 힘을 소유하고 있다는 두려움을 늘 갖게 된다. 따라서 국가가 타락하고 올바르지 않은 범죄를 저지르는 경우에도, 국가권력과 싸우는 주체로 나서기가 쉽지 않다.

고대 사회에서도 국가권력의 통치를 '올바름'과 '타락함'으로 구분한 경우가 있다. 아리스토텔레스가 그렇게 분리하였는데, 그 시대에 설정했던 기준을 현대 사회에 적용해 보는 것은 어떨까? 아리스토텔레스가 설정한 기준은 국가가 공동 이익을 추구하는가 여부였다. 모든 시민을 위해 공동 이익을 추구하는 통치는 '올바름'이고, 지배자 개인이나 혹은 지배자가 속해 있는 계급의 이익을 추구하는 통치는 '타락함'이었다. 또 다른 기준도 있었다. 관직을 시민들이 공유할 수 있는 통치는 '올바름'이고, 관직이 개인의 이익을 착복하는 도구로 사용되는 통치는 '타락함'이었다.

국가는 개인의 타락이나 범죄를 심판하고, 그 결과에 상응하는 책임을 요구한다. 계약 불이행에 대한 징벌을 내린다. 그렇다면 국가가 타락하거나 범죄를 저지르는 경우에는, 누가 국가를 징벌하는가? 국가는 종종 순응하지 않는다는 이유를 내세워 국민에게 범죄 행위를 한다. 대표적인 경우가, 경찰이 국민의 저항을 강제로 진압하면서 국민을 직접 나서서 죽이거나, 국민을 고통스럽게 하는 범죄 행위를 방관하거나, 또는 국민이 정의로움을 알 수 없게 하는 것이다. 이 모두가 알게 모르게 국가가 범하는 범죄들이다.

헌법은 국가의 타락과 범죄를 막아야 한다. 마키아벨리가 『군주론』에서 강조한 것처럼, 헌법은 시민들에게 자유롭고 정의로운 정치 생활을 하는 데 필요한 기본 틀로 작용해야 한다. 그런데 헌법은 국가의 범죄를 허용하곤 한다. 대표적인 현상은 주권자인 국민을 국가권력에서 배제하는 것이다. 모든 권력이 국민으로부터 나온다고 규정한 헌법이 헌법을 무기로 삼으려는 국민을 허용하지 않고, 국가권력을 보호하는

당신은 민주 국가에 살고 있습니까

것이 타락한 헌법의 모습이다. 국가의 헌법을 감옥에 보내는 대신 국민을 떠받드는 헌법으로 되돌리는 것, 그 모습이야말로 '선한 통치'와 '올바른 통치'의 모습이 아닐까 생각한다.

2° 대의제의
불평등한 카르텔

불평등한 평등, 평등한 불평등

　사전적 의미로 볼 때, 공화는 공동체 성원들이 서로 자유, 평등, 공공선, 법치를 핵심적 가치로 여기면서 산다는 뜻이다. 민주주의가 내세웠던 가치가 다 들어 있다. 그래서 그런지, 지구상에 있는 대부분의 국가들은 '공화정'을 헌법에서 명시하고 있다. 냉전시대의 한 축이었던 구소련이나 세계적으로 악의 축이라 불리는 북한이나 이란, 쿠바도 모두 공화국이다. 사람들의 의식과 행동을 특정한 세력이 지배하면서 스스로 '자기 검열'의 두려움에 떨게 했다는 예전의 공산주의 국가들도 헌법에 '공화정'을 명시하고 있다. 뭔가가 혼란스러울 것이다. 특히 자유민주주의만이 공화국이라고 알고 있는 사람들에게는 더욱 그러할 것이다. 공산주의 국가라고 여겼지만, 공식 명칭을 보면 인민민주주의 공화국이란다. 그렇다면 자유민주주의의 공화정과 인민민주주의의 공화정은 어떻게 다른 것인가? 이 의문을 해소하는 과정이 북한의 장점을 말하는 것 자체가 공산주의자이고 북한을 따른다는, 소위 '종북 세력'을 괴물로 여기는 '자기 검열의 늪'에서 빠져나오는 계기가 될 것이다.

역사를 돌이켜보면, 절대왕정 체제가 무너지면서 공화정이 등장하였다. 잘 알고 있는 로마 공화정이나 프랑스혁명 이후에 수립된 공화정에도 자유와 평등을 원하는 인민의 바람이 깃들어 있었다. 절대왕정 체제는 인민에게 자유와 평등을 허용하지 않았다. 삶의 터전인 토지도 왕이나 교회가 소유하고, 그 토지를 경작하는 사람들은 따로 있었다. 소작료와 부역을 제공하며 살았던 인민이었다. 그들은 토지와 절대권력의 힘에 구속된 채 '자유로움'을 갈망하며 살아갔을 것이다. 이것이 인민이 목숨을 걸고 절대권력에 대항했던 이유이다. 역사 속에 있는 항쟁이나 혁명들은 이런 싸움들이었다.

17세기부터 절대왕정에 대한 인민의 저항이 활발하게 전개되었다. 인민 스스로 자유와 평등의 주체로 나섰다. 프랑스혁명 이전부터 공화주의자로 자처했던 브리소^{J. P. Brissot, 1754~1793}는 1789년 9월, 다음과 같이 선언하였다. "나는 왕정을 증오한다. 나는 생각할 줄 알게 되었을 때부터 왕정을 증오했다. 내가 보기에 왕정보다 더 인간의 품위를 떨어뜨리는 것은 없다. 나는 공화정을 사랑한다." 그러나 그는 동시에 과연 인민을 신뢰할 수 있는가에 대해 스스로 질문을 던졌다. 무지와 부패가 만연하고, 산업과 도시가 번성하고, 인구는 너무 많고, 땅은 너무 적은 프랑스에서 어떻게 공화국을 수립할 수 있을까? 그는 결국 다시 왕정의 정당성을 내세웠다. 그가 인민은 무지하고 관료는 부패했다고 판단했기 때문인지, 아니면 그에게 신뢰할 수 있는 사람이란 '왕' 뿐이어서 그랬는지 잘 모르겠다. 이렇게 해서 '왕정'을 사멸시키는 것이 아니라, 왕정과 공화정을 조화시킨 공화정이 제시되었던 것이다.

물론 프랑스혁명에서 나타난 이념의 경향성도 다양했다. 절대군주제로 복귀하자는 망명 귀족의 경향, 자유주의 경향을 가지고 있었던 귀족의 입헌군주제, 정권을 장악한 시민적 공화주의 등이 등장했다. 또한 루소의 사상에 영향을 받은 바뵈프François Noël Babeuf, 1760~1797는 〈인권선언〉만으로 배고픔에서 해방되는 것이 아니라는 것을 알고서, 봉건제도의 완전한 철폐와 실질적인 생활의 혁명을 이루어내는 사회주의적 공화주의도 제시하였다. 어떤 세력보다 봉건적 절대주의를 철저하게 배격하려는 시도였다. 그러나 인민들은 입헌군주를 허용하는 '혼합적 공화주의'를 선택하였다. 인민들은 스스로 군주나 귀족을 예우하는 '전통적 습'으로부터 자유로워지는 기회를 갖지 못했고, 자신의 권리에 대한 주인 노릇의 경험이 거의 없는 상태에 제한된 채로 최선의 선택을 했다. 그동안 존재해 왔던 사회적 관계의 불평등을 실질적으로 단절하진 못해 불평등이 지속될 것이라고 생각하면서도, 인민들은 국가권력 내부에 '평등의 거점'을 만들려 하였다. 이처럼 혼합적 공화정은 화합과 상생의 이념으로 정착되었다. 해원상생解寃相生이라는 사자성어가 이 공화의 이념과 거의 같은 뜻으로 간주될 수 있다. 서로 묵은 원한을 풀고 함께 어깨동무하면서 살아가자는 것이다. 재산을 가지고 있는 사람이나 그렇지 못한 사람이나, 이제는 모두가 서로 싸우지 말고 자유와 평등을 공유하면서 함께 살자는 것이었다. 같은 법과 규칙 아래서 권리와 의무를 함께 나누는 것인데, 이것을 탓할 사람은 거의 없다. 이런 점에 비추어 본다면, 공화는 공동체 구성원들의 모든 희망으로 내세울 만하다.

김경희는 공화주의를 연구하는 국내 연구자 중에서 대표적으로 '공화주의의 이념 속에 들어 있는 인민의 자치 권리'를 드러내려 했었다. 김경희는 『공화주의』에서 헌법의 가치로 제시된 공화의 의미를 다음과 같이 설명하였다. "공화라고 하는 것은 외부의 어떤 다른 권위도 두지 않는 독립적인 자치정부와 공직의 운영이나 공공의 이익과 관련된 사안의 결정에 이르기까지, 법이 정한 절차에 따라 운영되는 법치주의, 그리고 시민의 정치 참여를 법으로 보장함으로써, 공적인 영역에서 시민적 존엄과 권리를 누릴 수 있게 하는 정체를 말한다." 독립된 주권이 보장되는 국가, 법의 가치가 제대로 적용되는 법치주의를 실현하는 국가, 시민에게 권리를 보장하는 국가라면 바로 이런 모습을 할 것이다. 인민도 이러한 국가를 원할 것이다.

그런데 법치주의와 절대적 평등주의는 사람들의 의식과 행동을 또 다른 함정으로 이끌 수 있다. 이러한 논리에 따른다면, 빈부격차도 불평등한 현상이 아니다. 개인이 성실하게 노력해서 만든 '부'와 게을러서 벗어나지 못하는 '빈'은 불평등한 것이 아니라 지극히 평등한 현상으로 보아야 한다는 것이다. 또한 악법도 법이라는 '법 만능주의'가 범람하거나, 서로 간의 차이를 인정하려 하지 않는 불평등의 상대성만이 사회적으로 과잉 노출될 수 있다. 어떤 사람들이 무엇을 목적으로 법을 만들었느냐를 탓하기 이전에, 이미 존재한다면 그것을 따르고 준수해야 하는 것이다. 아무리 악법이라 하더라도, 법이 존재하는 것만으로도 법을 적용하는 잣대로 사용되는 것이다.

삶 속에서 '자유로움'과 '평등함'을 누릴 수 있는 국가는 어쩌면 실현

불가능한 이상 국가가 아닐까? 이런 질문을 듣자마자 누구나 쉽게 할 수 있는 답이 떠오른다. 모든 사람들에게 '평등한 자유'를 일단 보장해 주면, '인간다운 삶의 조건'은 각자 알아서 마련해야 하는 것 아닌가? 사람 사이에 수많은 차이가 존재하고 개인마다 그 노력의 정도가 다른 데, 결과를 똑같게 만드는 것은 공산주의 국가와 다를 바 없지 않은가 라는 질문도 잇따를 것이다.

'모든 사람은 평등하므로, 아무도 타인의 자유를 억압할 권리가 없으며, 평등은 자유의 전제조건'이다. 그럼에도 인민이 절대왕정 체제에 저항하면서 동시에 요구했던 '자유와 평등'이 오늘날 이렇게 분리된 원인은 무엇일까. 이를 공화의 원리에서 찾아보자.

첫째로는, 기득권 질서와 단절하지 않는 '공생과 상생'의 원리이다. 절대왕정 체제의 기득권 구조는 공화정에서 사라지지 않고 변화하였다. 왕과 왕족은 헌법이 보장하는 군주 권력 안으로 들어갔고, 공화정은 헌법으로 절대왕정 세력을 보호하였다. 1791년, 프랑스는 최초의 헌법을 제정, 발포하였다. 국민들도 투표에 참여하여 이 헌법을 채택하였다. 그러나 국민들은 군주와 귀족을 인정하고, 그들의 영광스러운 과거를 존속시켰다.

둘째로는, 인민이 권력의 '주인'이 아니라 정치 세력을 선택하는 수준에 그치는 '참여 원리'이다. 마라Jean Paul Marat, 1743~1793는 인민이 주체가 되는 공화주의 정치를 제기한 프랑스의 혁명적 활동가였다. 1790년 11월, 그는 국왕을 수레의 바퀴가 빠질 것에 대비해서 여벌로 가지고 다니는 다섯 번째 바퀴만도 못한 존재로 규정하며 심지어 국민의 자유와 안녕을 확보하는 가장 좋은 방법은 왕 없이 사는 것이라고 하였다. 하지만 그와 동시에 공화정 또한 곧 소수의 사람만이 지배하는 정치 체제로 변질될 것이라고 경고하였다. 절대군주만이 누렸던 권력이 이제는 소수 세력으로 집중될 것이고, 인민은 그러한 소수 세력 중에서 하나를 선택하는 주체밖에는 안 될 것이라는 말이다. 공화주의의 한계를 정확하게 제시한 셈이다. 그 당시 대부분의 사상가나 정치가들은 1789년 혁명과 함께 프랑스에서 공화제가 수립된 것으로 여겼다. 평등권, 주권의 집단적 소유, 대의제 권력의 수립, 헌법으로 제한하는 왕권 등이 그 근거였다. 하지만 인민의 평등은 오직 정치 영역에 머물렀다. 신이 지배했던 시대, 인간은 신과 맺은 관계 속에서 규정된 죄인일 때 모두 평등했지만, 자본이 지배하는 시대는 개인의 사적 소유만이 평등의 기준이었다.

셋째로는, 개인의 기득권을 자유의 영역으로 끌어들이는 대신, 평등이 개인의 자유를 침범해서는 안 된다는 원리이다. 토크빌^{Charles Alexis Clérel de Tocqueville, 1805~1859}의 생각처럼, 개인에게 기회의 평등을 주는 대신 그 기회를 살리느냐 마느냐의 문제는 개인의 역량에 맡기는 것이다. '삶 조건'이 개인의 자유인 만큼, 인민들은 다른 사람의 기득권을 건드릴 수 없었다. 그 시대에는 토지를 균등하게 점유하거나 소유하는 것이 평등한 삶을 보장하는 새로운 조건이었다. 그러나 인민은 토지를 선택할 수 없었다. 그들은 단지 '낡은 시대'의 권력자들 중에서 '새로운 시대'의 권력자가 될 후보를 선택할 자유만이 있었다. 이처럼 '낡음'과 단절하지 않는 '새로움'은 무늬만 새 것일 수 있다. 인민들에게 정치적 참여 권리를 보장하여 1인의 권력 독점을 거부하면서도, 동시에 기득권 세력이 누리던 기존의 '삶 조건'도 인정하는 '낡은 새로움'이 바로 공화였다.

개인마다 갖춘 차이를 부정하고자 하는 말이 아니다. 사람이라면 모두 성향이 다르고, 조건과 특성도 다르다. 개인의 차이를 염두에 두지 않으면, 또 다른 전체주의나 절대주의의 함정에 빠질 수 있다. 평등과 자유를 은연중에 대립하거나 서로 경쟁하는 개념인 것처럼 말하는 사람들은 바로 이런 함정에서 벗어나지 않은 상태이다. 혹은 그들은 '평등'을 요구하는 사람들을 그 함정으로 포섭하려 한다. '평등'은 공산주의 사회가 내세우는 것이고 '자유'는 자본주의 사회가 품고 있는 것인 양 '자유'와 '평등'이 자연스럽게 분리된다.

그런데 아리스토텔레스조차 '자유와 평등'은 분리되어 있는 것이 아니라 그것을 누리려는 사람들의 카르텔적인 구성 요소로 간주하였다. 아리스토텔레스는 자유와 평등에 대한 상대적 관계를 혁명의 시원성으로 바라보았다. "혁명의 가장 기본적인 원인은 자유와 평등에 대한 요구이다. 인민은 절대적 자유와 평등을 얻으려고 노력하고, 소수자는 우월한 부, 가문, 덕에 비례되는 상대적인 자유와 평등을 획득하려고 노력한다." 인민은 절대적인 자유와 평등을 꿈꾸면서 혁명을 하려 하지만, 권력을 소유한 사람들은 자유와 평등의 상대성을 내세우면서, 그들만의 낙원을 꿈꾼다. 그 낙원은 소수 지배 세력만이 들어가는 성역이다.

당신은 민주 국가에 살고 있습니까

차이로 덮씌워지는 차별

◇◆◇

'같음'과 '다름'은 차이가 너무나 명확하다. 이 둘이 서로 차이가 없다고 한다면, 황당해하지 않을 사람이 없다. 무식하다는 소리를 들을 때 듣더라도, '같음'과 '다름' 간에 차이가 실제로 없다고 한마디 해보자. 그렇다고 한들 세상이 뒤집히지는 않을 것이다. 서로 다른 의미를 같은 것으로 바라보는 것 자체가 혼란스럽겠지만, 실상 세상은 같은 것들을 다르다고 하고, 다른 것들을 같다고 하고 있다. 이런 세상에서, 두 가지가 서로 차이가 없다고 한들 뭐가 그리 대수이겠는가.

현실 정치는 말 그대로 카오스다. '같음'과 '다름'이 뒤섞여 무엇이 옳고 그른지 알 수가 없다. 진보와 보수는 어떻게 구분되고, 민주주의의 가치와 현실을 어떻게 판단해야 할지도 어려운 문제이다. 둘을 떨어뜨려 생각하는 것은 어리석은 것이고, 접합과 융합의 가능성을 배제하는 것은 독선이라고 낙인찍히는 경우도 많다. 거꾸로 생각하면, 정체성을 분명하게 드러내는 것이 뭔가를 판단하기에 더 단순하고 명료해서 좋을 수도 있다. 그러나 사람들은 각을 세우지 않고 '좋은 게 좋은 것'인 두루뭉술한 관계를 선호한다. '정치적' 혹은 '정치력'이라고 하는 말은 대개 원만한 관계를 바탕으로 문제를 해결하거나, 서로 이익을 주고받으면서 관계를 풀어내는 힘으로 인식된다. 심지어 사람들은 이런 유형의 모습을 지혜롭다고 한다. 차이를 드러내는 순간 싸움이 벌어지고 관계의 원만함이 줄어들 것이라는 걱정 때문인지, 아니면 다양한 차이의 기준을 세우는 것 자체가 어렵고 힘든 문제여서 그런지, 이 과정에서 서로가 서로의 허물을 묻어주고 다독여주는 편을 택한다. 이 모든 것이 사람들이 '다름'과 '차이'를 드러내지 않고, 좋은 게 좋은 관계를 선호하는 이유일 것이다.

'다름'을 숨기는 역설의 늪에서, 우리는 모두 스스로 자기모순을 정당화하는 데 온 힘을 쏟는다. 같음과 다름이 참되게 드러나지 않는 이 세상을 평화롭고 아름다운 세상이라고 떠든다. 차이란 본래부터 있었던 것일진대, 그 차이를 세상 밖으로 드러내는 말과 행동, 다시 말해서, '같음'과 '다름'을 구분하는 것 자체가 급진적 모험주의의 수렁에 빠져드는 것이다.

대표적인 예를 들어보자. 자유와 평등을 서로 대립적이거나 경쟁적인 것으로 여기는 사람들이 아주 많다. 평등을 제기하는 순간 자유를 제약하는 것처럼 들리고, 자유민주주의에서는 평등을 요구하는 것 자체가 불순한 것인 양 스스로 자책하게 되어, 어느 순간 자유와 평등은 서로를 드러내지 않는 관계로 변해 버렸다. 평등은 자유를 말하는 사람들에게 금기어가 되어버린 것처럼 꽁꽁 숨어버렸고, 오로지 개인주의적 자유만을 보장하기 위한 수단으로 전락하였다. 자유도 마찬가지였다. 자유는 평등을 강조하는 사람들에게 가까이 할 수도 없고 멀리 할 수도 없는 경계의 언어였다. 그런데 사회적 관계의 해방을 지향했던 자유는 자유민주주의 안에서 개인만의 가치인양 왜곡된 채 이식되었다. 자유와 평등이 서로 공유하고 있던 '같음'과 '다름'의 유기적 관계를 상실해 버린 것이다.

그렇다면 '평등'이란 무엇일까? '누구나 똑같다'는 의미로 이해해야 하는 것인가? 인간관계를 통찰하지 않으면 대답하기가 쉽지 않은 질문이다. 자연 상태의 인간을 들여다보면, 인간은 차이가 매우 많다. 남녀 간의 차이, 연령별 차이, 인종별·종족별 차이, '삶 터전'의 차이 등

당신은 민주 국가에 살고 있습니까

무수한 차이를 전제로 사회계약을 맺고 살아간다. 이것들은 '삶 조건'의 불평등을 유발하는 자연 상태의 차이이다. 성별, 세대별, 인종과 종족, 그리고 계급과 계층의 관계가 복잡하게 얽힌 나라에서 자주 발생한다. 물질적 요소는 '삶 조건'에서 필수적이고 계급과 계층 간의 마찰을 유발하는 주요 원인임에도, 인종과 종족에 따라 너무나 다양한 생활문화의 차이 역시 존재한다.

사람들은 종종 차이를 인정하지 않는 평등을 제기한다. 차이를 차별로 잘못 해석해서 나타나는 현상이라고 생각할 수도 있지만, 더 깊이 들여다보면 사회적으로 '차이의 평등함'이라는 가치를 공유하지 못해서 그럴 것이다. '차이'를 존중하는 관계가 미약한 것도 주요 원인이다.

서로 차이를 인정하는 관계에서는 '배려'가 일상화된다. 타인의 권리를 인정하고 배려하는 것이 그 시작이다. 자신의 권리가 타인의 권리를 지배하거나 무시할 때, 또는 그 반대의 경우를 생각해 보자! 그런 관계를 평등하다고 말하는 사람은 거의 없다. 서로가 서로를 배려하는 것은 말 그대로 상대방의 권리를 인정하고 존중하는 '균등하고 공평한 관계'이다. 삶 속에서 균등하고 공평한 관계의 의미를 짚어보자. 누군가를 관계 속에서 '배려'한다는 것은, 힘의 우열 관계를 이용하여 부당하게 이익을 취하지 않는다는 말과 같다. '착취'란 합법적이든 불법적이든 상대방의 '노동을 쥐어짜거나' 상대방의 권리를 침해하여 자신의 이익을 취득하는 행위이다. 더 간단하게 말한다면, '도둑질'도 상대방의 권리와 자원을 침해하여 자신의 이익을 취하는 일종의 착취라고 볼 수 있다. 이처럼 자원과 부의 분배가 정상이 아닌 상태, 힘이 특정인에게 쏠려 있는데도 이런 관계의 불평등을 정당화하는 상태, 이런 상태를 유발하는 것이 착취이다.

개인의 차이와 개성을 존중하고, 그 차이에 맞게 자원과 부를 균등하게 분배하는 것. 이것은 착취가 아니다. 인간이 인간다운 삶을 살아가는 기본 원리이고, 평등은 이 원리를 지향한다. 하지만 개인과 개인이 갖고 있는 자원과 권력의 크기가 다르고 또한 그에 따른 차별이 정당화되는 사회에서라면, 과연 어떻게 평등이 정의롭고 인권적인 사회를 만들 수 있겠는가?

평등이나 불평등을 말하고 논할 때마다 드는 고민이 있다. 자연 상태의 인간은 평등했는데, 어느 시점, 어떤 요인으로 인간이 불평등해졌는가? 보다 근원적으로 진단하면서 그 해결책을 모색해 보자.

인간은 스스로 평등이나 불평등을 인식하지 못하고 살다가 죽을 수 있다. 평등이 보편화되어 있거나 불평등이 너무 심해서 그 자체를 당연한 것으로 받아들일 때 나타날 수 있는 현상이다. 그래서 평등이나 불평등은 존재하는 것이 아니라 호명된 것이라고 말하기도 한다. 대한민국 여성들은 역사적으로 권위주의적인 남성 중심의 생활 구조 속에서 항상 불평등 관계의 희생양이었다. 하지만 칠거지악과 같은 비인간적이고 반인권적인 생활문화도 자연스러운 삶의 요소였던 적이 있었고, 지금은 반대로 이혼과 재혼을 크게 문제시하지 않는다. 동일한 사회계약을 맺고 살아가다가도, 관계 속에서 차별과 소외가 존재한다는 것을 인식할 경우 여러 의문이 생긴다. 이 차별과 소외는 사회계약을 잘 맺지 못해서 생긴 것인가, 본래부터 삶 자체가 평등하지 않은 것인가, 아니면 개인의 능력이 부족해서 그런 것인가? 과연 인간은 정말 평등한 것인가?

자연 상태에서는 인간이 허영심 없이 평등하게 존재한다. 그렇지만, 자연 상태는 야만 상태이기도 하다. 건강, 체력, 정신 등 심신의 차이

　　　　　　　　당신은 민주 국가에 살고 있습니까

로 생명과 안전의 문제에서 불평등 현상이 나타났다. 루소는 불평등 현상을 이렇게 규정했다. 힘과 능력의 차이를 이용해 부를 축적하는 경쟁은 자연스럽지만, 이를 권력이 제도화하면서 불평등이 심화되었다는 것이다. 하지만 대부분의 사람들은 불평등한 사회적 관계가 개인적인 힘과 능력의 차이에서 나타나는 결과로만 여긴다. 자연 상태에서 살아가는 생존의 법칙에서 개인의 힘을 배제하지 않는다면, 권력은 곧 물리적인 힘과 상관관계를 맺고 있다. 역사적으로 '민주화의 봄'을 겪었던 대부분의 국가에서는 군대의 힘을 바탕으로 한 쿠데타나 독재 권력이 있었고, 그러한 권력에 대한 인민의 저항이 민주화의 주춧돌이었다.

고대 사회에서도 소수 상층 계급이 '거의 모든 사유재산제의 폐지, 지배 세력의 통합과 국가에 헌신하는 평등 사회'를 지향하였다. 플라톤도 일종의 공산주의를 말했다. 그러나 여기서도 평등이란 결국 노예나 외국인들이 불평등하게 살아가는 것을 전제로 하는 '비례적 평등'이었다. 이를 다르게 이해한다면, 노예나 외국인이 생산한 생산물을 놓고서 지배 세력이 서로 싸우지 말고 공평하게 나누어 갖자는 것이고, 그것을 분배할 힘을 국가에게 부여하자는 것이다.

인류 역사에서 주거가 마련되고 가족이 형성되면서, 공동 생활은 다양한 종류의 구별과 소유, 도덕이라는 관념을 발생시켰다. 공동의 생활이 확대되면서, 타인을 통해서 자신의 존재가 인정되길 원하는 현상도 자연스럽게 나타났다. 차이를 비교하고 우월성을 확인받는 이런 조건은 불평등을 싹 틔우는 첫 번째 요소가 된다. 루소는 『불평등 기원론』에서 이 시기를 인류가 가장 행복했던 황금기로 보았다. 그러나 인류 사회에서는 곧 사유재산의 보유량에 따라 빈부격차가 발생했고, 부를 축적하려는 경쟁이 무질서를 낳기 시작했으며, 지배와 정복을 위한 전쟁도 발생하였다. 이런 상태를 가장 두려워했던 사람들이 부자들이었다. 그래서 부자들은 재산을 지키고자 행정 권력을 제도화하였고, 법률과 같은 사회 제도가 형성되었다. 부자들은 중재자와 통치자를 원하였고, 국가와 관리들이 생겨나 불평등이 제도화되었다. 합법적인 권력이 점차 특정인이나 특정 세력에게 독점되었고, 사회는 주인과 노예로 구분되었다. 어떤 정부 형태이든 부자의 지배를 강화하고, 가난한 자에게 의무를 강화한다. 권력은 더 이상 합의에 의한 것이 아니라 자의적인 것이 된다. 의무 대신 복종만이 요구된다.

1832년 선거법을 개정하기 전까지, 영국에서는 18세기 내내 지주와 금융 세력이 정치권력을 장악하였다. 지주와 금융 세력은 타인보다 우월한 '삶 조건'을 유지하려 하였고, 열등한 위치로 떨어지면 분노하였다. 반면, 가난한 사람들은 그런 '삶 조건'이 불평등하다고 인식했든 그렇지 않든, 부자들이 강요하지 않더라도 그들에게 의존하면서 살아야 했다.

권력은 점차 사회를 주인과 노예로 구분하였고, 부자에게는 지배력을, 가난한 사람에게 의무를 강요하였다. 합의와 소통으로 유지되는 권력은 사라지고, 고집스러운 독선과 패권만이 무성하였다. 사회계약은 이런 권력을 원하지 않았다. 사람들은 자신에게 안전하고 행복한 '삶 조건'이 필요해서 사회계약을 맺는다. 그러나 사회계약의 형식과 내용은 변질되고 만다.

국가와 인민의 관계에서 주체와 객체가 바뀌는 상황이 만연하게 되었다. 부정과 부패가 만연하고, 강자와 힘만이 지배하는 새로운 야만 상태로 돌입한다. 이로써 사람들은 '야만스러운 평등 상태'에 빠진다. '약육강식'의 원리만이 존재하는 상태에서는 힘이 지배하는 자유와 평

당신은 민주 국가에 살고 있습니까

등만 존재한다. 자연적으로 존재하는 '차이의 평등함'이 '불평등한 차별'을 가져오고, '자연스러운 자유'를 '예속된 자유'로 변화시킨다. 따라서 서로 착취하거나 착취당하지 않는 관계, 서로가 공적 영역을 골고루 점유하는 관계, 이상 사회에서 살아가는 사람들의 모습이다. 그들은 '권리와 의무의 평등함'을 자연스럽게 수용한다. 권리와 의무를 인정하고 인정받는 사회! 안전하고 행복한 '삶 조건'을 제공하고 제공받는 사회! 이런 사회에서는 '자유로운 자유'와 '다름을 수용하는 평등'이 사회적 관계를 지배할 것이다. 자유로움과 평등함은 단지 선언되었다고 해서 그 실체가 드러나지 않는다. 사람들은 착취와 갈등이 해방될 세상에서만 실제로 그러한 자유와 평등을 마주할 수 있다.

국가를 소유한 가난뱅이

　살아가면서 국가에 대한 소속감을 느끼는 경우는 많다. 각종 스포츠 경기에서 경쟁을 하는 국가, 간헐적으로 보도되는 전쟁 속 국가, 영토 분쟁이 발생했을 때 재인식되는 국가, 경제 위기를 극복하기 위해 손발을 걷어붙이는 국가! 다 사람들이 인식하는 국가의 모습이다. 여기에는 경쟁에서 이겨 얻는 기쁨, 주권을 상실해선 안 된다는 의무감, 국가 경제가 위기에서 벗어나야 자신의 '삶 조건'이 좋을 것이라는 기대감이 함께하고 있다. 하지만 끝내 구체적인 상으로 다가오지 않는 것이 국가이다. 국가 경쟁력의 주체는 분명 국가이런만, 그 실체는 불분명하다. 국가의 경쟁력이 강화되어 혜택을 보려는 주체는 결국 국가인가? 혼란스러울 때가 한두 번이 아니다.

　특히 국가 수준의 재난이 발생했을 때 그 혼란이 심해지는 경우가 있다. 2014년 4월 16일, 진도 팽목항 앞 바다에서 세월호 안에 갇힌 304명의 생명이 수장되자, 국민들은 박근혜 정부를 '불량 국가'로 규정하면서 대한민국에 '국가가 없었다!'고 했다. 바닷속으로 가라앉는 세월호 앞에서 우왕좌왕하거나 혼란의 도가니에 빠져 어떠한 대처도 하지 못했다. 2016년 4월 16일이 되어도 '국가는 없을 것이다.' 이 비판은 박근혜 행정부와 국회를 비롯하여 각종 공공 기관을 모두 통틀어서 국가로 간주하고 있다. 그렇지만 어떤 사람에게는 행정부가 국가이고, 또 어떤 사람에게는 대통령이나 공무원이 국가이다. 이 외에도 정치권력체의 의미를 강하게 내포하고 있는 정권을 국가로 이해하기도 한다.

　국민을 위한 공직 사회의 행정은 국민을 위해 희생하는 것이 아니라 국민의 편에 서서 국민의 눈물을 닦아주는 동반자와 같다는 말을, 공직 사회에서 일하는 사람들은 늘 되풀이한다. 국민의 세금으로 살아가는 만큼 국민을 위해 일해야 하는 것은 의무이기도 하다. 그런데 그중에는 국민의 권리를 짓밟는 것조차 국민을 위한 것이라고 하는 사람도 있다. 박정희가 비록 쿠데타로 권력을 잡아 독재를 했어도 국민을 위해 한 일이 많다고, 특히 경제 발전을 일궈 국민의 배고픔을 해결해 주었다고 추앙하는 사람들도 비일비재하다. 쿠데타나 독재도 국민을 위해 어쩔 수 없이 선택했다는 관용과 너그러움이다. 역사가 독재자라고 칭하고 있는 사람들조차 국민을 위해서 권력을 사용했다고 항변한다. 또한 국가나 사회의 '통합'을 최고선으로 여기는 사람들은 '독재의 표면과 내면'을 동시에 보아야 한다고 하면서 독재의 정당성을 끄집어내고 있다. 박정희 향수가 박근혜 연민으로 부활되어 박근혜 정부를 탄생시키자 박정희의 쿠데타는 '다양한 시각이라는 병풍' 뒤로 사라져 쿠데타가 아닌 다른 모습으로 환생하고 있고, 1960~1970년대 개발 독재는 근대화와 산업화로 포장되고 있다. 쿠데타와 독재의 명분이 독재자에게 있는 것이 아니라 국민의 여망에서 비롯된 것처럼 역사적 사실과 진실이 왜곡되고 있는 것이다. 최근 사회 통합만이 희망이라고 여기는 '국민의당(가칭)' 창당준비위원장이 독재자였던 이승만을 국부로 치켜세웠다가 비판하는 힘에 밀려 사과했다. 독재자이든 아니든 대한민국의 초대 대통령에 대해서만큼은 예우하는 것이 사회 통합의 시작이라는 것이다. 이는 사회 통합을 내세워 공공 권력의 폭력적 주체들에게 정당성을 부여하는 경우이다. 가령 아버지의 각종 폭력으로 아내와 자식들이 상처를 받으며 살았어도, 또는 그 반대의 경우에라도, 부모라는 이유만으로 그 행위들을 인정해야 한단 말인가? 독재가 국민에게 주는 최고의 고통을 생각한다면 '국민의 희망'이라는 희언까지 동원해선 안 된다.

독재의 고통은 국민들이 권력에 대한 두려움 때문에 자신의 권리를 인지하지 못하거나 인지하더라도 행사하지 않는 억울함을 켜켜이 쌓는다는 것이다. 왜냐하면 독재란 권력자들이 권력의 힘을 개인이나 소수 세력의 의지대로 좌지우지하면서 다수 인민에게 억울함을 안겨주고, 그러한 억울함에서 자유로워지고 싶어도 인민 개개인의 의지대로 할 수 없게 만드는 구조들이 응축된 정치 체제이기 때문이다. 독재의 산물은 여전히 인민의 삶 속에서 전승 자원으로 남아 있다. 인민들은 권력의 시공간인 공직 사회를 상명하복의 틀에서 한 치도 벗어나기 어려운 권위주의의 산실 또는 인민을 관리하고 감시하는 관료주의적 통치의 주체로 여긴다. 심지어 권력형 부정부패와 비리 사건에 무뎌지는 현상까지 아주 자연스럽다.

하지만 운동선수들의 경쟁 속에서 희로애락을 표출하는 국가의 영향력도 만만치 않다. '화합과 경쟁'의 각축장으로 여기는 월드컵 경기나 올림픽 경기, 대륙별로 치르는 다양한 스포츠 경기에서 우리는 국가를 강렬히 체감한다. 국가 간의 경쟁 때문에 경쟁심이 자극되어서 그런 것일까, 아니면 승패에 따른 감성적 대리만족의 수준이 높아서 그런 것일까? 보이지 않는 국가의 모습이 스포츠 경기를 통해 국민의 의식과 행동을 지배하곤 한다. 국가 경제의 위기도 피부로 와 닿는 국가의 또 다른 모습이다. 누군가가 '고통 분담'나 '허리띠 졸라매기'로 위기를 극복하자 할 때, 혹은 경제적으로 후진적인 다른 국가에서 대재앙이 발생했을 때, 우리는 '조국'의 모습을 재발견한다. 상대적으로 안정적인 자신의 '삶 조건'을 인식함으로써 스스로 선진 국가의 일원이라는 자부심을 자극하는 것이다. 국가적인 어려움을 해소하는 '기부 천사'의 무의식이 자극되고, 너나 할 것 없이 경제 위기를 극복하는 전쟁터의 전사로 변한다. 대기업을 살려내는 것이 국가를 유지하는 지름길이고 자신에게 행복을 제공한다고 자연스럽게 굳게 믿게 된다.

인민에게 다가오는 국가는 참으로 다양한 모습이다. 국가가 이미 만들어버린 인민의 국가관이기도 하지만, 인민 스스로 삶 속에서 체득한 것이기도 하다. 지금의 국가가 사라지고 새로운 국가가 들어선다면, 인민의 '삶 조건'은 예상하지 못한 모습으로 변할 수 있겠지만, 인민의 삶까지 소멸하는 것은 아니다. 어떤 식으로든 죽기 전까지는 삶을 유지해야 하기 때문이다.

식민지 국가가 새롭게 등장했을 경우를 돌이켜보자. 인민의 삶은 보통 세 가지의 유형으로 지속되었다. 우선 식민지 국가에 저항하면서 식민지 이전의 국가를 복구하려는 인민이 있고, 다른 하나는 식민지 국가와 긴밀하게 협력하면서 자신의 기득권과 새로운 국가의 권력까지 가지려는 인민이 있다. 저항하는 유형에 속하는 사람들은 새로운 식민지 국가에서 자신의 기득권을 빼앗기는 사람들이거나 또는 기존의 국가에 대한 애국심으로 똘똘 뭉친 사람들일 것이다. 반면에 협력하는 유형은 새로운 식민지 국가로부터 자신이 누려 왔던 것을 보장받는 사람들이거나 혹은 식민지 국가권력의 등에 타 새로운 지배 세력으로 등장하고자 하는 사람들이다. 그런데 대부분의 인민은 묵묵하게 자신의 삶을 일구면서 식민지 국가의 본 모습을 알 때까지 묵시한다. 인민은 새로운 식민지 국가가 기존의 국가와 어떤 차이가 있고, 자신의 삶에 어떤 영향을 미치는가를 보고 또 본다. 인민은 국가의 '같음'과 '다름'을 온몸으로 겪으면서, 새로운 식민지 국가가 자신의 삶에 득이 된다면 저항하지 않을 것이고, 득이 되지 않는다면 협력하지 않을 것이다.

물론 인민은 새로운 국가가 등장한 것을 두려워한다. '국가의 소멸'에 대한 두려움이 그것이다. 국가는 국가 없는 야만 상태가 얼마나 공포스러운 '삶 조건'을 불러일으키는지 과장되게 제시한다. 바우만Zigmund Baumann, 1925~ 은『유동하는 근대』에서 사람의 공포를 삶의 불확실성으로 설명하고 있다. 직접적인 생명의 위협이 없는 상황에서도 공포를 경험하게 되는데, 이러한 공포의 정체는 사회문화적으로 순환되는 불확실성의 늪에 자신이 빠지고 있다는 느낌 자체인 것이다. 국가가 부재할 경우에 발생할 수 있는 삶의 불확실성, 이 허상된 감각은 인민이 국가를 상대로 쉽게 저항하지 못하게 하는 힘으로 작용한다. 그래서 인민은 스스로 사회계약의 주체에서 대상으로 변하고, 국가가 구속하고 관리하는 자유와 평등에 중독된다. 인민은 국가가 '가르치고 구속하는 자유와 평등'을 당연하게 받아들인다.

하지만 인민이 사회계약의 주체라는 관점을 놓치지 않는다면, 국가의 주인은 인민이다. 국가란 사람들이 맺은 계약 관계의 결과이기 때문이다. 이러한 계약의 형식과 내용을 헌법으로 본다면 헌법이 국가이고, 그 헌법의 주인은 누구이겠는가?

마키아벨리는 국가의 가치를 군주 개개인의 덕성이 아니라 자유 또는 자율에 기반하는 일반 시민의 집합적 덕성으로 보았고, 또한 국가발전의 핵심 가치를 '인민의 공익'에 두었던 로마 공화정의 숨은 그림을 높게 샀다. 인간의 정치적 삶을 우선시했던 키케로Cicero, BC 106~43는 분명 국가보다 인민의 삶을 사랑했다. 빈부격차나 소수 귀족 계급이 부를 독점하는 사회적 관계를 두려워했다고 보아야 한다. 그래서

　　　　　　　　당신은 민주 국가에 살고 있습니까

키케로는 국가를 인민의 재산으로 여겼다. "국가는 왕이나 소수 귀족들의 전유물이 아니라, 인민의 것이다. 국가는 인민의 재산이다. 그러나 인민은 무작정 모인 사람들의 집합이 아니라 법에 대한 동의와 공동의 이익에 대하여 공유한 사람들의 결사이다. 결사를 형성하는 최초의 원인은 개인의 위약성이라기보다는 인간의 자연스러운 군집체 같은 것이다." 국가는 공통의 권리 의식과 공동의 이해를 서로 결합시킨 하나의 집단에 불과하기 때문에, 키케로는 인민의 삶을 지탱해 주며 또 인민에게 행복한 삶을 제공하는 것이 국가의 역할과 기능이라고 주장했다. 그리고 국가의 공공 권력을 왕이나 귀족들이 좌지우지하는 것에 반대하였다.

마키아벨리나 키케로는 로마 공화정의 경우를 가지고 말했지만, 인민을 가난뱅이로 만들지 않는 것이 국가의 의무임을 말하고 있다. 인민이 가난해지고 불만과 원한을 품는 순간부터 국가는 위기에 봉착하게 된다. 세금을 납부하고 싶어도 먹고사는 것조차 버거워 세금을 내지 못하는 인민, 강제로라도 동원해야만 할 상황에서 국가의 요구를 거부하는 인민, 그리고 사회계약을 맺는 과정에서 약속했던 의무 사항을 이행하지 않는 인민이 부지기수로 늘어나게 되면, 국가 스스로 자기모순에 빠져들게 되고 그 운영권을 인민에게 돌려주어야 한다.

그래서 국가는 사회계약을 집행하면서 인민의 '공공 의지'를 조작하고 공공적 물리력으로 자신의 권한만을 행사하려 한다. 인민이 배제되는 국가의 권한, 인민을 구속하는 국가의 자유만을 확보하는 것이다. 루소는 사회계약으로 국가가 만들어지더라도 '일반 의지'가 사회를 지배해야 한다고 하였다. 사회계약을 맺은 개인의 '모든 의지'를 말하는 것이 아니라 '공동 이해를 담고 있는 공공 의지'가 지배해야 한다. 국가는 인민의 이 '공공 의지'를 법이나 정책으로 실현하면 그만이다. 그러나 소수가 국가의 권력과 부를 독과점하고 그 힘을 앞세워 절대 다수의 노동력을 지배하는 피라미드 사회 체제에서, '국가를 인민의 재산'이라고 선언하는 것만으로는 아무것도 할 수 없다. 듣기만 해도 인민의 배가 부를 수 있다고 할지언정, 실제로는 국가의 권력과 사회의 노동력을 지배하는 소수만이 배를 두드리며 살아간다. 인간의 공동 사회는 개인의 이익을 추구하는 인위적 공간이 아니다. 고로, 자연적으로 성장한 공동 사회의 통합을 보존하는 차원에서 정부의 역할이 모색되어야 한다.

당신은 민주 국가에 살고 있습니까

권력의 카르텔은 어떻게 유지되는가?

◇◆◇

 수많은 국가 가운데 미국, 프랑스, 영국 등은 현대 민주주의의 원형을 만들었다. 대통령제와 권력분립을 말할 때는 미국이었고, 영국은 의원내각제와 대의제의 진원지로 제시되었으며, 그리고 시민혁명과 노동자 · 농민의 민주주의를 말하거나 배울 때는 프랑스였다. 누구도 이 공식을 쉽게 의심하지 않는다. 어릴 때부터 그렇게 듣고 배웠던 민주주의의 기억이다. 이 나라들은 지금도 초등학교부터 고등학교 교과서 곳곳에서 민주주의의 실체로 등장하고 있다. 그런데 헌법이 군주를 보호하거나, 귀족의 유산이 계승되는 국가가 정말 민주주의 국가인가?

 각종 교과서는 민주주의 국가와 입헌군주제의 관계를 말하지 않고 있다. 중세시대의 군주제는 인민의 투쟁으로 무너졌고, 그것을 대신해서 들어선 것이 민주제다. 그 당시 민주주의의 최대 걸림돌은 절대적인 힘을 보유한 군주였다. 중세시대의 유물 중에서 가장 먼저 폐지해야 할 대상이었다. 러시아나 프랑스에서는 혁명이 발발하고 난 이후, 절대왕정 체제부터 폐지하면서 민주주의를 시작했다. 하지만 아직까지 영국에는 입헌군주가 있고 중세시대 귀족의 유산들이 지금까지 보존되고 있다. 이것이 영국을 민주주의의 본산이라고 하는 관점부터 바꾸어야 할 근거이다. 사회복지의 천국이라고 하는 북구 유럽의 자유민주주의 국가들도 입헌군주제를 폐기하지 않고 있다. 이쯤 되면 공화정이 군주제를 허용하는 역사적 이유가 있을 것이라고 의심하지 않을 수 없다.

 모든 사람이 법 앞에서 평등한 권리를 갖는 것은 민주주의의 원리이다. 누구나 자유와 평등을 누릴 권리가 있다. 입헌군주도 마찬가지이다. 민주주의 국가라고 한다면, 입헌군주나 왕족이 시민들과 다른 특권을 누릴 권리는 없다. 명예만을 누리는데, 그것을 특권이라고 하는 것이 무리가 아닌가? 물론 입헌군주를 옹호하는 이런 질문이 제기될 수 있다.

하지만 입헌군주 국가들은 헌법으로 군주나 왕족들에게 특권을 보장한다. 토지를 중심으로 하는 왕과 귀족의 사유재산, 또 그 재산의 상속을 법으로 보장한다. 영국 런던 시정부는 왕족들이 살아가는 구역을 보호한다. 예전에 영국 여왕이 우리나라를 방문하고, 왕실의 결혼식이 우리나라 텔레비전에 생방송되어, 입헌군주가 발휘하는 위력을 확인하였다. 태국에서는 국왕을 험담하거나 국왕의 명예를 훼손하면 감옥에 구속될 각오까지 해야 한다. 태국 국왕은 각종 법보다 우월한 권력을 보유하고 있다. 아직까지도 국왕의 말이 곧 법이고 제도인 경우이다. 네덜란드 시민단체 활동가가 태국에 와서 왕의 포스터에 페인트를 뿌렸다는 죄목으로 사형을 선고받았다가, 네덜란드 국왕이 태국 국왕에게 사면을 요청해서 풀려났다는 일화는 아주 유명하다. 북한 김일성도 정권을 수립하고 난 이후 사망할 때까지, 일인 지배 체제를 구축하였다. 그리고 그 자식들과 가문은 권력을 세습하고 있다. 헌법에서는 공화정을 선포하고 있지만, 중세 시대의 절대왕정 체제와 다를 바 없다.

역사적으로 입헌군주제는 국민 주권을 허용하지 않았다. 군주가 자유민주주의 체제의 최고 통치권자이자 대외적으로 국가를 대표하는 주권자였기 때문이다. 프랑스의 장 보댕이 주권을 설명하면서, "국왕의 권력은 대내적으로는 최고이고, 대외적으로는 독립된 주권"이라고 했던 군주 주권론이, 현대 사회에서도 여전히 적용되는 것이다.

입헌군주제와 민주공화제의 융합. 이런 현상을 보통 '혼합정'이라고 하는데, 여기서는 '군주 공화정'이라고 칭하려 한다. 중세시대 군주와 귀족의 후예들은 헌법에서 보장하는 권력을 유지하고, 인민은 의회의 대표자들을 선출할 선거권을 가진다. 이 혼합정은 중세시대의 유산을 단절하지 못한 국가들에서 나타난다. 입헌군주가 있는 것만으로도 민주주의 국가로 말하기 어려운데, 입헌군주는 공화정 체제에서 서로가 담합하여 권력을 나누어 갖는 권력 카르텔 구조에 참여하기까지 한다. 이것은 권력 자원을 분점하면서 기득권에게 유리한 권력 구조를 강화하는 담합이다. 이런 권력 담합을 헌법이 보장한다면 민주공화제의 민주주의는 허상에 불과하다. 그런 만큼 입헌군주가 있는 국가들은 헌법을 고칠 필요가 있다.

선거 제도는 권력 카르텔 구조의 대표적인 장치 중 하나이다. 선거는 권력의 정당성을 부여하는 장치로서 기능한다. 지배 세력은 선거를 이용하여 공화정의 원리와 가치를 실현하고 있다고 주장하고, 대다수 인민들은 선거로 선출하는 대표가 자신의 권리를 대신해 줄 것이라는 환상에서 쉽게 빠져나오지 못한다. 선거는 언제나 유권자들을 '환상의 섬'으로 끌어들이기 때문이다. 1948년 이후 대한민국 유권자들은 보수적인 정당 카르텔의 구조 속에서 더 보수적인 정당과 덜 보수적인 정당을 선택하는 행위를 '습'으로, 아니 '자산'으로 갖게 되었다. 유권자들은 선거에서조차 참으로 진보적이고 혁신적인 정당의 정치 활동을 지속적으로 경험할 기회가 없었다. 그저 보수 정당을 놓고서 몇 가지 중 하나를 선택하는 데 익숙해진 것이다. 이런 태도는 정치 세력의 절반을 더 보수적인 세력으로, 또 다른 절반을 덜 보수적인 세력

입헌군주 국가들은 헌법으로 군주나 왕족들에게 특권을 보장한다. 역사상 최초로 입헌군주제를 확립한 마그나카르타.

으로 만들었다. 복종과 순응이야말로 '인간들 사이에서 가장 오랫동안 훈련되고 훈육되어 온' 산물이다. 따라서, 진보 정치는 유권자들을 이 터널에서 벗어나게 할 전략을 집중적으로 고민할 필요가 있다. 물론 이를 위해서는 진보 세력이 탄생하는 것을 번번히 가로막는 덜 보수적인 세력의 전략부터 극복해야 한다. 저항의 힘을 하나의 정당으로 집중시켜야 더 보수적인 세력에게 대항할 수 있다는 '힘'의 논리를 내세워, 진보적이고 혁신적인 정치 세력에게 후보를 내지 못하게 하기 때문이다.

유권자들은 자신의 물질적인 삶에 실질적으로 영향을 미치는 정당에 의존한다. 그러한 정당은 자신을 지지한 유권자의 절반만을 위한다. 그들이 제도화된 권력에 의존하면서 살아가게끔 한다. 이러한 의존 구조를 무너뜨리지 않는 한, 후보자 단일화를 위한 연합만이 선거의 승패를 좌우하는 유일한 요인으로 등장한다. †

† 2015년 하반기 정치 사회의 최대 이슈는 새정치민주연합(더불어민주당)에 소속된 국회의원들의 탈당이었다. 국회의원들이 탈당한 이유야 아주 많을 것이다. 국민의 마음을 얻기 위한 새정치민주연합 혁신 전략의 문제든, 2017년 대통령 선거에 나설 후보 전략의 문제든, 혹은 정당 내에서 벌어지는 권력 투쟁의 문제든, 표상으로 드러난 것만으로는 탈당한 국회의원들의 진심을 잘 알 수 없다. 새정치민주연합을 탈당하여 새롭게 정당을 만든 정치인들은 거대한 양당 제도의 문제점을 지적하는 반면, 그러한 정치인들의 탈당에 반대했던 사람들은 야당의 난립 때문에 새누리당 후보들이 어부지리로 당선될 가능성을 우려한다. 그러나 권력 카르텔의 틀 속에서 본다면, 어떤 정치 세력이든 '그 나물에 그 밥'이다. 많은 정당들이 자유롭게 경쟁하는 다당제가 정착된다 하더라도, 권력 카르텔은 '무늬만 다당제인 민주주의'를 지향한다. 정당의 여러 가지 역할과 기능이 있겠지만, '인민 대중의 의식을 조직화하는 기능, 인민 대중을 정치의 주체로 나서게 하는 기능, 사회적 정치 의식을 드높이는 기능, 인민 대중의 삶과 밀접한 정책 수립 기능, 선거의 후보자를 내세우는 기능' 등은 정당과 인민 대중이 화학적으로 결합되는 수단이다. 그런데 대한민국 정당 정치는 '인민 대중과 함께 호흡하면서 살아 움직이는 정치는 없고 오로지 인민을 위해 권력을 차지하겠다고 하면서 인민을 대상화하는 정당'의 활동으로 제한되어 있다. 어떤 정당도 '인민의 권리와 국가의 권력을 융합'시키려 하지 않는다. '인민이 곧 국가'라는 의미는 국가의 시스템이 인민의 권리로 채워져 있는 상태를 말하는 것이다. 그런데 정당은 존재하지만 정치도 없고 인민도 없는 정치 엘리트들만의 카르텔이 난무하고 있는 것이다.

만약 선거연합이 이루어지지 않아 보수적인 정당이 선거에서 승리할 경우, 그 연합에 참여하지 않는 진보 정치는 선거 패배의 책임을 뒤집어쓰곤 한다. 더 보수적인 정당이든 덜 보수적인 정당이든 선거에서 양자 간의 대결 구조만을 추진하게 되고, 새로운 정치 세력의 진입 장벽을 만들어 버리는 카르텔 구조를 형성하게 된다. '정당 카르텔'의 악순환 구조인 것이다. 진보이든 아니든, 이것이 새로운 정치 세력이 출현하거나 의회에 진입하는 것을 구조적으로 막는 '정치 사회의 보이지 않는 손'이었다.

정당 카르텔의 대표적인 현상은 거대한 양당 정치이고, 그러한 정당 정치의 구조는 정치의 안정화와 효율성에 기여한다고 한다. 소수일수록 정치적 협의와 협상의 과정이 효과적이고, 의회를 운영하는 데 있어서도 안정적이라는 것이다. 정말 그럴까 의심스럽다. 두 개의 정당만이 정치 사회의 공간에서 서로 협의하거나 경쟁한다고 정치적 안정화와 효율적인 입법 활동이 이루어지는 것이 아니고, 또는 정당이 아무리 난립하여 경쟁한다 하더라도 정치 사회의 민주적 시스템이 작동하고 그것에 조응하는 정당 정치가 성숙되어 있다면 문제가 아닌데, 정치적 지배 세력들은 다당제가 작동하는 것을 쉽게 허용하려 하지 않는다.

역사적으로 미국이든 한국이든, 거대한 두 개의 정당이나 블록화된 소수의 정당이 양당 정치를 고수하는 이유가 있다. 가장 핵심은 특정 정당이 의회의 과반수 이상을 차지할 가능성이 높다는 것이다. 헤게모니를 발휘하고 있는 두 개의 거대한 정당이 선거에서 경쟁할 경우, 많은 정당이나 후보자가 자유롭게 경쟁한다 해도 헤게모니적 지배 정당 중에서 하나가 승리할 수밖에 없다. 그래서 정치적 지배 세력은 양당

당신은 민주 국가에 살고 있습니까

제를 위해서 온 힘을 기울인다. 새롭게 등장하는 정당의 씨앗이 발아되지 못하도록 하거나, 발아되더라도 뿌리를 내릴 수 없는 조건을 만들면서, 어떠한 정당도 의회에서 과반수 이상을 차지하지 못하면 의회가 제대로 운영되지 못할 것이라는 사회적 불안감까지 조성하기도 한다. 그러한 불안감을 누가 어떤 의도로 만들든, 정치의 '격'이 떨어지는 요인으로 작용한다. 왜냐하면 이러한 논리는 곧 특정한 정당의 의도대로 법을 제·개정할 구조가 마련되어야만 정치 사회의 안정성과 효율성을 발휘할 수 있다는 반민주주의의 표상이자, 다수의 폭력성이 절차의 정당성을 획득하는 장치로 악용될 수 있기 때문이다. 그렇지만 본래부터 없었던 정치의 '격'을 왜 거론하느냐고 서로가 서로를 힐난하지는 말자. 양당 정치만을 고수하는 지배 세력의 정치와 자신의 삶 속에서 찾는 인민의 격조 높은 정치는 다를 수 있기 때문이다.

그런데 정작 정치 사회가 유권자들을 이러한 카르텔의 주범으로 몰아가는 경우도 허다하다. 결국 모든 책임과 결과는 유권자들이 주체적으로 선택한 것이란다. 이것이 선거가 끝나면 언론 지면을 장식하는 말이다. 선거에 당선한 사람의 정당과 그렇지 못한 정당을 비교하는 승패의 구도가 만들어지는 순간, 유권자들은 양자택일의 선택을 강요받는다. 지배적인 양당 정치의 구도가 있는 곳에서는 유권자들의 선택 범위가 매우 협소해진다. 이 협소성의 힘은 보수 양당이 아닌 제삼의 진보적 정당의 정치적 진출을 아주 어렵게 한다. 많은 정치학자들은 이러한 원인을 유권자들의 투표 행태, 특히 지역주의적이고 연고주의적인 측면에서 찾는다. 유권자들의 반공 의식을 지적하는 것도 통과의례 중 한 부분이다. 이러한 말을 듣고 있으면, 보수 양당 정치의 모든 문제점들을 유권자들의 정치 행위에서 뽑아내고 있다는 느낌이다.

물론 투표의 주체가 유권자인 만큼, 선거 결과의 최종 책임은 유권자들에게 있다는 것은 변함없는 사실이다.

그렇지만 유권자들에게는 '선택의 딜레마'가 없는 것일까? 자신의 이해를 대변하고 이익을 가져다 줄 정치인이나 정당에게 끌리는 것은 인지상정이다. 국가의 돈을 주물럭거릴 수 있는 힘 있는 정치인이나 정당이 자신의 삶을 보다 윤택하게 할 것이라는 판단과 추측이야말로 유권자들이 선택하는 출발선이다. 하지만 지배 세력과 국가권력이 역사적으로 유권자들의 행위를 유도했고 의식을 조작했다는 측면을 고려하지 않아서는 안 된다. 게다가 이런 상황을 인지하지 못하는 사람들에게 진보의 정당성을 요구하는 것 자체가 그들을 딜레마 상황으로 몰아가는 것이기도 하다.

선택지를 확장해서 고민하고 판단할 여지가 없는 사회에서, 진보 정치를 외면하는 유권자들에게 반공주의 콤플렉스나 지역주의 또는 연고주의라는 죄목으로 비판하는 것은 유권자들에게 가하는 '낙인 찍기'이자 또 다른 폭력이다. 유권자들은 정당 정치의 다원화 혹은 다원적 정당 정치를 통해 경험과 앎을 지속적으로 체득할 수 있어야 한다. 그러나 현실에서는 유권자들에게 선택지를 넓게 해주는 최소한의 수단조차 봉쇄되곤 한다. 인민의 권리를 정치적으로 대상화하는 전략의 일환으로 보면, 인민이 권력 구조에 진입하는 것을 쉽게 허용하지 않는 것도 권력 담합의 결과로 보아야 한다. 인민은 그 권력 카르텔에 끼고 싶어도 끼지 못하는 것이 현실이다.

당신은 민주 국가에 살고 있습니까

'정치적인 것'의 의미

　인민의 힘은 평소에는 잘 드러나지 않는다. 하지만 인민은 공통 이익을 자발적으로 존중하면서 애국심이나 민족성과 같은 공공적 정치를 포기하지 않는 주체로 존재하고 있다. 국가 간의 경쟁과 대립이 발생할 때마다, 누군가가 등을 떠미는 듯한 착각이 들 정도로 인민은 다 함께 국가의 주권자로 나선다. 그러한 힘의 수원지가 어디일까 궁금할 뿐이다. 물론 인민과 국가가 계약 관계를 맺는 순간부터, 인민은 국가의 주인이면서도 국가에게 복종해야만 하는 의식과 행동의 '혼돈 상태'를 지속적으로 마주해 왔다. 누군가가 국가에 대한 의무를 부정하는 순간 '국가를 배신하는 행위'라며 비난의 화살이 쏟아진다. 국가가 자신에게 해준 것이 무엇일까를 단 한 번도 생각하지 않는 반면, 국가에 대해 배은망덕한 사람으로 낙인 찍는 힘은 참으로 갑작스러우며 거대하기 짝이 없다. 이중 국적을 허용하지 않는 국가일수록 그러한 현상은 흔하다. 대중에게 온갖 사랑을 받았던 연예인이 다른 나라의 국적을 소지하고 있거나 군대를 가지 않으려 했다는 이유만으로 한 순간에 매장된다. 아무리 유능하다 해도, 이중 국적자들을 공적인 영역에서 배제된다.

　이것이 인민의 의식과 행동을 지배하는 국가의 힘이다. 인민은 이미 태어나는 순간부터, 아니 엄마 뱃속에 자리를 잡는 순간부터 국가와 관계를 맺는 정치적 동물로 살아가지 않을 수 없다. 그리하여 정치적 '힘'의 우열 관계에 익숙해진다. 그 관계를 딛고 일어서서 새로운 관계를 만들고자 하는 욕망도 있지만, 국가의 힘대로 움직이는 수동적 편안함에 젖어들고자 하는 욕망의 힘도 대단히 강하다. 국가는 늘 후자의 인민을 환대하면서 그들에게 정치권력과 일정한 거리를 두면서 살 것을 요구한다. 국가와 인민의 정치적 관계가 이렇게 정착되고, 또한 정치가 군중 심리를 이용하여 비합리성을 추구하거나 정치에 환멸을 느끼게 하는 악순환의 고리가 만들어질수록, 인민은 정치를 더욱 무관심한 것으로 여긴다.

대한민국은 이런 무관심을 고도의 지배 전략으로 삼는다. 인민 스스로 정치에 관심을 갖는 순간부터 목숨을 내놓아야만 했던 한국전쟁의 이념 대립과, 공무원에게 특정한 정치 세력을 공개적으로 지지하지 못하게 하는 '정치적 중립화 전략'은 국민이 국가를 두려움의 대상으로 간주하기에 충분히 억압적이었다. 자신의 정치적 의사를 자발적으로 표현하는 것 자체를 금기시하는 힘과 정치 활동을 소수 정치 엘리트의 독과점적 소유물로 여기는 힘이 인민의 의식과 행동을 지배하였던 것이다.

대한민국 헌법은 공무원의 신분과 정치적 중립성을 법률이 정하는 바에 따라 보장한다고 규정하고 있다. 그래서 국가공무원법에도 단서 조항이 있지만, 공무원의 정치 활동과 선거 활동을 금지하고 있다. 정치권력이 선거로 바뀌는 점을 고려하면, 여기에는 공무원의 신분을 정치 세력이 좌지우지할 수 없게 한다는 장점이 있다. 그런데 사람들이 오해하고 살아가는 것 중에 하나가 '중립'이다. '공무원'이 하는 일들이 정치권력을 장악한 정치 세력의 정책을 집행하는 것에 머무를 경우, 공무원의 정치적 중립은 '중립이 아니라 정치권력을 장악한 정치 세력의 입장에만 서 있으라는 강요'가 된다. 공무원들이 정치적 권력에 순응하여 생각하고 행동하는 것을 '정치적 중립'이라는 헌법 규정으로

당신은 민주 국가에 살고 있습니까

포장하고 있는 것이다. 국가공무원법에서 예외 규정으로 정하고 있지만, 행정부를 수반하고 있고 입법부의 법률에 거부권까지 행사할 수 있는 대통령과, 각종 전문적 법안을 제출하고 있는 행정부의 장관들은 공무원 신분임에도 '정치적 중립'을 유지하지 않는다. 누구든 이러한 현상을 합리적이라고 이해하기 어려울 것이다. '정치적 중립'을 규정하고 있는 헌법 조항은 '정치 사상의 자유'를 규정하고 있는 헌법의 다른 조항과 충돌을 일으키며 자기 모순에 빠진다. 정치권력의 공간에서 실행되고 있는 '공무원의 정치적 중립'이란 그저 정치적으로 민감한 사안에 대해 언급을 피하거나 아예 판단하지 말라는 명령으로 이해할 수밖에 없다. '공무원의 정치적 중립'은 실질적으로 정치적 무뇌인을 양산하고, 영혼이 없는 공무원을 양성하기 위한 지배 세력의 허울이었다. 공무원들은 헌법에서 보장하는 자신의 권리를 포기하면서까지 그저 지배 권력의 요구에 부응하는 행정을 집행하면 그만이다. '공무원의 정치적 중립'이 만들어낸 현상이라 할 수 있다.

'공무원의 정치적 중립' 속에는 공무원 내부의 차별 정당화, 의견을 제시하지 않거나 침묵하는 행위의 정당화, 복지부동의 정당화, 권력이 요구하는 의무 앞에서 자신의 권리를 내세우지 않거나 포기하는 행위의 정당화, 국가가 주도하는 정치적 동원의 정당화 등이 숨어 있다. 공무원들에게 '국민의 종복'이 아니라, 국가권력의 종복으로 남아 있기를 강요하는 정치 세력의 입장에 불과한 것이다. 공무원이나 인민에게 정치적인 행위의 두려움에 중독되도록 하고, 소수의 엘리트만이 독점하는 권력의 소수 특권화를 정당화하는 수단이었다.

공무원이든 인민이든, 삶 속에서 과연 정치적으로 중립적인 것이 있을까 싶다. 사회계약을 맺어야 하는 정치적 관계를 고려할 때, 정치적인 것은 모든 인간 사회에 본래부터 있었던 것이고 삶의 필연적인 요소이다. 그런데 '정치적인 것'의 의미는 생활 속에서 유령처럼 떠돌면서 보통 양면적인 모습으로밖에는 인식되지 않는다. '정치적인 사람'이라고 하면 어떤 사람이 떠오르는가? 자신의 본래 목적을 드러내지 않은 채로 관계를 맺으면서 자신의 의지를 은밀히 실현하는 사람, 혹은 자신의 이득을 위해서는 영혼이라도 팔 수 있는 것처럼 타인과 관계를 대하는 사람이다. 하지만 사람이라면 모두가 존재하는 그 순간부터 다양한 관계를 맺고 있고, 공동체를 이뤄 함께 살면서 어떤 관계 속에서든 자신의 역량을 최대로 발휘하려 한다. 그렇다면 정말 모든 사람들이 정치적인 것일까? 의심스러운 부분이다.

마키아벨리는 일상에서 겪는 '정치적인 것'을 '당근과 채찍'으로 표현한다. 상당히 유연하면서도 음모적인 모습이고, 동기부여로 자발성을 이끌어 내면서도 압박해서 추진력을 가속하는 모습이다. 정치를 이와 같은 두 얼굴로 인식하는 것이 보통이다. 그러나 아리스토텔레스는 정치학에서 '정치적인 것'을 인간의 고결한 행위로 보고, 정치 공동체를 그러한 행위의 시공간으로 설정하였다. 그가 제시한 명제는 아주 익숙하다. "인간은 정치적 동물이다." 인간이란 군집 생활을 해야만 하는 존재이고, 그 생활을 어떻게 하는 것인가, 또는 왜 그런 생활을 하는 것인가를 고민하는 것 자체가 정치적인 것이었다. 따지고 보면, '존재한다는 것이 정치적인 것이다.' '삶 조건'을 마련하여 살다가 죽는 것 자체가 인간의 고결한 '삶 행위'였다. 그런데 아리스토텔레스는 여자나 노예를 정치적인 것의 주체로 보지 않았다. 아리스토텔레스는 정치 주체를 시민으로 한정하였다. 아리스토텔레스는 아직 이성을 발전시키지 못한 어린이나, 감정에 휘둘리는 여성, 자유를 가지고 있지 못

당신은 민주 국가에 살고 있습니까

한 노예 등을 시민의 범주에서 배제하였던 것이다.

인간의 '삶 행위'는 공공 영역과 사적 영역을 수시로 넘나든다. 두 영역이 서로 공존해야만 인민의 '삶'을 유지할 수 있다. 맞는 말이라고 쉽게 대답할 것이다. 하지만 사람들은 두 영역을 별개로 간주하면서, 사적 영역 속에 들어 있는 공적 영역을 끊임없이 자신의 울타리 밖으로 내치려 한다. 이미 공적 영역이 사적 영역을 은연중에 침범했을지라도 그것을 쉽게 보지 못하는 것 또한 자연스럽다. 물론 공적 영역이 자신의 사적 영역에 피해를 입히는 순간에는 그 침범을 알아차린다. 은연중에 겹쳐 있는 두 영역이 서로 갈등하고 대립하는 것이 정치적인 것이다.

공화정은 인민에게 공적 영역에 참여하거나 저항할 권리를 보장하였다. 인민 스스로 저항이나 혁명에 참여하여 그 권리를 확보하였다. 민주공화정은 '인민으로부터 권력이 나온다'는 원리를 내세운다. 이 원리는 2008년 '미국 쇠고기 수입 반대'의 촛불이 전국을 밝혔을 때 대한민국 사람들의 '입에서 입으로' 옮겨 다녔던 민주주의 바이러스였다.

물론 인민이 선거로 정부를 만들고, 정부가 인민의 권리를 보장해야 한다는 것은 누구나 알고 있다. 그렇지만 정부가 곧 국가라고 한다면, 정부가 국민을 상대로 절대권력을 갖지 않아야 한다는 원리도 강조할 필요가 있다. 국가의 존재 이유는 그저 '인민에게 편안함'을 제공하는 것이다. 잘살고 있는 사람들은 그대로 살아가라 하는 대신, 그렇지 못한 인민을 위하는 것이 국가의 역할인 것이다. 이것이 로크가 『정부론』에서 말하는 핵심이다. 인민의 자유나 재산을 파괴하는 정부, 인민을 전제 권력의 밑으로 굴복시키려는 정부, 또는 군주가 인민과 맺은 계약을 배반하는 정부는 해체되어야 한다고 로크는 말했다. 그의 말을 굳이 빌리지 않더라도, 어떠한 정부든 절대적 권력을 갖지 않아야 한다. 정부는 그저 공동선을 추구하는 데 필요한 만큼의 권력만을 가지면 되는 것이다. 로크도 국가권력에 대한 인민의 소환권을 인정했고, 국가권력의 강약을 조절하는 기준을 인민의 삶 속에서 찾으려 하였다.

그러나 국가는 인민의 주권이나 권력 소환의 문제를 '선거'의 영역으로 국한시켰다. 인민의 '선거권'을 '정치적인' 행위의 정점으로 여기고, 선거 이외의 정치적인 행위를 법으로 제한하였다. 이렇게 되면 '정치적인 것'의 형식과 내용은 '대의제도'로 귀결된다. 인민이 선거에 참여한 이상, 선택한 입법부나 통치권자에게 모든 권력을 위임해야 한다. 인민을 대표하는 입법자들이 인민의 '정치적인 것'을 구속한 것이다.

개인과 시장의 자유로 유명한 존 스튜어트 밀John Stuart Mill, 1806~1873도 『자유론』에서 민주공화정이 인민의 권리를 실제로 제한한다고 말하였다. "민주공화정이 세워지고, 선거를 통해 인민에 대해 책임을 져야 할 정부가 하는 모든 일들이 사람들의 관찰과 비판의 대상이 되고 난 이후, 자치나 인민의 자기 자신에 대한 권력 행사라는 등의 말은 문제의 본질을 정확하게 표현하지 못하는 것으로 여겨지기 시작했다. 권력을 행사하는 인민은 그 권력이 행사되는 대상과 늘 같은 것은 아니다. 자치라고 말하지만, 실제로는 각자가 스스로를 지배하기보다, 자기 이외의 나머지 사람들의 지배를 받는 정치 체제가 되고 있다. 게다가 인민의 의지라는 것도 인민 가운데 다수파로 받아들이도록 만드는 사람들의 의지를 뜻한다. 정치 영역에서 다수의 횡포는 온 사회가 경계하지 않으면 안 될 큰 해악 가운데 하나로 분명히 인식되고 있다."

당신은 민주 국가에 살고 있습니까

대의제는 허약하다

◇◆◇

　현대는 규모가 크고 구조가 복잡한 사회이다. 인구가 증가한 만큼, '삶 구조'도 단순하지 않다. 서로 협업을 해야만 살 수 있는 구조로 변했다. 예전에는 삶의 바퀴에 달린 톱니가 크고 성겼지만, 지금은 작으면서 매우 촘촘한 톱니가 조밀한 관계를 유지하면서 돌고 있다. 사회 발전에 따른 현상이지만, 살아가는 것도 그만큼 쉽지 않게 되었다. 챙겨야 할 것도 많아졌고, 누리는 대가에 대해 지불해야 할 것도 참 많아졌다. 그래서 자신이 감당해야 할 공적 영역의 삶을 '나' 대신 누군가가 해주길 바라는 현상이 자연스러워졌다.

　'민주주의 꽃은 선거다.' 대한민국 선거관리위원회가 내걸고 있는 표어다. 물론 민주주의는 여러 가지 꽃으로 장식한다. 복수정당제나 권력분립제도 민주주의의 꽃 중 하나이다. 정당이나 후보자들에게 자유로운 경쟁이 보장된 상태에서, 인민이 자신의 권리를 위임하고 국가 기구 대표들이 선거 결과에 따라 교체되는 모습도 볼 수 있다. 누구나 이를 민주주의 사회의 제도라고 한다. 그런데 선거 결과에 승복하고 통합되는 모습이 아니라, 부정선거나 불공정 경쟁의 문제가 제기되어 선거가 민주주의의 꽃인지 고민하는 경우도 자주 발생한다.

　자신의 권리를 위임하는 선거 제도가 민주적이지 않건만, 사람들은 민주주의의 꽃이라는 선거의 함정에 빠져든다. 선거 제도의 형식과 내용이 민주적인가의 여부를 묻지 않는다. 자신의 의사를 표시할 수 있게 하는 선거 제도만으로도 민주주의의 조건을 충족하는 것인 양, 지지할 수 있는 사람과 정치 조직을 찾고 또 찾는다. 정당이 발생하고 정치 엘리트가 등장하게 된 기원이 여기에 있다. 인민도 그러한 주체들과 관계를 맺으면서 자신의 도피처를 마련한다. 스스로가 권리를 적극적으로 내세우고 부대끼는 공적인 투쟁의 공간이 아니라, 노동과 소비를 중심으로 하는 사적인 재생산의 공간에 말이다. 사적 공간만큼 친밀감과 편안함을 제공하는 장소가 드물어서 그런지, 인민은 권리를 위임하는 소극적 자유의 영역에 머물러 있으려고만 한다. 그러면서 자신이 정치에서 소외되어 있다는 것조차 쉽게 알지 못한다. 사회적 관계에서 발생하는 공적 영역은 자연스럽게 정당이나 정치 엘리트가 독과점하게 된다.

물론 대의제 민주주의는 공화정의 정치 원리로 세워졌다. 대의제도의 기본 원리는 대의제도와 민주주의를 동일하게 여기면서 인민이 직접 정책 결정 과정에 자유롭게 참여하는 정치 체제를 반대하는 것이었다. 그러나 민주주의는 대의제도의 안팎을 자유롭게 넘나든다. 인민이 보통선거권을 행사하고 대표자들을 잘 감시하는 능력의 주체가 되는 것이 민주주의의 시작이자 끝이다. 또한 자신들을 통치할 대표자들을 선택하는 선거에 참여하여 가장 강력한 정책 결정자들을 선출하는 정치 체제의 장이기도 하다.

인민은 대의제도 속에 들어 있는 민주주의의 이중성 때문에 자신이 감당해야만 하는 민주적 과제의 과중함에서 자유롭지 못하게 된다. 예리한 '눈'으로 대표자들을 감시·통제하고, 가능한 한 제대로 된 대표자들을 선발하여 그들을 정치의 위임자로 취급해야 하는데, '삶'은 인민에게 그러한 선택의 '눈'을 쉽게 주지 않는다. 하지만 좋은 방법이 없진 않을 것이다. 투표에서 선택의 오류를 최소화하는 방식을 채택하면 된다.

유권자는 각종 선거에서 자신의 권리를 위임할 정당이나 후보자를 선택한다. 투표를 하고 난 이후, 어느 정당, 어느 후보를 찍었냐고 묻는 것 자체가 비밀투표의 원칙에서 벗어나는 것으로 생각해서인지, '묻지마' 투표를 아주 소중하게 여긴다. 혹시라도 자신의 속마음이 들키지 않을까 걱정에 걱정을 하면서, 투표를 개인의 숭고한 성역처럼 온갖 포장지로 겹겹이 에워싼다. 대부분 선택과 결정의 자유가 마치 자신만이 열 수 있는 비밀의 방인 것처럼, 다른 사람이 접근하는 것을 금기시하고 있다. 물론 모든 투표자는 마음에 들거나 좋아하거나, 특별한 이유 없이 그저 해왔던 관성대로 자신의 권리를 특정한 정당이나 후보자에게 맡긴다. 맡기는 기준이야말로 개인에 따라 각양각색일 것이다. 지역감정이나 인간관계가 기준일 수도 있고, 정당이나 정책 공약이 판단의 힘으로 작용할 수도 있으며, 또는 정당 활동도 사람이 하고 공약의 실현도 사람이 한다는 생각으로 후보자가 누구냐에 따라 결정을 내리기도 한다. 이처럼 투표하는 기준은 참으로 다양하다. 이러한 다양성이야말로 민주주의의 시작이자 끝인 것은 맞다. 그렇지만, 판단하고 선택할 대상이 다양하지 않은 상태에서, 심지어 특정한 정치 이념만을 선택하게 하는 제도 속에서 유권자들은 비민주적인 방향으로 길들여진다. 판단과 선택의 기준을 단순화하는 대의제 권력의 늪에 빠져든다. 권력의 입장에서 볼 때는, 권력을 만들어주는 국민의 사고와 행동이 현명해지고 그들의 정치 의식의 '격'이 높아질 때마다 권력의 힘을 국민에게 돌려주어야 한다. 그 때문에 국민이 그저 권력의 추종자로 남아 있으면 되는 상황을 선호하게 된다.

언론은 선거 시즌이 시작되는 순간부터 사람들의 피로도를 드높이는 요인 중 하나다. '정책 선거, 공약 검증, 혼탁과 선거 과열' 등을 목청껏 떠들면서 선거에 대한 부정적 관심도까지 이끌어내기 때문이다.

그런데 언론은 그들만의 울타리에 들어와 있는 정치인이나 정당만을 선거의 주인공으로 등장시킨다. 특정한 정치인이나 정당의 일거수일투족조차 보도의 대상으로 삼는다. 하지만 울타리 밖에 있는 정치 세력이나 유권자가 선거를 과열시키는 순간, 언론은 선거 국면을 차분하게 정책이나 공약을 검증하자는 검증 국면으로 돌리는 키잡이 역할을 자임한다.

　선거는 오히려 경쟁을 최고조로 과열시켜야 민주주의의 꽃을 만개시킬 수 있다. 선거의 '품격'이 높아지는 길이다. 오히려 이런 방법을 생각해 볼 수 있다. 유권자 1인당 세 가지를 선택하게 하는 '1인 3표 선거 제도'이다. 유권자가 '정당을 선택하는 데 한 표, 정책 공약을 선택하는 데 한 표, 나머지 한 표는 후보자를 선택하는 데 사용할 수 있는 제도'이다. 이 제도는 대통령 선거와 국회의원 선거, 혹은 교육자치나 지방자치의 후보자들을 선택할 때도 사용할 수 있다. 물론 이러한 방식의 투표 제도를 도입하자고 하는 순간 많은 사람들은 유권자들이 혼란스러워할 것이라고 비판할 것이다. 하지만 그런 혼란쯤은 창조적인 제도를 탄생시키는 후유증이라고 가벼이 여길 필요가 있다. 왜냐하면 유권자들이 '1인 3표 선거 제도'로 투표를 하면 할수록, 투표의 장이 곧 정치 교육의 장이 될 것이고, 사람들은 '격'이 높은 권리의 주인으로 탈바꿈할 것이기 때문이다.

　그렇지만 선발된 대표자들은 다르게 생각할 것이다. 위임 절차인 선거가 끝나는 순간부터 대표자는 공적 권력의 주체로 나서지, 인민의 위임자로 나서지 않는다. 일단 선출되면 자신들의 판단에 따라 공적 업무를 운영할 자유를 얻는다. 그들은 공적 영역이나 다수 혹은 공공의 대표자의 이름을 등에 업고서 권력을 작동하는 권한의 주인으로 등장하며, 인민에게 공공적 '권력'이 정상적인 것으로 여겨지는 이상 대

　당신은 민주 국가에 살고 있습니까

의제도의 비정상성을 굳이 드러내려 하지 않을 것이다. 그런데 인민은 대의제도의 불합리한 상황에 직면할 때 두 가지 선택을 염두에 둘 수 있다. 하나는 다음 선거에서 반드시 판단과 선택을 잘하겠다는 다짐이고, 다른 하나는 직접 정상적이고 합리적인 권력을 작동시키겠다는 자치 정치의 주체로 나서는 경우이다.

인민이 직접 정책 결정에 참여하는 것은 자치 민주주의의 한 모습이다. 반면에 부자들은 그러한 자치가 개인의 사적 소유를 위협할 것이라고 말한다. 어떻게, 얼마나 많은 것들을 쌓았는가는 중요하지 않다. 결국 잃을 것이 많은 사람들이 인민을 도둑질이나 하는 '악'한 사람들로 규정한다. '선'한 사람들인 자신들은 공적 영역에서 인민을 위해 일을 하는 대표자라고 자청한다. 그렇다면, 인민 스스로 자신의 대표자로 나서거나, 그 후보를 같은 인민 속에서 구하면 되지 않을까? 선거 혁명을 불러일으킬 만한 질문이다. 인민은 선거를 하고서 늘 후회하는 경우가 많지만, 다음번 선거에서 또다시 '선택의 딜레마'에 빠진다. 최선이나 차선, 아니면 최악이나 차악 사이에서 하나를 선택해야 하는 딜레마이다. 당장 자신의 '삶 조건'과 긴밀한 물적 자원에 대해 영향력이 있는 대표를 선택할 것인가, '삶 권리'를 실현해 나갈 미래 가치를 선택할 것인가? 인민은 늘 이러한 선택의 어려움을 겪는다. 이것이 현 선거 제도가 가지고 있는 가장 큰 문제점이다. 물론, 인민 속에서 후보자가 나오기 어렵게 만드는 구조나, 인민 스스로 인민을 신뢰하지 못하는 상황도 무시해서는 안 되는 문제이다. 그러나 선택의 딜레마가 인민을 가장 어렵게 한다.

공리주의자였던 벤담Jeremy Bentham, 1748~1832은 『헌법론』에서 '주권을 최고 권력'으로, 대의제 민주주의를 최대의 '선'으로 규정하였다. 하지만 그는 입법, 사법, 행정의 권력이 인민에게 귀속되는 것을 철저하게 경계하였다. 인민이 권력을 확보하는 순간 무정부 상태가 발생한다고 여긴 것이다. 그래서 인민이 비록 주권의 주체일지라도, 대의제 민주주의를 통해 '최대 다수의 최대 행복을 보장'†하자고 하였다. 벤담은 대의제 민주주의만이 사회적 관계의 갈등을 최소화해서 사회 구성원에게 최대의 행복을 제공할 수 있다고 여겼다.

하지만 권리를 위임해야만 하는 과정을 돌이켜보자. 선거에 참여한 누구든 경험한 부분이다. 자신이 직접 권리를 행사하면 좋겠는데 '삶 조건'이 그것을 허락하지 않을 경우, 사람들은 이를 다른 사람에게 위임한다. 다른 사람이 '나'를 대신해서 권리를 행사할 경우, 위임하기 전에 많은 것들을 짚어보게 된다. 가장 큰 고민은 '믿어도 되나'이다. 일면식도 없고 심지어 신뢰하지 않는 사람에게 자신의 권리를 위임하는 사람은 거의 없을 것이다. 아무리 그 사람을 신뢰한다 하더라도, 결국 그는 '내'가 아닌 타자이다. 신뢰한다고 하지만 거기에는 항상 배신의

---

† 벤담은 '최대 다수의 최대 행복'이라는 공리주의의 가치를 제창하였다. 인간이 계약을 지키는 것은 공공 복리를 가져올 수 있다는 믿음에서 출발한 것이다. 그렇다면 사회계약은 복종의 대가만큼 국민에게 행복을 보장해야 하는데, 그 기준은 바로 최대 다수의 최대 행복을 이끌어낼 '효용의 극대화'였다. 그러나 공리주의가 대두하게 된 힘은 1820년대 초반부터 참정권 확대, 비밀투표, 도시에 대표권을 주는 선거구 재조정 등을 위한 부르주아와 인민의 투쟁이었다. 부르주아는 귀족이 의회를 지배하는 것에 많은 불만을 가지고 있었고, 인민은 농토의 상실과 함께 농촌을 떠나 도시로 이주했지만 먹고 살기조차 어려운 빈민으로 살아야만 하는 상황에서 군주나 귀족에게 삶 복지를 요구하지 않으면 안 되는 조건으로 내몰렸다.

가능성이 있고, 불확실한 정보와 불안전한 감시로부터 자유로울 수 없다. 그렇기에, '권리 위임'은 불신을 밑바탕으로 하는 민주주의이다. 특히 대한민국에서 '권리 위임'에 대해 신뢰하는 사람이 얼마나 될지 생각해 보자. 오늘날 관계의 불평등을 정당화하는 경향은 오롯이 남아 있지만, 그동안 사람들이 시민사회에서 위임의 '신뢰'를 쌓을 기회는 적었다. 타자에 대한 신뢰가 부족한 만큼, 가족을 중심으로 신뢰를 이어가는 사회, 가족주의 현상이 나타나는 것은 당연한 일이다.

불신을 전제로 권리를 위임하는 것은 스스로의 행동과 의식을 자신으로부터 소외시키는 선택이기도 하다. 이러한 선택이 사회적으로 누적되면 개인의 '삶 조건'과 정치가 분리된다. 수많은 사람들은 소수의 대표성만을 선택하고, 그 대표성을 획득한 소수는 공적 영역을 독과점하게 된다. 대의제 민주주의가 민주주의를 위협하는 제도라고 간주되는 주요 이유이다.

많은 세력이 의회에 진입하려 하였다. 의회가 '선'하든 '악'하든, 일단 국민을 대표하는 주인공으로 나서서 법을 만들거나 고치는 권력의 중심이 되려는 것이었다. 대통령이든 국회의원이든, 또는 지방자치단체장이든 지방의회 의원이든 선거에서 국민을 위해 심부름꾼이 되겠다는 말을 많이 한다. 국민 중에서 그 말을 믿는 사람은 거의 없을 것이다. 심부름꾼은 말 그대로 의사를 전달만 해야 하는데, 전달하는 과정에서 국민의 주권을 조작하거나 왜곡하고, 심지어 국민 주권을 지배하려 한다면 누구도 그런 사람들을 심부름꾼이라고 여기지 않는다. 그런데 국민은 심부름꾼 역할을 제대로 하지 못하는 후보와 정치 세력을 계속 뽑는다. 이런 현상을 두고 어떤 사람은 국민이 어리석다고 말하기도 하고, 국민 스스로 자기 선택을 후회하기도 한다. 그러나 국민이 어떤 선택을 하든, 의회는 헌법이 규정한 국가 기구로 존재한다.

민주주의는 인민이 대표자를 위임자로 취급하고 '인민 스스로 행동하고 대표하는 자치 질서' 속에서 꽃피운다는 원리인 것이다.

북한은 1992년에 만 17세 이상 유권자들이 투표에 참여하는 선거제를 도입하였다. 만 19세 이상이 되어야 유권자가 되는 대한민국에 비해, 북한 인민은 어린 나이에 투표할 수 있다. 자유로운 선거가 있는 국가라고 생각한 적이 없는 국가, 한 가문이 지배하고 있는 왕정 국가, 이런 국가의 헌법에서는 일반·평등·직접 원칙에 의거하여 비밀투표로 각 주권 기관의 대표들을 선출해야 한다고 규정해 놓았다. 그렇지만 현실에서는 복수 정당을 허용하지 않거나 '단일 후보'만을 놓고서, 찬성과 반대를 표시하면 그만인 선거를 진행시킨다. 이런 선거를 두고 '민주주의 꽃'이라 할 수 있는가? 북한은 자유롭게 선거를 하지만, 그 선거는 민주주의 꽃이 아니다. 선거를 하려면 여러 정당이나 많은 후보자들이 경쟁을 한다.

그런데 다당제이면서 일당제와 유사한 경우는 없는 것인가? '그놈이 그놈이네, 그 밥에 그 나물이네.' 정치인들이 정당을 새로 만들거나, 새로운 정치 세력이라고 선언하기는 하는데, 실제로는 '새로움'이 전혀 없는 경우를 두고 하는 말이다. 여러 정당이 있는 상황은 겉으로 보면 선거 경쟁이 자유롭게 이루어지고 있는 것처럼 보인다. 하지만 실제로 특정 지배 세력이 '그들만의 정치 리그'를 유지한다면, 혹은 소수 정치 세력만의 권력 카르텔이 깨지지 않는다면, 그러한 다당제 정치는 실제로 블록화된 일당제와 다를 바 없다. 외피만 민주주의로 치장하고 있을 뿐 실제로는 '다당제 권력 카르텔'이다.

선거 제도의 형식과 내용 때문에 선거 경쟁이 불공정하다면 다당제는 있으나 마나 한 경우가 될 수 있다. 북한은 수령관과 일당제를 앞세

당신은 민주 국가에 살고 있습니까

위 유일 지배 체제를 유지하였다. 그러나 다당제를 내세워 유일 지배 체제를 구축하는 경우도 많다. 선거 게임에서 불공정한 방식들을 이용하는 경우다. 1962년부터 1987년까지 유지되었던 대한민국 군부 독재 체제가 그러했다. 여러 정당이나 후보가 선거에서 경쟁하기는 했지만, 거의 모든 선거 게임은 공정하지 않았고, 그 결과는 박정희가 북한 김일성과 마찬가지로 일인 지배 체제를 유지하는 것으로 나타났다.

1987년 이후 현재까지, 대한민국에는 특정 세력만 지배하는 정치 체제가 사라졌고, 다당제를 기본으로 선거 게임을 활발하게 진행하고 있다. 보수 이념이든 진보 이념이든, 아니면 이념의 색깔이 엷은 중도 이념이든, 많은 정당이 선거에서 경쟁을 하고 있다. 이 지점에서 필요한 질문은 현재 선거 게임은 과연 공정한가에 대한 것이다. 승패를 결정해야 하는 게임에서 경쟁의 공정성은 곧 정의justice다. 모든 사람에게 기회를 균등하게 보장하는 게임, 투표 용지 속에 들어 있는 유권자들의 마음을 투명하게 반영하는 게임. 아무리 승자와 패자가 공정하게 가려진들, 유권자들의 권리가 제대로 실현되지 않는다면 그러한 선거 게임은 공정하지 않은 부정의injustice이다.

북한과 대한민국이 아무리 '민주주의 꽃인 선거'로 권력의 정당성을 확보한들, 정의롭지 않은 선거 게임의 굴레를 벗지 않고서는 실제로 민주적인 사회를 만들기가 쉽지 않다. 선거는 유권자에게 축제여야 한다. 먹거리만 있는 것이 아니라 볼거리와 쉴거리도 있고, 권리의 주인으로 누릴 수 있는 참여거리도 있어 누구나 참여해서 즐겁고 행복한 시간과 공간을 제공하는 선거가 되어야 한다. 참여하지 못한 것을 오히려 아쉬워하는 선거가 되어야 한다. 이것이 권리가 풍요롭고 정의가 넘치는 사회의 모습일 것이다.

통치 기구일 뿐인 의회

◇◆◇

우리는 투표로 뽑힌 대통령이나 국회의원의 입을 통해, '국민을 대표해서, 국민의 뜻에 따라, 국가와 국민을 위해' 등의 말을 자주 듣는다. 이럴 때마다 그들은 국민이 무슨 생각을 하고 있는지 정말 알고나 있을까? 아니면 말로만 그렇게 하고 실제로는 자신의 의지를 관철하기 위해 필요할 때만 국민을 수단으로 여기는 것은 아닐까? 물론 그들이 국민을 들먹일 때마다 '단 것만 삼키고, 쓴 것은 내뱉는 사실'을 몰라서 하는 말이 아니다.

대부분 국가권력은 입법-사법-행정으로 분리되어 있다고 알고 있다. 또 의회가 입법 기능뿐 아니라, 사법과 행정을 견제하면서 국민의 권리를 실현하는 것으로 알고 있다. 각종 선거에서 운동을 시작하여 후보자들이 유권자의 손을 잡고 표를 얻으려 할 때는 이들이 정말로 국민을 위해, 또는 국민을 대신하기 위해 '삶 현장'과 일치되어 함께 호흡하는 것처럼 보인다. 하지만 일단 당선하고 나면, 국민을 대표한다는 말이 무색하도록 온갖 힘과 권한을 앞세워 수많은 면책 특권을 누린다. 앞에서는 국민을 내세우면서도 뒤로 권력을 사유화한다면, 이런 국회의원들로 구성된 의회를 상대로 국민이 할 수 있는 일이 무엇일까? 다음 선거에서 심판하면 된다는 목소리가 대부분이다. 지배 세력인 의회를 상대로 저항하는 것조차 현실에서는 쉽게 허용되지 않기 때문이다.

지배 세력은 역사적으로 인민의 반항을 불법적인 것으로 치부해 왔다. 그 대신, 인민을 대표하는 의회의 저항에 대해서는 수용하곤 했다.

당신은 민주 국가에 살고 있습니까

의회의 역할을 정의할 때도, 권력을 직접 행사하기 어려운 사람들을 대신한다는 '선함'을 포함시켰다. 지역 시민을 대표하는 대표자들이 모여 시민을 대신해 권리를 행사했던 고대 도시국가의 평의회도, 왕권을 제약하고 의회의 권력을 강화시켰던 1689년 영국 「권리장전」도, 그리고 권력을 서로 나누어 견제한다는 권력 균형의 원리도 모두 의회를 권력 기관의 '선'의 상징으로 드높인다. 그래서 의회는 국민이 내야 할 세금을 승인하고 왕정 체제에 봉사하는 상비군을 유지하는 문제까지 결정하는 주체로 등장하였다. 법이 아니고서는 시민을 체포할 수 없게 만든 것도 의회였다. 이러한 힘을 토대로, 사람들은 의회를 신성한 권리 공간으로 인식한다.

이는 로크가 영국 명예혁명 이후에 의회 주권을 제기한 근거이기도 하다. 국가의 주권자가 의회임을 선포한 것이다. "의회는 국가권력의 최고 기관인 동시에 입법 기관이므로, 평상시에는 의회의 결정이 최고이고 합법적이라는 의미에서 의회가 법적 주권자이고, 한편 의회 내에서 문제가 해결되지 못할 때, 해산하여 국민의 의사를 묻는다는 전제하에, 국민이 정치적 주권자이다." 물론 로크는 군주제도 부정하지 않았다. 프랑스는 혁명 이후에 제헌헌법에서 절대군주제를 폐지하는 대신 입헌군주제를 인정하면서 국민 주권을 실현했고, 권력분립과 법치주의와 대의제도를 핵심으로 국민에게 자유권과 평등권을 보장하기로 하였다.

의회가 국민의 일반 의지에 따라 '선'한 역할을 담당하면, 또한 정부가 국민의 주권을 심부름하는 대행자로 기능한다면, 국민 주권의 대표성을 의회에 부여해도 무관하다. 하지만 의회가 국민 주권의 대표성을 실현하지 못할 경우가 문제이다. 의회에서 만드는 법들이 국민의 자유와 권리를 보장하지 못한 채 오직 국민을 통제하고 관리하는 데 집중하거나 국민의 삶을 고통스럽게 한다면, 또는 국민으로부터 세금을 걷어들이는 데만 관심을 갖는다면, 그런 의회는 국민 주권을 실현하는 기구가 아니다. 단지 국가가 국민을 효과적으로 통치하고 국민으로부터 보다 많은 세금만을 거두어 들이게 하는 국가 기구로 존재하는 것이다. 그래서 프랑스의 대표적 마르크스주의 철학자 중 한 사람인 알튀세르Louis Althusser, 1918~1990는 의회를 억압적 국가 기구로 분류하였다. 의회가 주권자인 국민을 위하는 것이 아니라 오히려 국가를 앞세워 국민을 통제하는 역할만 담당한다는 것이다.

사회계약론의 대표적 사상가들인 홉스, 로크, 루소도 공히 인정하는 부분이 있다. "집단의 모든 구성원은 계약을 통해 그들의 전체 권력과 힘, 자신의 판단과 의사를 주권자에게 위임한다. 주권자는 계약을 맺은 모두를 위해 말하고, 무엇이 모든 사람을 위하여 최선인가를 결정하고 또 모든 사람을 지배하는 명령권을 갖는다. 계약이 체결되고 난 이후, 개개인은 그들의 판단과 의사를 주권자의 판단과 의사에 위임해야 한다. 동시에 모든 사람은 그들이 가진 강력한 공격권과 자치권을 포기함으로써, 하나의 정치 사회나 국가를 형성해야만 한다."

그렇지만 국민은 잠시 주권을 위임한 것이지, 그것의 소유권까지 이양한 것은 아니다. 주권을 위임한다 하더라도, 주권의 소유자는 국민이라는 것이 이들의 의견이었다. 16세기에는 주권을 국가를 대표하는 한 사람의 인격 속에 구현된 '살아 있는 법'으로 생각하는 경향이 지배적이었다. 군주나 왕, 황제야말로 주권의 가장 필연적인 대행자라고 생각하였다. 인간이 존재하는 한, 어느 시대든 인간의 무리 속에는 언제나 명령하는 소수와 복종하는 다수가 존재했다.

당신은 민주 국가에 살고 있습니까

그래서 반군주론자가 된 알투시우스Altussius, 1557~1638는 스페인에 대한 네덜란드의 저항을 직접 경험하고 난 이후, 인민들이 항상 명령하는 소수인 왕이나 귀족을 폐위하거나 처형할 권한까지 보유해야 한다고 강조하였다. 물론 그 권한이 실행될 근거도 제시되었다. 국민이 동의하지 않는 폭군 정치가 그것이었다. 결국 국가의 최고 권력자는 인민이어야 하는 것이다. 알투시우스의 인민 주권론을 지금 시점으로 소급해서 적용한다면, 지금의 정치에는 폐위되고 처형되어야 할 지배자들이 숱하게 많다. 이처럼 알투시우스의 인민 주권론은 상당히 급진적이다. 그렇지만 인민을 대표하는 공적 기구들이 과도한 왕권을 견제하지 못하거나 폭군 정치에 편승해 버린 경우, 인민 스스로 권력의 주체로 나서는 것은 분명 민주적인 일이다. 인민의 주권을 잠시 위임받는 대표자들이 주권자 노릇을 하되, 인민에게 평등하고 안락한 삶을 보장하지 못할 경우 언제든 주권자의 지위를 내려놓아야만 한다는 것은 인민들의 대표성을 증명하는 일이다.

3°   서로 다른 삶의
민족적 동질성

민족국가는 없다

1945년 8월 남북으로 분단하기 이전까지, 한민족은 한반도에서 함께 살았다. 조선 왕조 체제나 일제 강점기에 살았던 인민들이 스스로가 같은 민족임을 알았는지 모르지만, 그들은 삶 공동체 안에서 자신의 '생존'을 위해 서로 싸우고 경쟁했다. 식량 문제 때문에 자연이나 사람과 싸우기도 했고, 권력이나 지배 세력에게 피와 땀을 착취당하기도 했다. 역사 속에서 수많은 국가들이 생겨났다가 멸망했던 것만으로도 같은 민족으로 여기기가 쉽지 않다. 단지 한반도란 지역만이 그 자리에 있을 뿐이었다.

그러나 인민 주권의 관점에서 보면, 왕조 시대의 인민은 국가를 만든 계약 주체가 아니라 군주의 나라에서 군주가 요구하고 보호하는 삶을 강요받았다. 개인이 권리를 가지고 '주인 노릇'을 하지 않는 이상, 인민은 자신들과 다른 지배 세력의 도구로 살아가기 쉽다. 조선의 인민이 그러했다. 그런데 인민은 조선 왕조 시대나 일제 강점기에 국가와 사회계약을 맺지 않았는데도, 국가의 주권을 되찾기 위한 민족독립운동의 주체로 나섰다. 흥미로운 일이 아닐 수 없다. 인민의 이러한 의식과 행동까지 당시 지배 세력의 도구에 불과했다고 판단한다면, 인민의 주체적 주권 의식을 무시하는 반민족적 의식의 소산이라고 비판받을지도 모르겠다. 그렇지만, 여기에는 놓쳐서는 안 되는 사실이 있다. 역사상 인민이 주권자가 아니었다는 점이다. 주권을 가져본 적이 없었던 인민이 갑자기 잃어버린 주권을 되찾기 위한 투쟁에 나선 것도 어불성설이 아닌가? 주권자인 절대군주를 위해서는 없었던 주권이라도 있었던 것처럼 하란 말인가?

15세기 말에서 16세기 초에 이르면 세계 최초로 민족국가가 출현하였다. 이 시기에 두 가지 현상이 나타났다. 하나는 중세 봉건 사회의 경제적 발전이 정체되고 십자군 전쟁으로 교회의 재정이 고갈되는 상태에 이르러서, 군주가 교황이나 황제로부터 권력의 자율성을 확보한 것이다. 다른 하나는 화폐 중심의 도시가 발생하기 시작하면서 봉건 영주들의 경제적 토대가 약화되었고, 그 결과 군주가 민족국가 수준에서 권력의 통일성을 강화하게 된 것이다.

영국과 스페인도 그전까지는 봉건 사회 체제를 유지하고 있었고, 이런 조건에서 왕정국가가 자연스럽게 출현했다. 1499년 세워진 영국 튜더Tudor 왕국, 스페인 카스티야Castile 왕국이 그러한 시대의 특성을 반영하고 있다. 이 두 국가는 권위주의적인 관료제와 상비군으로 중앙집중적 통치의 힘을 확보하고, 그것을 바탕으로 식민지 지배에 앞장서기 시작했다. 독립된 군사력으로 다른 세력의 침략을 막으면서 안녕하고 평화로운 민족국가를 수립했고, 국가 외부에 식민지를 획득하여 식민지 지배의 힘으로 상업을 발전시켰다. 이 과정에서 다른 민족국가들과 전쟁을 하면서 해외 시장을 확보하는 데 집중하였다. 아프리카와 중남미 식민지 국가는 대부분 이 시기부터 만들어졌다.

물론 서구와 동양의 산업은 유사하면서도 다르게 발전하였다. 봉건영주와 토지가 봉건제 사회의 디딤돌이었고, 그것을 무너뜨리는 힘이 상업과 수공업의 발달, 화폐경제에서 나왔다는 점만큼은 매우 유사하다. 또한 그 과정에서 봉건영주나 귀족의 힘, 토지 제도를 무너뜨리기 위해 농노와 농민들이 집단적으로 저항한 것도 똑같은 현상이다. 그러나 다른 점이 있다. 서구에서는 산업구조의 변화를 위해 민족국가가 출현하여 민족국가 사이에 경쟁이 벌어졌지만, 동양에서는 절대왕정 국가가 그런 상황을 결코 허락하지 않았다.

일본 제국주의 세력이 조선을 침탈하려 했던 1900년대 초반, 노동력의 주요 기반이었던 노예제는 사실상 무너진 상태였고, 왕정국가는 산업구조의 변화를 추구할 힘을 가지고 있지 못했다. 조선 왕정국가는 약 35퍼센트에 달하는 노비들의 노동력으로 유지되어 왔지만, 1801년 관노비 일부의 신분 기록을 소각한 이후 1800년대 내내 노비의 비율이 줄어든다. 1894년 갑오개혁으로 노예제 폐지가 선포되지만, 1800년대 후반 조선의 노비는 여전히 전체 인구의 10퍼센트 내외였다. 일제 강점기에서도 사노비가 있었다는 사실에 비추어 보면, 조선의 노비 제도는 실질적으로 1945년 해방과 맞물려 있다고 보아야 한다. 아무튼 1945년 이전, 노예들은 땅을 일구어 살아가거나 토지를 이용하는 대신

당신은 민주 국가에 살고 있습니까

에 공납의 의무를 가진 평민으로 살았다. 왕족이나 귀족들의 입장에서 보면 토지가 있어도 자신들을 위해 일할 사람들이 계속해서 없어지는 상황이었기 때문에, 그들도 먹고사는 방식을 사회적으로 바꾸지 않을 수 없었다.

봉건제 사회의 노동력이 사라진 자리에 상업이나 수공업이 대신 발전했다면, 조선 왕정국가의 산업 구조는 서구와 비슷하게 변화했을 것이다. 그러나 현실은 그렇지 못했다. 국내의 무역과 상업은 오히려 임진왜란이나 병자호란, 청일전쟁을 겪으면서 발전하였고, 그때마다 왕정국가의 지배 세력들은 '삶'의 위기 상황으로 내몰렸다. 토지의 힘이 약화된 상태에서 왕정국가를 유지할 권력도, '삶 조건'에 필요한 힘도 갖추지 못한 지배자들은 결국 '삶'의 대안을 외부에서 찾았다. 일본 제국주의의 자본과 권력이 그것이었다. 이 관점이 논란 거리이자 보다 깊게 규명할 주제라는 것을 안다. 하지만, 일본 제국주의 세력과 조선 왕조국가 지배 세력이 서로 타협해서 식민지 지배 체제를 유인한 측면도 역사적으로 외면하기 어려운 사실이다.

사람들이 고려하지 않는 또 다른 주제 중 하나는 종교 권력이다. 종교가 '아편'이라며 극단적으로 보지 않는 이상, 특별히 나쁘게 생각하는 사람들은 거의 없을 것이다. 극히 일부분만 제외하고는 종교를 가지고 있는 것이 현실이다. 사람들은 보통 종교를 평화와 희망을 주는 메신저로 생각한다. 현실 '삶'에서든 죽고 난 이후의 '세계'에서든, 종교는 자신과 주변 사람들에게 '바람과 나눔'을 실현할 수 있는 가교이다. 어쩌다 종교의 이름으로 나쁜 일이 저질러지더라도, 그동안 사람들에게 나누었던 사랑과 헌신의 힘이 그것을 덮고 만다. 권력체로 있으면서 부정부패를 일삼거나 사회의 많은 문제들을 은폐하더라도, 종교는 인민에게 '선'한 것으로 인식된다.

그렇지만 종교도 인민의 삶을 지배하고 약탈했다. 중세시대 유럽에서는 경작이 가능한 토지 중에서 약 30퍼센트 정도를 종교가 소유했고, 그 힘으로 군주 권력에 대항하였다. 그 싸움은 4세기에서 9세기까지 지속되었다. 군주 권력과 종교 권력은 약 600년 동안 서로 토지 소유권에 대한 싸움을 하면서도, 인민을 지배하는 데서만큼은 서로 힘을 합하였다. 중세시대 인민은 종교 권력과 군주 권력의 지배를 동시에 받았다. 이러한 '권력의 양날이 인민을 지배한 서구 중세시대의 보편적 특성'이다. 종교 권력은 '신의, 신에 의한, 신을 위한 유토피아'를 내세웠고, 군주 권력은 토지와 세금으로 그러한 유토피아에 대항하였다.

그래서 12세기 초부터 소위 '양검론'의 시대가 본격화되었다. 이때 '칼의 양날'은 군주 권력과 종교 권력이었다. 두 권력은 필요에 따라 대립하기도 하고, 서로 화해하기도 했다. 인민의 저항에 맞닥뜨릴 때는 검의 양날이 함께 춤을 추었다. 인민에게 교회는 정신적인 칼the spiritual sword이었고, 왕궁은 피의 칼the sword of blood이었다. 그 시대는 어떤 칼이든 인민의 피를 요구했다. 중세의 대표적인 철학자이자 신학자인 아퀴나스Thomas Aquinas, 1225~1274도 심지어 이 시대의 인민을 토지보다 못한 억압의 대상이자, 토지를 위해 노동력을 공급하는 저장소로 간주했을 정도였다. 종교 권력은 '신'의 신성함과 순수함을 내세우면서도 노예제를 인간이 저지른 죄의 대가에 불과한 것으로 합리화했고, 평화로운 사회 질서를 위해 인민을 억압적으로 지도해야 한다고 믿었던 것도 같은 맥락에 있다. 교회는 신을 앞세워 자신의 이익을 보전하기 위해 보이지 않는 '손'으로 존재하지만, 뒤에서 군주의 역할을 감독하면서 잘 이끌어 가는 것이 인민에 대한 '지배의 칼'을 더 날카롭게 할 수 있었다.

그런데 조선 왕조는 서구 중세 사회의 주요 특성인 '양검론' 시대를 거칠 필요가 없었다. 조선 왕조는 군주 권력 이외에 다른 권력을 허락하지 않았다. 역사적으로 특정 종교가 왕조 국가에게 대립할 정도로 권력을 가진 적이 없었다. 양반 세력 사이에, 혹은 특정 가문을 중심으로 한 권력투쟁은 있었다. 파벌 정치 혹은 붕당 정치 그리고 세도 정치가 바로 그것이다.

조선의 이런 정치 현상을 좋게 바라보는 사람은 그리 많지 않을 것이다. 오늘날 정치에 대해 무관심한 이유가 뭐냐고 물으면, 대부분 계파 싸움이나 지역주의 정치에 신물이 난다고 답한다. 그 대답을 접하는 순간, 몸과 마음이 무거워진다. '계파나 지역주의에서 정말 자유로운 정치가 역사에서 존재했던가'라는 고민 때문이다. 본래 권력을 위해 서로 싸우는 것이 정파 세력의 속성이다. 그런데 사람들이 이것을 좋지 않은 것으로만 바라본다면, 이 부정적인 시선을 유도하는 다른 힘이 존재하는 것이 아닐까? 정치권력은 '통합이라는 아우름 속에서 잘 드러나지 않는 이익의 칼들이 벌이는 전쟁'이라고 해도 과언이 아니다. 하지만 늘 통합과 화합만을 추구하는 정치가 정작 인민에게 득이 되지 않고 보이지 않는 누군가에게 득이 된다면, 여기에는 분명 속임수가 있는 것이다. '정파 간의 경쟁과 투쟁'을 정치 본연의 모습으로 그리지 않고 오히려 정치적이지 않은 것으로 극대화하여, 인민 스스로 정치에 대해 신물이 나도록 유도하는 속임수 말이다.

드라마나 영화로 재현되는 조선 왕조의 왕들은 자신에게 저항하는 어떤 세력이든 절대 권력의 힘으로 제압하였다. 양반 세력은 그 힘을 지원하는 또 다른 군주였다. 절대군주라 한들 한반도 구석구석에 자신의 힘을 실제로 발휘하기가 쉽지 않기 때문에, 반상 제도의 권력과 관료 권력이 '하나'가 되어 특정 지역에서 군주와 같은 힘을 발휘했을 것이다. 결국 양반이란 지역을 지배하는 또 다른 군주였다. 조선 왕조에서는 군주와 사대부 양반이라는 관료 권력만 존재했고, 따라서 이 두 권력체는 '그들만의 권력 융합 체제'를 만들어 저항하는 인민을 함께 탄압하였다.

그런데 이러한 권력 융합 체제는 일제 강점기를 맞이하면서 무너졌다. 신분 사회의 두 축인 반상 제도나 양천 제도가 사라졌고, 절대왕정이 무너졌다. 왕족이나 양반, 상놈, 노비로 구분되는 신분제 사회 체제에서, '너'도 사람이고, '나'도 사람인 평등 사회로 변하였다. 서구에서는 시민혁명으로 이루어진 반면, 조선에서는 식민지 권력이 그런 사회를 만들었다. 일제 식민지 체제가 조선의 주권을 가져갔지만, 인민에게는 또 다른 주권을 보장하였다. 누구든 신분에 구속되지 않은 채 보편적으로 권리를 누릴 수 있다는 식민지 사회 체제가 선포된 것이다.

18세기부터 조선 왕조는 무너지기 시작했다. 그러나 600년 동안 쌓아 왔던 조선의 '차별 구조'가 순식간에 사라질 수 없었고, '차별'은 끊임없이 다른 방식으로 새롭게 만들어졌다. 그런데 일제 식민지 지배 체제는 한반도 사람들을 오히려 '하나'로 묶어냈다. 그 통일성이 민족이었든 계급이었든, 착취와 탄압을 내세워 한반도 자유를 가져간 일제 식민지 지배 체제 아래서 한반도 인민들은 조선 왕조가 형성해 왔던 봉건적인 삶의 조건을 동질적인 민족 공동체로 변화시켰다. 일제 식민지 지배 체제의 인민은 '자유와 민족'의 두 개념을 하나로 통합시켰다. "자유주의의 성숙이 없이는 민족주의의 확립이 불가능한 것이며, 또한 민족주의의 확립이 없이는 자유주의의 성립도 불가능한 것이다."

일제 강점기의 민족주의를 말할 때마다, 지식인들이 주도한 독립신

문 발간, 애국계몽운동, 국채보상운동과 같은 독립운동이 강조된다. 따라서 자연스럽게 지식인과 민족주의가 한 몸처럼 연상된다. 지식인이 인민을 동원하기 위해 의도적으로 만든 공동체적 담론은 아닐까? 식민지 지배 체제에 편입해 있는 조선의 지배 세력들은 민족공동체와 상관없이 살아가고 있었는데. 어떤 시대든, 비판적 지식인은 지배 세력에 대한 인민의 믿음과 충성심을 뒤흔들고, 변화의 사상으로 기존 질서에 대한 불신에 불을 지피려 한다. 그러나 변화를 위한 신념의 광장에 서는 사람들은 인민이었다. 일제 식민지 지배 체제가 인민의 주권과 권리의 평등함을 착취와 억압으로 둔갑시키자, 인민은 민족공동체로 '하나'가 되어 저항하였다. 그들의 통합을 어떤 사람은 민족이라고 하고, 또 어떤 사람은 계급이라고 했다. 그러나 명칭과 상관없이 그들은 일제 식민지 국가를 거부했고 자신의 공동체를 실현할 새로운 국가를 원했다. 인민에게 오래전부터 존재해 왔던 '민족국가'는 없었다. 그들은 '자유와 해방'을 가치로 삼아, 새로운 사회계약으로 세워질 새로운 국가를 원했을 뿐이다.

민족 개념은 어떻게 만들어졌는가?

◇◆◇

국가는 하나인데, 그 안에 여러 인종이나 민족이 살기도 한다. 혹은 하나의 인종이나 민족이 여러 국가에 속해서 살기도 한다. 다인종 국가나 분단국가인 경우이다. 대표적인 사례로 중남미 대륙에는 수많은 종족과 서너 개 인종이 어울려 살고 있다. 아프리카 대륙에서도 많은 종족과 인종이 하나의 국가를 이루어 살고 있다. 남아프리카공화국의 경우 줄루 족이나 코사 족을 포함하여 총 아홉 개 부족과 네 개 인종(흑인, 유색인, 아시아인, 백인)이 섞여 살아간다.

물론 한 종족이 서로 다른 국가로 분리되어 살기도 하고, 민족국가가 생성되기 이전에도 다양한 민족이 특정한 공동체로 존재하면서 살아간다. 가장 먼저 떠오르는 '민족'의 정의는 구성원들이 동일하게 공유하는 무언가이다. 말, 언어, 생활문화, 전통 등이 해당할 것이다. 그래서 민족이란 공동의 운명에 의해 일정한 특색을 갖춘 공동체로 한데 묶인 인간들의 총체라 할 수 있다. '삶 조건'이 비슷한 시공간에서 서로 만나, '삶'을 위해 협력하거나 경쟁하면서 '하나'이어야만 살 수 있는 '계약 공동체'를 만들고, 그 계약을 근거로 서로 관계를 유지하는 오래된 공동체인 것이다. 민족의 역사는 서로 '하나된' 정체성을 확인하고 신뢰하는 과정이자, 분명히 서로 다른 의식과 영혼에 동질성을 형성하는 과정이었다. 그래서 대부분 민족주의를 민족 구성원으로서의 자긍심이나 감정의 차원으로까지 발전한 정체성이라고 이해한다. 그 속에는 풍요로운 추억을 가진 유산을 공동으로 소유한 것에 대한 현재의 묵시적인 동의, 함께 살려는 욕구, 각자가 받은 유산을 계속해서 발전

당신은 민주 국가에 살고 있습니까

시키고자 하는 의지도 들어 있기 때문이다.

　그런데 따지고 보면 언어와 말도 공동 유산이고, 생활문화는 그야말로 선조들의 '삶 흔적'들이다. 카[E.H. Carr, 1892~1982]†는 『역사란 무엇인가』에서 세대 간에 삶 기술을 전승하는 것이 역사이자 발전이기 때문에, 문명은 발명을 통해 구축되는 것이 아니라 아주 느린 발달을 토대로 특수한 과거의 시공간에서 순식간에 비약을 한 것에 불과하다고 하였다. 누군가가 강요하지 않아도, 공동체 구성원 모두에게 작용하는 '의식의 전통'이 살아 움직인다는 것이다. 야만과 문명은 이분법적으로 구분되지 않는다. 야만 속에서 문명의 싹이 트고, 문명은 야만의 전통을 이어가면서 공동체의

---

†E. H. 카는 역사를 진보하는 과학으로 명명한 대표적 학자이다. "역사는 과거와 현재의 대화, 즉 과거의 사건과 점진적으로 나타나는 미래의 목적이 서로 대화하는 것이다." 많은 사람들이 알고 있는 유명한 경구이다. 그런데 카는 역사의 진보 속에 내포되어 있는 또 다른 퇴보도 놓치지 않고 있다. "역사적 진보는 어떤 집단에게는 몰락의 시기이기도 하고, 다른 집단에게는 새로운 진전의 시작이기도 하다." 역사에 있어서 객관성은 사실의 객관성이 아니라, 오직 관계의 객관성이다. 역사는 전체적으로 인간의 일들을 기록하지만, 인간이 하지 못한 일을 기록하지 않는다는 점을 전제로 보면 역사는 불가피하게 '성공한 이야기'일 수밖에 없다. 역사가는 승리한 세력을 앞에 내세워 패배하고 굴복한 세력을 뒤로 밀어냄으로써, 승리한 세력이 추구하는 질서의 정당성을 부여한다. 그러나 역사가는 간신히 이룬 승리를 독주한 것처럼 보이게 해서도 안 되고, 아쉬운 패배를 승리의 제물로 간주해서도 안 된다. 역사는 '사회 조직의 특정한 세력이나, 그러한 세력들이 추구하는 사회 형태의 가치를 배타적으로 숭배하게 하는 것'을 경계해야 한다. E. H. 카, 『역사란 무엇인가』의 내용을 재구성하였음.

평화를 유지한다. 야만적 문명과 평화적 야만이 서로 얽혀 있는 것이다. 문명이 도래했어도 문명과 단절한 채 살아가는 사람들이 많다. 그들은 삶의 전통을 이어가면서 그 덕택으로 살아간다. 주로 정글에서 살아가는 원시적 공동체들이다. 이를 바라보는 문명의 눈은 어떠한가? 호기심으로 가득한 눈빛과 미개하다며 무시하는 눈빛이 교차하고, 문명 사회에서 만든 삶의 잣대와 기준으로 그 사회를 재단하기 시작한다. 그 공동체의 삶 조건을 자신의 잣대로 휘갈긴다. 호기심 천국으로 변하기도 하고, 전통 보존의 왕국으로 칭송하기도 한다. 원시적인 공동체가 그 순간 야만의 공간으로 다가오기도 한다. 다큐멘터리 프로그램에 노출되는 시간 내내, 자연 상태와 야만성은 일치한다. 정글에서는 '살아남기'만이 관계를 지배한다. 다큐멘터리는 이들이 야만스러운 공간에서 벗어나기만을 바라는 시간이 되고, 시청자들은 호기심만으로 그 공간과 시간을 접한다. 사람들은 야만적 문명 속에 존재하는 그들의 권리를 보려 하지 않는다.

따라서 세대와 세대에 걸쳐서 계승된 것들을 주목할 필요가 있다. 계승이란 앞선 세대의 경험과 지식을 축적하여 자신에게 잠재되어 있는 능력을 현실의 힘으로 발현하는 과정이다. 사람들은 민족의 공통 유산으로 생활문화를 자주 거론하지만, 어떤 경우에는 실제로 생활 속에 무의식적으로 젖어 있는 '종교' 같은 요소들이 아주 많다. '삶'의 일상으로 스며든 '종교' 수준의 신념과 가치들이 바로 그것이다.

그렇다면 과거에서 온 그 특정한 시간과 공간을 들여다보자! 일단 대한민국 사람들은 떼어내고 싶어도 쉽게 떼어내지 못하는 가문의 시간들을 가지고 있다. 수백 년의 시간이 머물러 있는 고향 '선산'에는 선조들 묘가 가득하다. 후손들은 이를 어떤 마음으로 바라볼까? 다양하

당신은 민주 국가에 살고 있습니까

기 그지없을 것이다. 종교로 바라보는 마음, 조상으로 바라보는 마음, 자연으로 바라보는 마음. 그래서 그런지, 묘는 아직까지도 가족 혹은 가문에게 삶의 굳건한 공동 유산으로 남아 있다. 선조들은 묘를 매개로 후손들에게 말한다. 일상이 서로 다를지라도, 일상에서 주고받는 것이 없어도, 우리는 한 가문이니까 언제든 '뿌리가 같음'을 잊지 말아라.

민족 공동체도 똑같다. '삶 조건'이 유사하면서도 서로 다른데, 우리는 늘 '하나임'을 '민족'으로 확인하는 공동체 속에 산다. 정체성에 대한 의식을 결정하는 '운명의 신'처럼 존재하는 것이 민족이기도 하다. 피히테Johann Gottlieb Fichte, 1762~1814는 민족을 유기체적 관점으로 보았다. "개인도 유기적 통일체 속에서 존재 가치를 고유하게 가지고 있으면서, 동시에 자유를 자각하고 있는 이성의 초개인적 공동체가 민족이다. 민족은 신처럼 영원함을 담지하고 있다. 민족 공동체가 국가의 기초이다." 어떤 민족 공동체든, 자신에 대해서만큼은 단일 민족임을 의심하지 않는 이유는 이 때문일 것이다. 언제부터 같은 '민족'이었을까라는 고민조차 없이 당연한 것으로 받아들인다. 서로의 동질성을 일상에서 강력하게 확인할 수 있어서인지, 아니면 '같은 뿌리'에 대한 자부심 때문인지, 사람들은 진짜 '뿌리가 같을지'를 의심하지 않는다.

사람들은 전쟁이나 재해 같은 삶의 고난을 극복하는 과정에서 하나로 뭉쳐 살다가 둘이 되기도 하고, 여럿으로 나뉘어 살다가 하나가 되기도 한다. 어떤 공동체든 '삶 조건'을 위협하는 힘 앞에서는 공동체 성원들이 '하나'가 되어 저항하거나 순응해야 하는 상황을 맞이한다. 함께하는 것이 혼자일 때보다 득이 된다는 판단을 전제로 그 힘에 대응한다. 민족, 종족 혹은 종교도 이와 같은 공동체의 일환으로 볼 수 있다. 공동체는 사람들의 의식과 행동을 하나로 통일시켜 위기 상황을 극복한다. 그렇다면 여기서 구심체 역할을 누가 담당하는가? 사회계약으로 보면, 계약의 결과로 탄생한 누군가가 그 담당자이다.

그런데 공동체 '삶 조건'이 매우 안전하고 행복하다면, 공동체 성원들은 공동체에 소속된 것을 어찌 생각할까? 소속감의 필요성을 느끼지 않는 상황이라면, 누군가가 강요하고 부추긴들 '삶 의식'보다 '삶 조건'을 우선하지 않을까? 1990년을 전후로, 소비에트연방공화국을 비롯한 동구 지역의 많은 국가들은 민족을 중심으로 분리되었다. 공산주의여서, 공산당이 독재하고 관료들이 부패해서, 그런 국가들이 망했다고들 한다. 어찌 보면 그럴 듯하지만, 맞으면서도 틀린 생각이다. 그런 국가의 흥망성쇠를 정당이나 관료들이 결정한다고 생각하면 맞는 말이다. 하지만 인민들이 국가를 선택하고 결정한다는 주권의 측면에서 보면, 틀린 말이다.

인민에게는 늘 새로운 공동체가 필요했다. 삶의 조건이 변화하면, 그에 조응하는 공동체를 만드는 것이 인민의 지혜였다. 1917년 러시아혁명 이후, 여러 민족이 한 국가로 뭉쳐 살았지만 이제는 한 민족이 한 국가를 만들어 살고 있다. 그전까지는 '민족'이나 '자치주'에 연연하지 않고 있다가 1980년대 중반부터 소비에트연방공화국의 '삶 조건'이 후퇴하기 시작하자, 정치권력은 개혁 개방 정책을 모색하였고 사람들은 민족을 중심으로 사회계약을 다시 맺으려 하였다. 넓은 영토에서 살다 보니 '삶 조건'이 같을 수 없다는 이유로도 사람들은 자신에게 보다 유리한 '삶 조건'을 제공할 민족국가들을 새롭게 요구하였다. 이렇게 민족을 중심으로 국가 공동체가 생겼다.

거의 모든 민족이나 국가는 신화를 가지고 있다. 아주 특별한 능력을 가진 '신'과 같은 인물이 시조로 등장한다. 그 사람은 인민에게 안전하고 행복한 '삶 조건'을 제공하는 능력자로, 특정 지역에서 권능을 발휘하는 왕조의 건립자로 설정된다. 이것이 르낭Joseph Ernest Renan이 민족의 기원을 왕조에서 찾는 근거일 것이다. "역사 속에서 정복당한 왕조로 존재하지만, 근대적인 민족은 대부분 봉건적인 기원을 가지고 있는 한 가문이 만들었다. 그 가문은 토지와 더불어 혼인 관계를 맺었으며, 그것을 토대로 권력을 집중하여 왕조를 일구었다. 그리고 그 가문에게 큰 도움을 준 자에게, 왕이 특권을 수여하여 귀족을 만들었다." 왕조나 귀족은 인민을 '왕조국가 권력 공동체'의 한 사람으로 참여시키면서, 서로 '하나임'을 내세웠다. 여기에는 '민족'이라는 개념이 주요 수단이었다.

신화와 역사는 민족 공동체를 국가권력과 결부시켜 실제로 존재했던 것처럼 이야기한다. 그러나 실상은 다르다. 인민은 서로 계약해서 국가를 만들었고 또 자신들의 '삶 공동체'를 유지하며 살았을 뿐인데, 어느 순간부터 '삶 공동체'의 지배자가 나타나기 시작했다. 그 지배자가 권력자로 나섰든 절대자로 나섰든, 그는 '삶 공동체' 인민의 '삶 조건'을 좌지우지하면서, 인민을 '삶 공동체'의 주인으로 대하기보다 '민족'의 구성원으로 대하였다. 어느 순간부터 개인의 '삶 조건'을 통일시켜 유지하는 '삶 공동체'가, 개인보다 전체만을 내세우고 '삶'의 물질적 상호관계보다 문화와 의식의 동질성만을 강조하는 '민족 공동체'로 변하였다.

한반도에는 민족이 살면서도 서로 분리된 채 존재하는 두 국가가 있다. 하나였던 국가가 두 개로 분리되어, 하나의 민족이 따로 떨어져 살게 된 지 벌써 반세기가 넘었다. 이렇게 살다 보니, 사람들은 경험하지 않아도 될 일들을 많이 경험했다. 1945년 8월 15일 이후, 이남으로 내려온 사람들의 재산이 아직도 이북에 있는 경우, 가족이 서로 떨어져 살고 있어서 죽을 때까지 얼굴 한 번 보지 못하는 경우, 고향에 가지 못해 성묘도 못하는 경우. 남북한이 통일국가를 만들거나 모든 사람들이 자유롭게 남북을 왕래하면 그들의 소원을 풀어줄 수 있다. 한반도 통일 깃발을 앞세우고, 남북 선수가 함께 아시안게임에 출전한 것도 한반도 인민들의 바람을 고스란히 담고 있다.

  그런데 남북한이 우호 관계를 추진한다는 소식을 접하거나, 군사훈련이나 전쟁 같은 적대 관계에 직면할 때마다 이런 질문을 던지지 않을 수 없다. 민족이란 어떤 공동체일까? 과연 민족은 꼭 함께 살아야 행복할 수 있는가? 이 의문은 아직도 풀지 못했다. 한반도 통일국가에서 살아보지 않은 이상 어떤 사람도 쉽게 해답을 찾지 못한다. 이처럼 대답하기 어려운 것은 '민족'이라는 개념이 어려워서 그럴 것이다. 민족이 실제로 있는 것인지 아니면 허구인지, 혹은 특정 세력에게만 필요한 이름인지, 사람들은 고민해 볼 생각조차 하지 않는다.

당신은 민주 국가에 살고 있습니까

한반도 통일임시정부의 꿈

◇◆◇

1945년 12월 16일부터 25일까지, 제2차 세계대전 이후 문제를 처리하기 위해 미국과 영국과 소련의 외무부 책임자들이 모스크바에 모여 회의하였다. 소위 모스크바 '3상회의'이다. 한반도 문제도 이 회의에서 논의되었다. 미국과 소련은 이미 한반도 남쪽과 북쪽을 점령한 상태였기에 서로 자신에게 유리한 주장만을 하였는데, 이때 영국이 나서서 합의를 이끌었다. 주요 합의 내용은 국제 사회가 일본 제국주의의 잔재를 청산하고, 한반도에서 독립된 국가의 수립을 지원하는 것이었다. 그런데 "미소공동위원회가 한반도에 통일임시정부의 수립을 추진하고, 향후 5년 동안 신탁통치를 한다."는 내용은 오히려 통일의 걸림돌로 작용하였다.

신탁통치는 한반도에서 독립국가가 완전하게 수립되기 이전까지 국제 사회가 남북을 통치하는 것이었다. 주권자인 남북한 인민뿐 아니라, 남북한 정치 세력도 합의 과정에 주체적으로 참여하지 못하였다. 이것이 제2차 세계대전을 승리로 이끈 국가들이 발휘하는 힘이었고, 해방 이후 국가를 새롭게 만들어야 하는 한반도 인민의 '설움'이었다. 일제로부터 해방되었다는 의미는 결국 전쟁에서 패한 일본이 한반도 식민지 국가를 포기하는 것이었고, 그로 인해 한반도에는 어떤 국가도 없는 상태가 되었다. 한반도 인민과 정치 세력은 점령군과 함께 새로운 국가를 만들어야 하는 상황이었다. 한반도에 민족이 사라진 것은 아니었지만, 조선이라는 국가는 이미 식민지 통치와 함께 소멸했기 때문이다.

회의가 열릴 당시 남한에 미군정이, 북한에 소군정이 이미 수립되어 있는 상황이었다. 게다가 양 군정 모두 인민과 국가의 주권을 허용하지 않았다. 따라서 '신탁통치 반대' 세력은 다음과 같은 의도를 가지고 있었을 것이다. 하나는 신탁통치를 미소공동위원회나 미국, 영국, 소련, 프랑스 중심의 연합국가가 주도할 경우 '자유민주주의' 정치 세력이 미군정과 함께 독자 정부를 수립하기가 쉽지 않을 것이라는 판단이었다. 다른 하나는 '통일임시정부 수립'이 자신에게 득이 되지 않는다고 판단하여, 한반도 통일을 지연할 필요가 있었을 것이다. 물론 또 다른 방향에서 신탁통치를 반대했던 세력도 있었다. 이들은 정치 활동의 전략으로 좌우합작운동과 신민주주의를 앞세웠다. "민족해방을 지지하는 일부 유산계급까지 포함하는 좌우 합작으로 통일임시정부를 수립하고, 미국과 소련을 철수시키는 것이 당면한 과제였다." 고준석이 1987년에 증언한 혁명가의 수기를 보면, 백남운은 "우리 민족은 비프스테이크나 소련의 보드카를 필요로 하지 않는다. 우리 민족의 민주주의는 우리가 더 잘 알고 있다."고 하면서 신탁통치에 반대하였다.

남한이든 북한이든, 인민은 해방 이후 '인민민주주의' 정치 세력에게 힘을 받쳐주고 있는 상황이었다. 정부를 수립해야 하는 정치 세력은 이러한 인민의 힘을 토대로 받아들일지 아니면 약화시켜야 할지, 선택의 기로에 섰다. 남북한 '인민민주주의' 정치 세력은 '통일임시정부 수립과 신탁통치'에 찬성하였다. 이들의 결론은 남한 인민의 정서에 너무 무감각했다는 비판도 받았다. 하지만 이들은 독립된 주권을 포기하기 위해 신탁통치를 원한 것이 아니었다. 신탁통치가 훗날 통일임시정부를 수립하여 한반도 통일국가를 만드는 데 유리하다고 판단했기 때문이다. 이런 시각으로 보면, 신탁통치에 찬성한 '인민민주주의' 정치 세력은 한반도의 통일을 절실하게 원하였고, 그것을 실현하기 위한 정치 활동을 전개했다. 한반도 분단을 어떤 세력이 주도했는가를 새롭게 바라보아야 할 지점이 아니겠는가.

그런데 김일성 세력은 인민과 함께 통일임시정부에 필요한 계약을 논의하였다. 모든 인민이 직접 참여한 것은 아니지만, 인민을 대표하는 사람들과 공개적으로 토론하여 임시통일헌법안을 만들었다. 북한은 남한과 다르게 통일임시정부를 원했다. 1947년 11월 북조선인민회의는 조선임시헌법제정위원회를 구성하고, 12월 15일 통일임시정부의 임시헌법초안을 만들었다. 그리고 1948년 3월 25일에 남한 미군정과 정치 세력에게 공개 토론을 제안하여, 1948년 4월 남북연석회의가 열렸다. 주요 의제는 남한 단독 선거 문제였다. 북한은 '모스크바 3상 회의 합의'를 위반하고 통일임시정부 수립을 거부하는 남한의 단독 선거에 반대하였다. 북한은 한반도에 통일임시정부를 수립하고, 그것을 중심으로 완전하게 독립된 '한반도 통일국가'를 만들자고 하였다.

그러나 남한 정치 세력의 입장에서 볼 때, 이 회의는 '반쪽짜리'였다. 남한 정치 세력 중에서 '자유민주주의'를 내세우는 정치 세력은 없었다. 북한이 추구하는 인민민주주의 이념에 동조하는 세력과 민족주의 세력만이 참가하였다. 당시 남한에서는 미군정이 공공 권력을 지배하면서, 그러한 세력들의 힘을 상당히 약화시킨 상태였다. 당시 남한에서 미군정은 조선노동조합전국평의회와 조선공산당 세력이 주도한 1948년 '3·22 총파업'을 탄압하였다. 이렇게 인민민주주의 이념에 동조하는 세력의 힘이 약화되었고, 제주도 4·3 항쟁을 무력으로 진압한 이후 소수 지도자만이 남북연석회의에 참석할 수 있었다.

미군정은 남한 단독정부를 수립하기 위해 1948년 5월 10일, 제헌의회 선거를 추진하였다. 당시 한반도에서 의회를 구성할 국회의원이나 정부를 책임지는 대통령이 선거로 선출된 적이 단 한 번도 없었다는 점을 고려하면, 남한 유권자들은 처음으로 참여하는 제헌의회 선거에서 어떤 기준으로 대표를 선출했을지, 그저 궁금할 따름이다. 제헌의회 국회의원 대부분이 독립운동과 무관하게 살거나 일제 강점기에 돈을 많이 번 사람들이라고 하면 그 기준을 대략 짐작할 수 있다.

북한은 남북연석회의 이후 1948년 6월 29일, '남북조선 제정당사회단체 지도자협의회'의 이름으로 북한 정부 수립의 정당성을 공표하였다. "전 조선입법기관인 조선최고인민회의를 창설하고, 남북조선대표들로써 전 조선 중앙정부를 수립하기로 결정하였다." 북한도 단독정부 수립을 1948년 7월 9일 최종 결정한 이후, 이북 지역을 대표하는 212명의 대의원과 이남 지역을 대표하는 360명의 대의원으로 최고인민회의를 구성하였고, 이 대의원들은 '인민민주주의공화국' 헌법을 채택하였다.

1945년 8월 15일 이후 3년 만에, 한반도에는 남북한 단독정부가 각각 모습을 드러냈다. 사라진 통일임시정부는 아직까지 그 모습을 드러내지 않았다. 미국과 소련은 한반도에 대해 이중적이었다. 국제 사회 내부에서는 한반도 인민이나 정치 세력이 통일국가를 만들도록 지원하는 '선'의 전략을 내세웠지만, 한반도 내부에서는 인민이나 정치 세력을 이용하여 분단을 고착하는 '악'의 전략으로 볼 수 있지 않을까.

휴전협정에서 평화협정으로

◇◆◇

남북한이 분단되고 시간이 많이 흘렀다. 지금이 70년째이지만, 언제 통일이 될지 아무도 모른다. 남북이 통일을 해야 할까? 선뜻 답하는 사람도 드물거니와, 아예 필요성을 느끼지 못하는 사람도 다수일 것이다. 왜냐하면 그동안 북한은 가난한 문제투성이 나라이자, 사람들에게 자유와 권리를 보장하지 않는 인권 탄압의 지대로 인식되어 왔기 때문이다. 이런 국가와 함께 새로운 통일국가를 만드는 것에 동의하냐고 물으면, 많은 국민이 고개를 갸웃한다. 남한만 잘살면 되는 것 아닌가? 통일에 필요한 비용 때문에, 남한이 어려워지는 것은 아닐까?

통일을 바라보는 관점 중 하나는 국가 이익을 앞세우는 '국력 강화'다. 대표적인 담론 중 하나를 말하면, "통일은 대박" 담론이다. 통일국가가 더 번영하고 부강해질 수 있다면, 남북이 통일해서 중국이나 소련과 어깨를 나란히 하자는 것이다. 통일국가로서 경쟁력을 확보해, 국가 간의 경쟁에서 이겨보려는 셈법이다. 이 지점에서 국가 경쟁력의 형식과 내용을 짚어야 할 것이 있다. 실질적으로 국가 간의 경쟁이 다양한 영역에서 이루어지지만, 스포츠와 무역이 대표적인 현상으로 드러난다. 산업의 발전과 함께 원천 기술의 힘도 국가 경쟁력의 주요한 지표로 작용한다. 이러한 경쟁력들이 국력과 유기적으로 연관되어 있음을 부정하는 사람은 없을 것이다. 그렇지만 국력과 경쟁력이 동일한 것도 아니다.

많은 사람들이 국력을 측정하기 위해 오래전부터 사용한 기준은 영토의 넓이, 인구의 양, 군사력, 경제력이었다. 모두 양적으로 판단이 가능한 지표들이다. 계량화가 쉬워서 그런지, 아직도 이런 지표들을 사용해 국력을 판단한다. 하지만 국력을 판단하는 데 질적인 지표도 매우 중요하다. 국민의 단결이나 신뢰, 민주와 자유의 수준 같은 것이 질적 지표들이다. 국가가 국력을 무역상품의 경쟁력만으로 호도하는 경우, 상품을 만드는 데 들어가는 비용을 저렴하게 하는 저임금 정책만이 국력의 잣대인 것으로 오해할 수 있다. 남북한의 국력이 하나로 합쳐지는 통일 국가를 통해 상품의 경쟁력을 확보하여 돈을 벌 수 있다는 것이다.

그런데 이처럼 통일의 필요성과 당위성을 강조하는 사람들도 정작 통일의 방법은 내놓지 못한다. 이미 남북한이 독립국가로서 몇 십 년 간 존재한 탓에 생기는 문제도 있지만, 오늘날에도 서로간의 대립과 갈등이 끊이질 않고 있어서다. 한반도 해상에서 군사훈련이 있거나 무기를 실험할 때마다, 남북한은 전쟁을 도발하거나 위협한다고 서로를 비난한다. 이러한 남북 대립으로 상처를 받는 사람들은 남북한 국민들이다. 평화를 말하면서도 전쟁을 상상하며 살아야 하는 남북한 국민들은 전쟁이 가져다 줄 살상의 '공포'가 '삶' 속에 내면화하는 것이다. 그러면서도 민족이 함께 살아야만 한다는 당위적인 관점도 사라지지 않는다. 헤어져 사는 가족의 슬픔과 애환, 고향 산천에 남아 있는 추억, 이것들은 겪을 필요가 없는 '삶 고통'이라고 하면서 민족통일만이 해결책이라고 한다.

어떤 관점이든 통일은 남북한 국민들에게 '득'이라고 말해진다. 초등학교 도덕 교과서에서도 통일을 말한다. 우리의 소원은 평화통일! 아직까지 이루지 못했지만, 남북한 국민이 귀에 못이 박히도록 들었던 바람이었다. 헌법에서 북한 지역까지 남한 영토임을 선언한 것도 같은 이치다. 1972년 7월 4일, 남북한이 발표한 평화통일 3대 원칙도 마찬가지였다. 자주 · 평화 · 민족대단결의 힘으로 남북한이 통일하는 것이었다.

이런 원칙이 있는데도, 왜 남북한은 늘 전쟁을 하는 것처럼 보일까?

남북한 지배 세력만큼 '평화'를 원하는 사람들이 있을까? 달리 말하면, 남북한 지배 세력만큼 '전쟁'에 반대하는 사람들이 있을까? 이들은 진정한 평화통일을 원할 것이다. 전쟁이야말로 인명과 재산을 파괴하는 '악'이다. '악'의 소동이 벌어졌을 때, 잃을 것이 많은 사람과 그렇지 않은 사람 중에서, 그 '악'을 더 두려워할 사람은 아주 뻔하다. 그런데도 남북한 지배 세력은 지속해서 전쟁 상태를 평화 상태로 바꾸지 않고 있다. 전쟁에 반대하면서도, 평화 정책을 실제로 추진하지는 않는다. 남북한은 서로를 향한 적대 관계를 평화 관계로 왜 바꾸지 않을까? 한반도에는 지배 세력만의 '평화'만 있는 것 같다. '평화'의 가치를 깎아내리는 것이 아니라, '평화'의 얼굴로 위장한 지배 세력의 탐욕을 지적하려는 것이다. 아이러니하게도, 인민은 '평화'의 폭력에 노출된 상태에서 살아가고 있는 것이다. 지배 세력에게 저항할 인민이 없는 평화, 지배 세력의 권력과 재산만을 유지하는 평화, 절대권력자가 옹호하는 평화가 한반도에서 계속되고 있다.

물론, 이런 주장이 쉽게 이해되지는 않을 것이다. 누구나 '전쟁'과 '평화'를 서로 대립 관계로 규정하는 함정에 빠지기 쉽기 때문이다. '평화'에 반대되는 현상은 뭘까? 깊게 고민할 필요도 없다. '전쟁'이다. 여기서는 옳고 그름을 떠나, '전쟁'에 반대하는 '바람'이 표현된 것이라고 할 수 있다. 그런데 전쟁 외에도 '평화'롭지 못한 모습은 아주 다양하다. 폭력과 폭언, 소외와 착취도 대표적인 경우이다. 자유로움과 평등함을 배제하는 힘, 상상의 샘을 마르게 하는 힘, 이런 힘은 '전쟁'만큼이나 의식과 행동을 살상할 수 있다. '전쟁'은 평화스럽지 못한 모습 중하나이지, 전부가 아니다. 평화를 말하는 수많은 동화책들은 전쟁의 상처와 아픔을 말하면서 평화를 옹호한다. 전쟁을 겪은 것도 아닌데, 아이들은 전쟁의 상처를 입는다. 이런 옹호가 틀린 것도 아니지만, 맞는 것도 아니다. 그 근거가 전쟁이 중심이지, 평화가 중심이 아니기 때문이다. 온전한 평화를 달성하기 위해 평화롭지 못한 전쟁, 폭력, 소외와 착취를 모두 없애는 모습! 남북한 지배 세력이 '남북평화협정'을 맺어야 할 이유이다.

남한은 북한을 비난하면서, 다음과 같이 선언하곤 하였다. "남한 국민은 자유를 중시한다. 북한은 자유를 허용하지 않는다. 공산주의는 잔인하다. 인간을 도구화하기 때문이다. 북한은 국민의 생활을 아랑곳하지 않고, 공산체제의 구축에만 광분한다. 한반도의 전통인 가족제도나 사회제도를 파괴하려 한다." 이런 선언만으로 보면, 북한은 사람이 살 만한 국가가 아니다. 하지만 남한 지배 세력은 그러면서도 계속 통일이나 통일 정책을 말한다. 쉽게 생각하면 통일을 위해서는 서로 좋은 관계를 유지해야 가능할 텐데, 계속해서 비난하는 이유가 따로 있는 것일까? 북한에 대한 정보를 올바르게 판단할 여과 장치조차 없는 상황에서, 전달되는 북한의 모습은 전쟁광에 불과한데, 남한과 미국도 이에 못지않게 전쟁에 준하는 군사훈련을 하고 있으니 말이다.

지배 세력의 마음속에 있는 그 이유를 꺼내서 보여달라고 할 수도 없고, 명확한 근거로 내세울 만한 자료가 있는 것도 아니고, 참으로 난감하다. 하지만 추론해서 정리할 필요는 있다. 이 전략의 가장 중요한 측면은 북한 지배 세력의 문제를 부각시켜, 남한 지배 세력의 우월성(?)을 차별화하고 통일의 주도성을 확보하는 것이다. 평화통일 운동의 주도권을 비정부 기구가 행사하는 것조차 허용하지 않은 것도 같은 맥락일 것이다. 이러한 의도 속에서 드러나지 않는 사실도 있다. 통일을 하는 데 북한 지배 세력은 걸림돌이지만, 북한 인민은 문제가 아니라는 점이다. 북한 지배 세력과 북한 인민의 관계를 보면, 동정과 시혜를 베푸는 전략인 것 같다. 다음으로는, 북한의 자멸을 유도하여 남한의 의도대로 통일을 하려는 의도일 것이다. 1992년 2월 19일, 제6차 남북 고위급회담에서 「남북 사이의 화해와 불가침 및 교류 · 협력에 관한 합의서」가 채택되었다. 이 합의서는 1972년 7 · 4 남북공동성명을 보다 구체화하여 서로 침략하지 말고 평화롭게 지내자 한 것이다. 그동안 남한은 북한의 연방제 통일 방안을 비판했지만 1992년 이전까지 '통일 방안이 이것'이라고 구체화하지 않았다. 그 점에 비추어 보면, 살아남을 능력이 없어지는 북한을 흡수통일하는 것이야말로 남한이 생각하는 최고 전략이 아닐까?

 남한 혼자서 이러한 전략을 추구하는 것이 가능할까? 남북이 분단하는 과정에 미국과 소련이 있었듯이, 남북한 문제는 주변 국가들의 '힘 관계'를 반영한다. 미국과 일본이 북한의 핵미사일을, 소련과 중국이 남한의 군사기지를 문제시하는 것처럼, 남북 관계는 주체들의 힘보다 국제 사회의 힘에 더 영향을 받는다. 미국이나 UN이 북한을 다양한 제재 조치로 압박하는 것만으로도, 또 북한이 미사일 발사 훈련을 강화하는 것만으로도 한반도에서는 전쟁이 재발하는 불씨로 작용할 수 있다. 한반도에서 전쟁이 발발했다고 상상해 보자! 앞으로 발생할 전쟁은 '핵'을 폭발시킬 것이다. 북한의 핵무기가 실제로 있든 없든, 남한의 원자력 발전소가 타격을 받는 순간, 온 한반도는 '핵'의 구름밭이 될 것이다. 이처럼 살상으로 내몰리는 것은 한반도에 살고 있는 남북한 국민이다. 한국전쟁의 상처가 아직도 치유되지 않은 상황에서, 또 다른 전쟁의 상처는 치유가 불가능한 민족의 한으로 남을 게

뻔하다. 이것이 남북한 스스로 휴전협정을 평화협정으로 변화시켜야
할 근본 이유이다.

당신은 민주 국가에 살고 있습니까

7 · 4 남북공동성명의 3대 원칙

　1972년은 남북한 지배 세력에게 중요한 해였다. 남한은 1971년 대통령 선거의 후유증을 극복해야 했고, 북한은 통일과 평화의 메시지를 제시하여 민족 통일의 주도권을 확보할 필요가 있었다. 당시까지만 해도 남북 관계가 남북한 국민들에게 파급효과가 매우 컸던 상황이어서, 남북한 지배 세력은 그것을 이용했다. 남북한 지배 세력이 적대적 공존 관계를 적극 활용하기 시작한 시점이기도 하다. 남한 지배 세력은 '반공의 힘'을 극대화하는 반면, 북한 지배 세력은 남한의 평화 세력에게 '통일의 힘'을 어필했다.

　1972년 7월 4일, 남북한은 7 · 4 남북공동성명으로 '평화통일 3대 원칙'을 발표한다. 지금도 그 원칙은 유효하다 할 수 있다. 자주, 평화, 민족대단결의 원칙이 폐기되는 순간 통일을 말할 수 없기 때문에, 이 원칙은 한반도 통일 국가가 만들어질 때까지 힘을 발휘할 것이다. 그렇지만, 7 · 4 남북공동성명 이후, 남북한 정부는 새로운 지배 체제를 구축하였다. 남한에서는 유신헌법을, 북한에서는 사회주의헌법을 제정한다.

　7 · 4 남북공동성명이 남북 관계를 변화시키려 했다고 판단하기엔 뭔가 공허하다. 7 · 4 남북공동성명과 유신 체제에는 모종의 상관관계가 있는 것일까? 남한은 7 · 4 남북공동성명을 하고 채 넉 달도 지나지 않은 10월에 유신헌법을 도입하였고, 이 과정에서 국민들이 원하는 민주주의 권리를 탄압했다. 이 점에 비추어 볼 때, 남한 지배 세력은 남북공동성명에 대해 최소한 두 가지 정도의 목표를 가지고 있었을 것이다.

하나는, 1948년 이후에 단절된 남북 관계를 화해 무드로 전환하여 남한 국민에게 잠재되어 있던 '전쟁의 상처'를 자극하고, 이 감정적 반응을 통해 민주주의를 향한 의식과 행동을 제약하는 전략이었다. 당시 공화당 박정희 후보는 1971년 대통령 선거에서 신민당 김대중 후보에게 승리하였지만, 국민 대다수는 박정희가 부정선거 때문에 김대중 후보를 이겼다고 믿고 있었다. 투표 결과에서는 약 30만여 표의 차이로 승리했을지라도, 여기에는 당시 60만 군인들의 표가 결정적으로 작용했다는 것이다. 박정희는 당시 대통령 선거에서 '승리한 패배자'였다. 그는 이런 궁지에서 빠져나갈 정치적 카드가 필요했고, 결국 남북 관계를 선택하였다.

1972년 5월, 당시 중앙정보부장은 대북 밀사로 파견되어, 김일성과 비밀회담 끝에 7·4 남북공동성명을 이끌었다. 중앙정보부는 남북한 회담을 비밀리에 개최한 것에서 그치지 않았다. 불합리한 국민투표를 동원하면서까지 유신 체제를 수립했고, 그 이후 민주주의 정치 세력들을 탄압하는 권력으로까지 작용하였다.

또 다른 의도는, 남북한 모두 각자 자신의 체제에 대한 자신감을 내세워, 남북 관계를 새롭게 정립할 필요가 있었다. 남한은 1962년부터 시작했던 경제개발 5개년 계획의 성과를 믿고 있었다. 경제적으로 북한보다 우위에 설 수 있다는 자신감이었다. 북한도 유일 지도 체계의 구축과 북한식 사회주의 체제에 대한 국민의 지지 기반이 강력하다는 자신감이 있었다. 남북한 정부는 서로 자신감을 경쟁하는 체제에 돌입한 것이다. 남북한은 이렇게 서로가 서로를 이용하면서 남북 관계의 주도권을 잡으려 했다.

하지만 7·4 남북공동성명은 남북통일의 기본 원칙으로 오늘날까지

당신은 민주 국가에 살고 있습니까

살아 있다. 남북한은 1990년을 전후로 경쟁 관계를 공존 관계로 변화시킨다. 소련을 비롯한 동구권 사회주의 국가의 패망과 냉전 체제의 소멸 때문이었다. 또 남한에서도 1987년 6월에 민주항쟁이 발생하여 군사 지배 체제가 민주주의 체제로 바뀐다. 남북 공존 관계는 1991년 9월 남북한 UN 동시 가입으로 완성된다. 남북한이 통일 전략을 바꾸지 않으면 안 되는 국제 체계에 편입된 것이다.

남북한은 이 과정에서 통일 방안을 매우 다양하게 제시하였다. 사회주의 체제와 자본주의 체제를 어떻게 통일시킬 것인지? 국가를 하나로 할 것인지 둘로 할 것인지? 또한 정부를 어떻게 구성할 것인지? 「1민족 2체제 1국가 2정부」, 「1민족 2체제 1국가 1정부」, 「1민족 1체제 1국가 2정부」 등 다양한 방안이 통일 전략으로 제시되었다. 남한은 기본적으로 「1민족 2체제 2국가 2정부」라는 형태의 남북연합제 통일 방안을 제시하였고, 북한은 「1민족 2체제 1국가 2정부」라는 형태의 고려민주연방제 통일 방안을 지지했다. 남한은 통일을 하더라도 2국가를 유지하자고 한 반면, 북한은 1국가로 통일하자고 하였다.

남북한 통일 방안은 1992년 2월 19일 남북기본합의서, 2000년 6월 15일 남북 정상의 6·15 공동선언으로 차이점들을 좁히려 하였다. 남한의 남북연합제 방안과 북한의 낮은 단계의 연방제 통일 방안이 서로 만났다. 이전까지는 서로에게 선언만 하였다면, 이런 절차는 서로 간의 '차이'와 '같음'을 확인시켜 주었다. 이후 남북한이 통일 전략의 일환으로 이산가족상봉, 개성공단 건설, 국제적인 체육 행사에 남북 단일팀 구성 등과 같은 정책을 추진하였다. 남북한이 점진적으로 통합해 나가는 아주 느슨한 국가 연합의 계기들이었다.

남북한은 다양한 정책으로 1972년 7·4 남북공동성명의 3대 원칙을 실현하려 하였다. 여기에는 적지 않은 어려움이 따랐다. 공존 관계가 사소한 일로 무너지기도 한다. 하지만 남북한 지배 세력이 권력 구조를 재편하기 위한 작품으로 출발했던 7·4 남북공동성명은 '통일의 어머니'와 같은 역할을 하였다. 남북 관계가 국제 사회의 복잡한 힘을 반영할 수밖에 없고, 갈등도 끊이지 않았지만, 남북 전쟁이 일어나지 않은 것만으로도 그 의미를 되새길 수 있다.

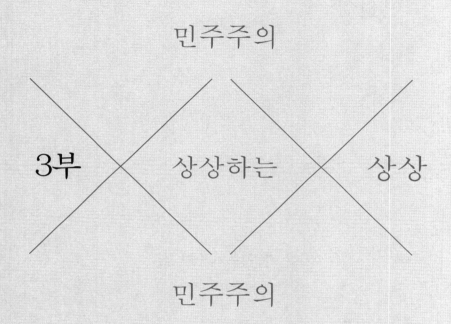

3부 민주주의 상상하는 민주주의 상상 상상

1° 꿈 같은 상상 대안의 현실상

여유가 있는 삶의 질

◇◆◇

여행이야말로 여유를 확인하는 중요한 삶의 요소이다. 일상적인 노동과 생활의 공간에서 벗어나, 삶의 또 다른 모습을 몸과 마음으로 체득하는 해방의 기회이기 때문일 것이다. 일상에서 해방되더라도 삶이 유지되기는 누구나가 바라지만, '삶 공간'이란 투쟁의 장이다. 죽음에 이르러서야 노동과 생활에서 해방되는 경우가 많다. 노동과 생활이 행복하지 않은 사람들에게는 더욱 그러할 것이다. 자신의 삶을 억압하고 구속하는 '것'들로부터 벗어나서, 스스로 관리하고 결정하는 '자유'의 상태를 만끽하는 상태가 곧 진정한 해방이다. 무엇인가로부터 '벗어나는 것'만으로는 해방의 절반밖에 취할 수 없다. 그러한 시공간의 완전한 주인공이 될 때, 사람들은 해방의 '온전함'을 누릴 수 있다.

당신은 민주 국가에 살고 있습니까

'온전함에 대한 인간의 갈망'을 인간의 다음과 같은 속성에서 찾을 수 있다. 야스퍼스Karl Jaspers, 1883~1969는 『역사의 기원과 목표』에서 인간의 온전함을 변증법적으로 제시하였다. "인간이 육체와 영혼, 이 두 차원을 챙길 때, 자신의 온전함을 유지할 수 있다. 이를 위해서는 세계와 인간의 어느 한 차원만을 절대화하지 않고, 다양한 차원을 넘나들어야 한다. 인간의 근본적인 것을 사유하는 것도 구체적이고 생생한 삶의 현장 속에서 인간과 세계의 존재를 밝히는 과정이다. 왜냐하면 인간은 각자가 고유한 존재로 살아가면서, 생존 그 자체에 대한 열망뿐만 아니라 삶에 대한 의미의 영역까지 포기하지 않기 때문이다."

'해방의 온전함'을 여행의 방식으로 견주어 본다면, 누군가의 틀 속에서만 움직이는 패키지가 아닌 '자유여행'의 즐거움일 것이다. 점점 많은 사람들이 일상적으로 여행을 떠나지만, 그것과 무관하게 살아가는 수많은 사람에게 여유와 해방을 요구하는 것 자체가 사치일 수 있다. 그런데 해방과 여유가 일상화되는 삶은 불가능한 것인가?

삶이 황폐화되는 것만큼이나 '삶의 질'이 향상되지 못하는 것도 혁명의 원인으로 작용할 수 있다. 급진적이거나 혁명적인 사람의 말이나 글을 인용하고 싶지 않다. 중학교 교과서에 실린 내용에 맞게 살고 싶다는 것이다. 중학교 2학년 도덕 교과서에서 규정하고 있는 '삶의 질'의 내용을 보자. 객관적 요소는 건강 상태, 소득 수준, 주거 환경, 교통수단 등 외적 상황이나 물질적 조건에서 비롯되는 것들이고, 주관적 요소는 사람들과의 관계에서 느끼는 감정, 친밀감, 우정, 사랑, 자유, 자율, 존경 등과 같이 내면적이고 심리적인 조건들이다. 이처럼 인민은 건강의 유지와 생명의 안전, 쾌적한 삶을 영위하기 위한 소비, 정신적 욕구 차원에서 제기하는 문화와 여가, 사회적 참여의 활성화 등으로 '삶의 질'을 총체적으로 높이려 한다.

'삶의 질'을 구성하는 기본 요소는 일정한 수준의 소득을 안정적으로 보장받는 것이다. 소득에 연연하지 않고 살 수 있으면 좋으련만, '가난과 빈곤'은 삶을 메마르게 한다. '여유로움'이 주는 만족도는 '돈'과 비교할 수 없지만, '돈' 없이는 삶의 여유를 찾을 수 없다. 돈이 없으면 죽어야만 하는 사회에서 경제적인 여유가 뒷받침되지 않은 경우, 사람들 스스로 여유 있는 삶을 누리고 싶어도 쉽지 않다.

대한민국의 속내를 들여다보자. 사회 불평등이 개선되지 않고 오히려 악화되고 있으며, 비정규직이 60퍼센트를 넘고 정규직과 취업의 문은 계속 비좁아져, 청년들을 자포자기 세대로 부르고 있는 실정이다. 퇴직을 준비하고 있거나, 이미 퇴직을 한 베이비부머인 부모 세대들도 초라하고 비참한 삶의 황혼기를 준비하고 있다.

멕시코 사람들은 평균 72.3세까지 일하고 있고, 대한민국 사람들은 50대 중후반에 정년퇴직을 하고 나서도, 평균 71.1세까지 일을 해야만 한다. 노동 연령으로는 세계 2위에 해당한다. 죽을 때까지 건강하게 일하는 것이 가장 행복한 삶이라고 한다. 누구나 원하는 모습이다. 그러나 대한민국 노인 빈곤률과 노인 자살률은 OECD 국가에서 최고 수준이다. 2013년 OECD 국가의 노인 빈곤률은 평균 12.7퍼센트인 반면, 대한민국은 47.5퍼센트였다. 그리고 노인 인구 중에서 자살자의 비중은 2011년 10만 명당 82.8명이다. 2014년 『은퇴백서』에 따르면, 노동자 중에서 퇴직 이후에 일자리를 갖고 싶어 하는 비율이 80퍼센트 이상이었고, 퇴직한 사람 중에서 61퍼센트가 계속 일을 해야만 한다고 하였다.

베이비부머 세대만의 아픔인지 모르지만, 이들은 1950∼1960년대

이농하여 자신의 꿈을 이루면서 자식들에게 또 다른 성공의 꿈을 원했던 부모 세대와 다르게, 안정적이지 않고 노후도 보장되지 않은 도시의 삶을 저버리고 귀농과 귀촌이라는 사회적 붐을 일으키고 있다. 황기돈은 「베이비 붐 세대의 은퇴가 대한민국에 미치는 영향」에서 베이비부머의 특징을 다음과 같이 규정하고 있다. "화려한 시작과 비참한 종말, 맞벌이의 첫 세대, 전업주부가 대규모로 노동 시장에 진입한 첫 세대, 이중적 가치관(부모, 자녀 부양의 마지막 세대, 자녀 봉양을 원치 않는 첫 세대), 미흡한 사회보장, 연금과 정년의 간극이 큰 세대, 노인 빈곤 비율이 세계 1위인 국가의 구성원, 퇴직 후에도 일자리를 구하는 세대, 자영업에 무모하게 진입할 가능성이 높은 세대." 산업 발전의 역군이었던 세대가 이제는 산업의 구조적 불황과 함께 산업 현장에서 퇴장해 '노후 삶'을 스스로 책임져야 하는 '삶의 고난'에 직면한 것이다. 이들 세대에게 '삶의 질'이란 사치스럽기 그지없는 공염불이자 말장난에 불과하다.

'삶의 질'을 높이는 여가는 노동력을 재생산하기 위한 것이 아니라, 자기 존재감을 확장하는 과정일 필요가 있다. 물론 일상을 탈출하는 방식의 여가가 중요하지 않다는 것이 아니다. 삶 자체가 여가인 경우를 실제로 고민해 보자는 것이다. 이를 위해서는 생활의 관계가 변화될 필요가 있다. 자기 스스로 일을 중심으로 만들어졌던 관계를 일 이외의 관계로 확장해 나가고, 일 때문에 소원했던 다양한 관계를 자기 안으로 끌어들이고, 또 일을 자신의 주변적 관계로 배치할 수 있어야 한다. 국가가 공공보조 정책이나 복지 정책을 중단해서는 안 되는 이유이다.

삶의 질과 민주주의의 질은 서로 정비례 관계일까? 사회 구성원 모

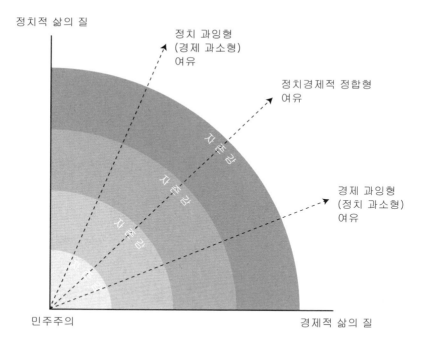

정치적 삶의 질

정치 과잉형
(경제 과소형)
여유

정치경제적 정합형
여유

경제 과잉형
(정치 과소형)
여유

민주주의

경제적 삶의 질

[그림 1] 삶의 질과 민주주의의 관계

두에게 경제적인 곤궁에서 벗어나서 여유를 갖고, 자신의 시공간을 즐기게 하는 민주주의가 아마도 최고의 민주주의일 것이다. 그런데 경제적으로 곤궁한 사람일수록, 민주주의 문제를 자신의 일상과 무관한 것으로 여길 가능성이 매우 높다. 일상생활의 모든 것들이 정치적인 힘과 연결되어 있음에도, 경제적인 삶과 정치적인 삶을 분리하는 경향이 강하게 존재한다. 많은 사람이 오롯이 경제적인 삶의 늪에 빠져서 살아간다. 살아가면서 생기는 삶의 고통 그 자체가 정치적인 삶의 문제이고 그 고통을 해결하기 위해서 새로운 자유와 민주의 제도화가 필요한데도, 사람들은 자신의 역량을 탓하지 민주주의의 질을 탓하지 않는

당신은 민주 국가에 살고 있습니까

다. 현존하고 있는 제도가 삶의 고통을 해결할 수 없다면, 이는 그 자체로 새로운 제도가 만들어져야 할 필요충분조건이다. 이 변화를 통해 민주주의의 새로운 '질'을 만들어야 한다.

민주주의는 실제 생활과 분리되어 얻어지는 것이 아니다. 생활의 모든 요소가 민주주의의 대상이자 주체이다. 이것이 살아 숨 쉬는 민주주의의 영혼이다. 그런데 국가는 국민을 '시혜와 연민'의 대상으로 만들곤 한다. '삶 고통'을 겪지 않는 사람들은 국가에게 연연하지 않으면서도 살 수 있지만, 그렇지 않은 사람들은 불합리를 시정하기 위해 국가를 괴롭힌다. 국가는 이를 견디지 못할 경우, 짜증을 내면서 뭔가를 요구하는 국민에게 말한다. "주면 주는 대로 받아야지, 뭘 요구하느냐!" 그래서 니체는 이런 국가를 상대하는 국민에게 고함을 질렀다. "연민의 주체가 아니라 수치심의 주체가 되어라!"

오리엔탈리즘은 동양과 서양의 경계와 차이를 확대하는 과정에서 생활문화의 다양한 양식을 서양의 잣대로 구분하고, 차이를 인정하는 것이 아니라 열등한 것으로 치부하려 하는 이데올로기다. 이 이데올로기적 의도에 중독되어 서양의 현상을 무턱대고 합리적인 것으로 흠모하려는 사대주의는 분명 경계해야 한다. 그러나 이 사대주의를 비판한다고 해도, 동아시아 문화권이 절대왕권에 대해 개인이 순응하고 헌신하는 생활양식으로부터 자유로운 것은 아니다. 동양 인민은 '왕권에 대한 만인의 복종'에 익숙하다. 봉건사회 체제가 인민의 투쟁으로 무너지지 않았기에, 토지의 사유화도 공공적 사회 기반의 구축도, 식민지 국가권력의 시혜적인 정책의 연장에서 이루어졌다. 국가가 주도하는 경제개발 정책에 피땀으로 동원되었던 노동, 경제 위기의 고통을 함께 분담하는 헌신, 절대권력자를 험담하지 못하게 하는 사회적 순응. 이 모든 것이 오늘날 인민이 넘어야 할 난관이다.

누군가가 강요한다 해서 해결될 문제는 아니다. 비열하고 구속된 삶 속에서 자신이 정말 자유를 누리고 있는 것인지 스스로 고민해야 한다. 삶 속에 체화되어 있는 억압에서 벗어나 자기 삶으로부터 혁명하는 '자기 해방'을 고민할 필요가 있다. 한마디로, 인민들은 삶 속에 내면화된 자기 검열적인 정서를 바꿔야 한다. 사람들은 경제적인 삶을 위해 성실·근면해야 하고, 자신의 고통을 스스로 해결해야 한다는 자기 함정에 빠져 살고 있다. 가난하고 곤궁한 삶 자체를 개인 능력과 윤리의 영역으로 끌어들인다. 하지만 스스로 삶의 질을 누리기가 어려운 사람들이 어떻게 윤리적으로, 능력껏 살아야 하는 것인가? 일을 중심으로 하는 에토스가 아니라 삶의 질을 자기화하는 에토스가 필요하다. 일상에 당면해서 무너지거나 좌절하지 않고 맞설 수 있는 자유로운 인간으로 실존할 수 있어야 한다. 자기 스스로 '삶의 질'과 '민주주의 질'이 정합 관계가 될 수 있도록 하는 균형추를 만들어 나가야 한다.

당신은 권리의 주인인가?

　모여 살면서 싸우는 일이 다반사일지라도, 사람들은 어떻게 해서든 혼자가 아니라 여럿이 함께 살아가고 있다. 간혹 사람이 없는 공간에서 그저 자연과 함께 살아가는 사람이 있긴 하지만, 무척 드물다. 어느 시공간을 돌아봐도, 대부분 자신과 관계가 있든 없든 많은 사람들과 함께하고 있다.

　이미 태어나는 순간부터 죽는 그 순간까지 혼자가 아니라 다양하고 복잡한 관계의 망에 익숙해져 있고, 삶 자체가 자신 이외의 다른 주체들과 관계를 맺지 않으면 살 수 없다. '만인의 만인에 대한 투쟁'을 하면서까지 서로가 관계를 소중하게 여기기 때문이다. 이는 아주 자연스러운 현상이다. 삶에 대한 욕망의 다른 표현이기도 하고 서로의 자존감을 확인하는 과정이기도 하다. 그런데 관계의 연결고리가 존재하지 않는다면 어떤 현상이 발생할지 쉽게 상상이 되지 않는다.

　대부분은 서로가 주고받아야 할 '권리와 의무'가 없는, 연결고리의 형식과 내용을 고민할 필요가 없는 관계를 좋아한다. 자연적 관계가 그것이다. 어떤 의도를 갖지 않아도 자연스럽게 만들어지고 유지되는 관계들이다. 가족과 친척, 고향이나 동향, 동창이나 동문, 각종 동아리 등으로 맺어지는 것이 대표적이다. 그 고리는 끊어내고 싶어도 쉽게 끊어지지 않아, 원죄처럼 따라다니는 굴레로 작용하기도 한다. 이미 자신의 주체적인 의지와 무관하게 관계의 고리가 형성되어 있고 서로가 '마주'하는 형식과 내용을 심각하게 고민할 필요도 없다. 그래서 어느 때든 그 관계에 무임승차하면 그만이고, 잠시 하차하더라도 그

고리가 사라지지 않는다. 다시 승차하면 누구도 내리라고 떠밀지 않는 관계들이다.

물론 그 어떤 관계든 서로 권리와 의무를 가진다. 자연적 관계도 마찬가지이다. 그것 없이 어떻게 관계가 이루어지겠는가? 문장의 힘을 빌리지 않더라도, 관계는 소소한 지점까지 '권리와 의무'의 내용으로 꽉 차 있다. 불문율이나 관행의 힘도 쉽게 약화되지 않는다. 왜냐하면 권리와 의무는 어떤 상태에서든, 주체적 관계를 만들고 변화시키는 힘이기 때문이다.

'자기 중심의 관계'만을 요구하다 보면 사회적 관계를 형성하는 것 자체가 불가능할 수 있고, 말 그대로 '야만 상태'에서 벗어나기가 쉽지 않다고 수많은 사람들이 판단한다. 무질서는 상대방을 배려하지 않고 오로지 살아남기 위한 '정글의 법칙'만이 존재하는 '힘' 중심의 관계여서, 아무리 '상호 공존'을 내세운들 폭력적인 삶의 악순환에서 벗어나기가 쉽지 않다는 것을 인류는 역사적으로 또 경험적으로 체득해 왔다. 그래서 인간은 '무질서 속의 질서'를 포기하지 않는다. 새롭게 계약해서 만든 질서 속에서 또 다른 무질서가 만들어지고, 그 무질서에 상응하는 질서가 또 체계화된다. 삶의 형식과 내용을 지속적으로 변화시키는 관계의 연속성인 것이다. 물론 체계화된 질서의 수준에서 차이가 날 수는 있다. 그 수준이 높은 사회의 눈으로 그렇지 않은 사회를 바라볼 때 그 사회가 성숙하지 못하거나 혼란스럽게 느낄지 모르지만, 수준이 낮은 사회도 주체적인 질서를 체계화하고 있다. 질서의 변화를 지속적으로 모색하거나 그 필요성을 제기하는 것도 아주 낮은 수준의 체계화인 것이다.

사람들은 서로 인정하고 동의할 수 있는 '권리와 의무의 관계'를 밑

당신은 민주 국가에 살고 있습니까

바탕으로 삼으면서, 관계의 질서를 사회적으로 체계화하려 한다. 이 질서는 관습과 도덕으로 구현되기도 하고, 제도와 법으로 정착되기도 한다. 체계화되지 않은 '무질서의 늪'이 사람들을 야만 상태로 끌어들일 수 있어서다. 충분히 예상할 수 있는 모습니다. 야만 상태에서 발생할 폭력적인 관계의 두려움 때문이겠지만, 사람들은 질서의 체계화 과정에서 주체로 서고자 한다. 이는 서로에게 또는 보이지 않는 다른 사람에게, 미래에 살아갈 세대에게 관계의 주체성을 선포하는 과정이기도 하다. 현재를 살아가는 권리의 한 주체이면서도, 미래 세대가 살아갈 삶의 끈을 놓지 않는 것도 사회적 관계가 부여하는 현재의 의무라 할 수 있다. 보이지 않는 사람들과도 서로 주체적 관계를 맺어야 하는 과정인 것이다.

그런데 너나 할 것 없이, 누구나 수많은 관계의 주체로 나선다. 주체들 간의 충돌은 자연스럽게 나타나고, 잘못하면 관계의 충돌로 오히려 새로운 무질서가 만연할 위기를 맞이한다. 사람들은 무질서의 위험을 잘 알기에 미리 충돌을 예방하거나 발생한 충돌의 파편들을 제거할 공공의 힘을 누군가에게 요구한다. 이것이 바로 주체적 관계들의 연결고리였다. 한때 절대군주가 사람들의 관계를 대표한 적도 있었지만, 오늘날에는 보통 '국가'가 계약을 대표한다. 공공 권력이 질서의 체계화를 대표하는 징표로 작용하면서, 정치 사회의 권력투쟁과 정치적 활동의 정당성이 부여된다. 어떻든, 관계 속에서 삶을 유지하는 것 자체가 사회계약의 근원이자, 공공적 권력 주체가 등장하게 된 동력으로 작용하였다. 체계화된 질서와 사회계약의 형식과 내용에 근거하여 공공적 권력 주체와 관계를 맺으면, 사회 구성원 누구나가 권리와 의무의 주체로 인정받게 되는 근거라 할 수 있다.

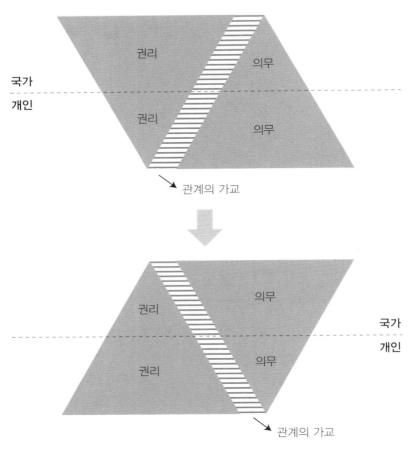

[그림 2] 관계의 주체화 과정

당신은 민주 국가에 살고 있습니까

물론 관계의 주체화 과정은 또 다른 모습을 띠고 있다. 사회계약을 맺는 것은 주체적 관계를 맺는 대상들에게 자신의 권리와 의무를 선포하는 출발점이다. 하지만 그것은 출발선에 서 있는 수많은 사람들의 권리와 의무를 인정하는 것이기도 한 만큼, '자기 중심의 주체적 관계'에서 '타인 중심의 객체적 관계'까지 자신의 '권리와 의무'를 확장하는 과정이기도 하다. 스스로 공공적 관계의 주체이자 대상으로 변하는 것이다. 공공적 관계의 주체로 등장한 국가가 '타인 중심의 객체적 관계'를 내세워 주체적 개인에게 보장했던 '권리와 의무'를 제약하기도 한다.

　국가 중심의 관계에서든 개인 중심의 관계에서든, 개인의 권리와 의무는 살아가는 데 필요한 것들을 정당하게 취해서 살아갈 수 있도록 공공적 관계가 부여한 법적 힘이다. 또한 사회적 관계의 규범을 전제로 어떤 것이든 자신의 의지대로 처리할 수 있는 힘이다. 이러한 힘이 있어서, 사람들은 일상에서 주체적 관계를 통해 자존감을 확인하고 객체로서 존재하는 관계의 연결고리를 인정한다. 사회계약을 맺는 누구든 권리와 의무에서 자유로울 수 없고, 삶은 권리와 의무를 생명으로 하는 관계의 망으로 구성되기 때문이다.

　헌법이 선언적으로 규정하고 제시하는 권리와 의무가 아니라, 생활의 한 부분으로 자리가 잡힌 권리와 의무이다. 다시 말하자면, 어떤 사람이든 삶의 시간과 공간에서 자신의 의지에 반해 침해당하지 않을 힘을 가지고 있다는 것이다. 자신의 공간을 주체적으로 지배하고, 타인의 공간에 대해 사려 깊게 배려하는 것이다. 아주 사소한 경우라고 여길 수 있지만 매우 중요한 사례가 있다. 누군가가 노크도 없이 자신의 방문을 열었다고 했을 경우, 자신의 부모에게조차 화를 내지 않는 사람은 거의 없다. 권리가 침해되고, 의무가 방기되었다고 여기기 때문이다. 자신도 모르는 사이에 누군가가 자신을 감시했거나 자신의 의지와 무관하게 사진을 유포했을 경우를 상상해 보자. 누구든 의무를 준수하지 않고 상대방의 권리를 침해한 대가를 지불해야 한다.

　사람들이 자주 하는 말 중에 하나는 '법이 없어도 살 수 있는 사람'이라는 말이 있다. 순식간에 떠오르는 사람들이 있을 것이고, 그 사람의 얼굴을 상상하는 것만으로 기분이 좋아지기도 할 것이다. 대부분 법의 잣대를 들이댈 필요가 없을 정도로 착하게 살아가는 사람들이다. 그런데 그렇게 착한 사람들은 자신의 '권리와 의무'를 실현하면서 살아가는 것일까? 아니면 수많은 관계의 고리에서 '권리'보다 '의무'를 내세우면서 살아가는 것일까? 쉽게 풀리지 않는 수수께끼다. 보통은 '권리'를 능동적으로 내세우기보다 '의무'를 수용하고 동의하는 데 익숙한 것 같다. 관계에서도 '좋은 게 좋은 것'이라고 생각하는 유형들이다. 굳이 권리를 내세우지 않아도 살아가는 데 어려움이 없는 사람들일수록 관계의 '의무'를 강조한다. 사회계약의 주체이자 대상인 공공 권력이 개인과 관계를 맺으면서, '권리'를 중심으로 하는 삶이 아니라 '의무'를 중시하는 삶을 요구한 탓이다. 또 타인이나 권력 주체에 대한 배려를 자신의 '권리'를 포기하거나 그것의 행사를 늦추는 것과 거의 같은 의미로 규정해 버려, 개인에게 '무늬만 권리'인 삶을 '의무'의 절대화로 변화시키기도 한 탓이다. 심지어 '권리'를 능동적으로 행사하는 것 자체를 공공 권력에 대한 도전으로 여기기도 한다.

　'권리와 의무'의 주체임에도 그것을 방치하거나 실질적으로 행사하지 못하면 어떤 결과가 발생할까? '힘'의 논리로 권리와 의무를 규정하는 경우를 보자. 대표적인 예는 부모와 자식의 관계이다. 부모는 자식을 키우는 과정에서, '힘의 잣대'로 자식의 권리를 인정하기보다 의무를 요구하면서 양육하는 경향이 강하다. 자식도 스스로 독립할 힘을 확보하기 전까지 부모의 기준에 맞춰 살려고 한다. 자식의 입장에서 보면 그러한 방식으로 살아가는 것이 자신에게 더 많은 '편안함'을 제공한다고 여기기 때문일 것이다. 아니 수많은 자식들은 부모-자식의 관계에서 자식에게도 많은 권리가 있는 것을 염두에 두지 않을 것이다.

대학생들에게 특강을 할 기회가 있어서 이런 말을 한 적이 있었다. "부모와 자식은 각자의 권리를 놓고 싸우면 싸울수록, 결과적으로 서로에게 더 많은 편안함을 가져다 줄 수 있을 것이다. 하지만 싸움을 하더라도, 부모와 연을 끊는 생각으로 싸움을 하면 안 된다." 이 특강을 들었던 한 여학생이 2, 3주 후에 연락을 해서 만났는데, 이야기를 듣는 내내 웃음이 그치질 않았다. 특강을 듣고 집에 간 날, 참기 어려운 엄마의 잔소리가 시작되었다. 다른 때 같으면 방으로 들어가서 나오지 않은 채 짜증과 화를 삭혔을 텐데, 그날은 특강에서 들은 것도 있고 해서 간단한 짐을 싸들고 거실로 나와 엄마에게 잔소리 그만 하라고 소리를 질렀다. '내 일은 내가 알아서 잘 할 테니, 제발 그만 좀 해, 내가 엄마의 로봇이야?' 그러고는 집을 박차고 가출해 할머니 집에서 사흘 동안 머물다 집에 들어가니, 엄마가 오히려 '누구세요?'라면서 편하게 맞이해 주었고, 그 이후부터는 엄마와 자신의 관계가 서로 간의 권리를 소중하게 여기는 사이로 변했다. 그동안 부모가 요구하는 대로 움직이는 '엄친딸'이었지만, 그 싸움 이후, 드디어 집에서 함께 살아가는 주체가 되었다.

한 여학생의 사례이지만, 이 학생은 너무나 밀접한 혈연관계 때문에 부모와 주체적인 관계를 만들지 못하다가, '가출'이라는 방식으로 관계의 고리를 변화시켰다. 부모야 자식을 양육하는 헌신성을 내세우면서 자식에 대해 일방적이고 권위주의적인 '고리'를 포기하지 않는 것이 좋겠지만, 자식은 그러한 관계의 포위망에서 벗어나려는 욕망을 한 순간도 버리지 않으려 한다. 주체적 관계의 최고 아름다움은 바로 자존감이기 때문이다. 그래서 많은 자식들이 자신의 권리를 방치하면서 받는 대가나, 혹은 부모들이 자식에 대한 의무를 방기하면서 나타날 수 있는 현상도 관계의 측면에서 고민해 볼 수 있다. 자식의 입장에서는 늘 부모의 기준에 맞게 부모가 요구하고 강요하는 삶을 살아가는 비주체적 요소들이 증가하는 반면, 부모의 입장에서는 삶의 경험이라는 잣대를 디밀어 자신의 욕망과 삶의 기준을 자식에게 강제로 이식하는 폭력적 측면들이 늘어날 것이다.

그런데 스스로 본래의 자리를 되찾기 위한 과정에서 주체적인 권리와 의무의 관계가 '힘의 논리'로 무시될 수 있다. 이럴 때 대부분은 힘을 가지고 있는 사람들이 타인의 권리를 인정한다고 선언하면서도, 폭력적 관계를 정당화하기 위해 각종 권한을 남용하거나 독점하려 한다. 주체적인 권리를 방치하거나 포기했을 경우 나타날 수 있는 보편적 현상이다. 예를 하나 들어보자. 사람들은 정치권력을 형성하거나 운영하는 과정에서 그에 참여할 권리를 가지고 있다. 그 권리를 행사할 것인가 말 것인가도 사람들의 권리에 해당한다. 만약 정치적 참여권이 사회적으로 활성화되지 않거나 혹은 행사되지 않는다고 가정하면, 누구에게 득이 되는 것일까? 대답은 아주 간단하다. 정치권력을 장악하고 있는 사람들이다. 사람들이 참여권을 내세워 정치권력을 일상적으로 감시하고 평가한다면, 계약의 주체인 국가나 정치권력의 지배 세력이 권한을 독점할 수 없다. 하지만 그렇지 않을 경우 국민 모르게 수많은

당신은 민주 국가에 살고 있습니까

권한들을 만들어내거나 또는 다양한 권한들을 집중시켜 권력의 독재화를 모색할 것이다. '국가 중심의 관계'만을 내세워 국민에게 권리보다 의무만을 강요하거나, 국민의 권리를 단지 '무늬만 권리'인 상태로 남게 하려는 현상들은 모두 권리를 방치하거나 포기하는 주체들의 책임과도 연계되어 있다.

　이것이 자유와 권리가 사회적으로 보장되고 있지만 독재 국가나 독재 권력이 여전히 존재할 수 있는 이유이다. 그런데 자유와 권리를 행사하면서 생기는 '함정'도 있다. '자유와 권리'를 '제멋대로'의 의미로 바라보거나, 개인주의적 욕망을 실현하는 수단으로만 여기는 딜레마가 바로 그것이다. 모든 '자유와 권리'는 계약의 형식을 빌려 사회적 관계를 맺고 있지만, 그 출발은 개인의 이해와 욕망을 추구하기 위한 것이었다. 사회적 관계에 무게 중심을 두는 것이 '의무'라고 한다면 개인에게 초점을 두는 것은 '자유와 권리'일 수 있다. 이 양자는 서로 분리되어 있는 것이 아니다. 권리 안에 의무도 있고, 의무 속에 권리도 부여되어 있는 것이다. 권리가 의무를 배제하는 개인적 '누림'만으로 여겨진다면, 사회를 구성하거나 또는 자연을 구성하는 모든 것들은 서로 간의 '권리 충돌'로 인해 관계를 맺을 수 없게 된다. 또한 '의무'만이 요구될 경우, 사람들은 관계의 주인이 아니라 예속된 노예로 살아간다. 그저 자연과 관계를 맺는 인간에게 일종의 특혜처럼 주어진 '만물의 영장'이라는 정체성이 여기에 적합한 예시가 될 것이다. 진짜 만물의 주인이 사람인가. 아니면 공공 권력의 도구에 불과한 것인가. 사람들 대부분이 권리를 실제로 행사하지 못하는 빈껍데기뿐이라면, '만물의 영장'은 사람이 아니라 공공 권력이고, 그 권력을 지배하는 소수 세력으로 제한될 수 있다.

국민이 헌법보다 우위이다

◇◆◇

헌법이 항상 최고 '선'이 아닐 수 있다. 헌법이 '악의 축'인 경우도 허다했다. 1972년에 제정된 한국의 유신헌법을 돌이켜보자. 하지만 이를 의심하기란 쉽지 않다. 헌법이 있어서 국가가 있는 것 아닌가, 하는 의문이 들 정도로 사람들은 국가의 원천을 헌법에서 찾곤 한다. 모든 법률이 헌법의 틀 안에서 만들어지며 헌법이 국가권력을 제한할 수 있다는 원리가 실현되는 만큼, 현실에서 헌법은 그 자체로 '선'이다.

그런데 사람들은 헌법이 '선'이 아닌 경우를 많이 경험한다. 헌법에서는 자유와 평등이 모두가 누려야 할 기본권인데, 하위 법률에서는 그렇지 않을 수 있다. 사람으로 태어난 이상 행복하게 살다가 죽을 권리가 있는데, 불행한 사람들이 즐비하더라도 헌법은 별 말이 없다. 국가권력이 국민의 기본권을 무시해도, 그저 '선'한 이미지만 내비칠 뿐이다. 사람들이 어쩌다가 온갖 법률과 국가권력의 '타락'에 대해 위헌 심판을 요청하더라도, 심판하는 사람들이 타락한 국가권력과 타협해 버릴 경우, 국민은 그저 바라볼 수밖에 없다.

헌법이야말로 사회계약의 결과이다. 사람들은 헌법을 제정하면서 많은 이야기를 한다. 사회계약의 형식과 내용을 어떻게 할 것인지, 어떤 가치를 실현할 것인지, 계약 주체들의 관계를 어떻게 할 것인지 등이다. 하지만 어떤 이야기를 하더라도, 핵심은 주권이 누구에게 있는가이다. 그래서 대한민국 헌법도 모든 권력이 국민으로부터 나온다는 '국민 주권'의 원리를 담고 있다.

국가권력이 사회계약의 원리와 가치를 잘 실현한다면 문제가 없다.

당신은 민주 국가에 살고 있습니까

그렇지 않을 경우, 국민이 사회계약을 파기할 수 있는가?

한 국가의 주권을 인민이 보유하고 있는 이상, 사회계약을 파기하거나 그 계약의 내용을 변경시킬 수 있는 주체는 국민이다. 인민 스스로 국가와 맺었던 사회계약을 파기할 수 있는 권리를 확보하는 것이다. 이 권리는 헌법과 국가를 초월하고 국가권력을 지배하는 인민의 주권에 속해 있다. 인민이 곧 최고의 권력인 것이다. 언제든지 사회계약을 새롭게 맺어 새로운 국가를 만들 수 있는 권리도 인민에게 있다. 국가에 대한 저항권과 혁명권도 헌법에서 보장하는 인민의 정당한 권리이다. 이것이야말로, 인민이 사회계약의 대상인 국가를 관리해야만 하는 근거이다. 양질의 공공적 자연 상태가 유지되기 위해서는 이 권리가 꼭 필요하다.

구체적인 대안을 생각해 보자면, 헌법 효력 정지권을 인민이 보유하는 것이 있다. 국가를 관리할 수 있는 첫 번째 대안이다. 대부분의 경우, 헌법의 효력이 정지되는 것은 쿠데타나 혁명과 같은 정변이 발생하였을 때다. 그 외에는 헌법재판소가 헌법을 근거로 국가의 법률이나 정책의 최종적인 정당성 여부를 판단한다. 헌법재판소가 사회계약의 내용까지 위반하면서 사례를 판단한다 하더라도 헌법의 효력은 지속된다. 이 때문에, 많은 경우 재판에서는 국민을 지배하려는 국가의 가치와 의지만이 반영되곤 한다. 국민은 이 과정에서 사회계약의 권리를 침해받는다. 국회도 역시 국민의 권리를 보장하지 못하는 경우가 허다하다. 국민은 저항권과 혁명권을 실현시켜 자신의 사회계약을 보호할 필요가 있다. 그 주요한 수단은 헌법 효력 정지권이다.

또한, 다양한 구성원들의 대표가 재판관이 되어 사회 구성원들의 억울한 점을 구제하고 다양화된 사회의 정의를 실현시킬 필요가 있다. 그 권리가 바로 헌법 국민 재판권이다. 국민이 헌법재판소를 대신하여 헌법을 심의하고 각종 법률의 위헌 여부를 상시적으로 재판하면 어떨까? 이렇게 제안하면 많은 사람들은 스스로 자기 검열을 한다. 대한민국에서 사법고시를 통과하지 않았는데, 어떻게 재판관으로 참여한다는 것인가, 라고 말이다.

피고가 요청해서 이루어진 국민참여재판에서 피고에게 불리한 판결이 나왔다 해서, 어떤 사람들은 국민참여재판관의 판단 능력을 의심하기도 한다. 혹자들은 국민참여재판관들의 사법적 무지를 지탄하기도 한다. 만약 이 국민참여재판관들을 의도적으로 선발하였다면, 사법의 정의는 조작의 늪으로 빠지고 또 다른 부정의가 정의로 둔갑할 것이다. 하지만 그렇지 않다면, 합리적이고 객관적인 판단을 위한 자료가 충분하게 제공된 상태에서 이루어지는 판결은 온전한 정의로서 인정되어야 한다. 판결을 판단 능력의 문제로 치환해 버린다면, 세상의 모든 결정은 정의로울 수 없다. 피고와 원고의 입장이 서로 다를 수밖에 없는 법정에서, 법을 해석하고 적용하는 원리인 사법고시의 정당성도 의심하지 않을 수 없다. 잘못하면, 엘리트의 판단만이 정의로울 수 있다는 오류에서 헤어나오지 못할 수 있기 때문이다. 이 오류는 법과 정의를 엘리트들이 독과점하는 사회를 정당화할 수 있다.

많은 사람들은 야만의 대륙 혹은 미개의 대륙으로 간주하지만, 아프리카 르완다는 국민 공동체 재판 제도를 실시하고 있다. 아프리카 르완다의 전통적인 가차차^{Gacaca} 재판 제도이다. 가차차는 '잔디가 깔린 광장'을 의미한다. 마을이나 지역에 있는 공동체적 자치 광장이라고 생각하면 된다.

르완다 헌법 제143조는 가차차 재판 제도를 규정하고 있다. 가차차 재판관들은 약 1,000여 명인데, 국민은 이들을 직접선거로 선출한다.

직접선거가 만능이라고 주장하려는 것이 아니다. 가차차 재판관들에게는 사건을 해결하거나 조정하는 것 이외의 권한이 주어지지 않는다. 그래서인지, 선출되는 사람들은 주로 마을이나 지역에서 덕망이 있고, 모든 사람들로부터 존경을 받는 지혜로운 사람이다. 어떤 사건이 발생하여 재판이 시작되면, 그 사건과 관련된 많은 사람들이 재판소로 몰려들고, 사람들에게 선출된 재판관이 재판을 진행한다. 가차차 재판은 가해자든 피해자든, 재판관이든 참석자든, 누구나 해당 사건의 주체로 간주한다. 직접적인 당사자들에게는 치유와 회복의 시간이 될 수 있을 정도로 재판이 진행되고, 참석자들에게도 문제를 해결하는 주체로 참여할 기회가 제공된다.

국민헌법재판권은 상상 속의 대안이 아니다. 국가 기관이 추천하여 임명한 재판관이 아니라, 국민이 직접 선출한 재판관이 헌법을 재판해야 한다. 이것이 입헌주의 원리를 실현하는 기본이다. 헌법재판소가 심판을 정의롭게 하느냐 그렇지 않게 하느냐의 여부가 헌법이 타락하느냐 마느냐를 결정한다. 헌법이 타락하지 않으려면, 국민 주권이 실현되어야 한다. 국민의 기본권을 위해 봉사하는 헌법, 국가권력 및 통치 권력을 통제하는 헌법, 이러한 헌법이 정의로운 사회의 주춧돌이다.

어떨 때는 국가의 시스템이 작동하지 못하는 상황이 발생하기도 한다. 각종 재난에 대처하는 콘트롤타워의 역할을 하지 못했던 국가, 시스템을 작동시킬 권한을 가진 사람이 갑자기 사라져 버리는 국가, 또는 새로운 시스템을 요구하는 국민들의 저항을 멈추려는 국가. 모두 제 역할을 하지 못하는 국가의 모습들이다. 이런 국가의 일시정지 상태는 역사 속에 다양한 얼굴로 숨어 있다. 그런데 국가는 역설적이게도 종종 인민을 위협하기 위해 국가 시스템의 붕괴를 예고한다. 실제

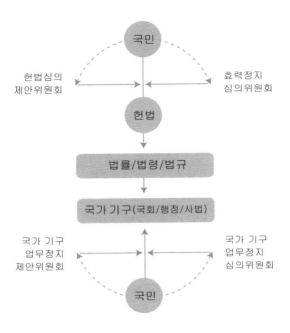

[그림 3] 국가 기구 감시 통제의 모델

로 국가가 기능하지 못하는 경우는 '천의 얼굴'로 존재하지만, 국민들에게는 딱 한 가지 얼굴만 보여주는 것이다. '국가 전복을 꾀하는 세력 때문에, 국민 모두가 망하게 될 것이다!' 이렇게 협박받는 순간, 국민들의 몸과 마음은 갑자기 '얼음'으로 변하곤 한다. 대한민국 역사에서 반공법과 국가보안법은 헌법보다 우위에 있는 국민을 '두려움이라는 울타리'에 가두었다. '국가 전복'이나 '체제 전복'이라는 말만 들어도 국가가 위기에 내몰리는 것으로 착각하면서 살았다.

그런데 역사적으로 돌이켜보면 국가의 체계화된 시스템이 작동되지 않거나 국가의 최고 권력자가 존재하지 않아도 국가는 쉽게 멸망하지 않았다. 국가란 말 그대로 시스템이기 때문에 사람이 없어지거나 바뀌

당신은 민주 국가에 살고 있습니까

더라도 작동할 수밖에 없는 구조적 장치를 갖고 있는 것이다. 그럼에도 불구하고 인민은 국가의 시스템을 정지시키는 것에 대해 두려워한다. 물론, 두려워할 수밖에 없다. 삶이 폐허가 되었던 역사적 경험들이 무의식 속에 축적되어 있기 때문이다. 이 역시 국가가 조작하고 강요한 산물이지만 말이다.

국민이 국가 기관의 다양한 권한을 잠시 정지시키는 권리를 일상적으로 행사한다고 전제해 보자. 이 권리는 국가 기관 업무 중지권이라고 불린다. 국가 기관의 모든 업무와 권한을 국민이 일시적으로 정지시킬 수 있는 권리를 의미한다. 이 권리는 국가 기관이 국민의 기본적인 권리를 위해 집행 권력 기관의 의무를 이행하지 않거나 국민에게 봉사하지 않을 경우에 사용될 수 있으며, 이를 위해서는 기본적으로 인민의 국가 기관 업무 중지권이 헌법상의 가치로 획득되어야 한다. 많은 인민이 이 권리를 사용하는 데 찬성하면 모든 국가 기관이나 특정 국가 기관의 업무와 권한은 정지된다. 그 후에 국민은 국가 기관을 새롭게 구성하면 된다. 국민이 국가 기관에서 일하고 있는 공무원 개개인에 대한 통제권을 가지는 것이 아니라 아예 국가 기관 자체에 대한 통제권을 보유하는 것이다.

일례로, 2004년 3월 12일 야당 국회의원 193명의 찬성으로 가결되어 같은 해 5월 14일 헌법재판소에서 기각된 대통령 탄핵 사태는 국회가 대통령의 권한과 업무를 정지시킨 대표적인 경우이다. 노무현 전 대통령은 국회의 탄핵 의결 때문에 헌법재판소가 그 의결의 위헌 여부를 결정하는 동안에 권한과 업무를 정지당했다. 국민 또한 개인에 대한 국회의 탄핵권과 그 권한 사용의 정당성을 판단하는 헌법재판소의 위헌심판권을 되돌려받아야 한다. 그러나 그보다 더욱 중요한 것은 국가 기관 자체의 권한과 업무를 정지시킬 수 있는 권리를 국민이 가져야 한다는 것이다. 국가 기관에 소속된 공무원이나 선출직 국회의원이어도 국민을 위해 봉사하지 않을 경우, 국민은 일정한 요건과 절차를 거친 국가 기관 업무 중지권을 발휘해서 공무원이 소속된 국가 기관과 국회의 권한과 업무를 정지시킬 수 있어야 한다.

이처럼 국민은 국가 기관이 국민의 민주적 권리와 의사에 반하는 지위를 누리려 할 때 이를 실질적으로 관리하고 통제해야 한다. 국민 스스로 사회계약의 제반 권리를 지배하고 통치하는 것이다. 이 상황에서는 헌법재판소나 청와대를 포함하여 각종 국가 기관이 그저 집행 기관으로서의 지위만을 갖게 된다.

국민이 직접 국가 정책 최고심의위원회를 구성하여 그 위원회가 국가 정책을 최종적으로 결정하는 권리도 마찬가지 대안으로 고안될 수 있다. 주권이 국가 의사의 최고 결정권이라고 한다면 국가 정책에 대한 최종 결정권을 국민이 보유하는 것도 당연한 것이다. 최선의 국가 정책은 사회계약의 내용을 담아내는 것이다. 국민이 사회계약의 주체로서 국가 정책을 직접 결정할 수 있는 제도야말로 사회의 최선이다. 국가 정책 최고심의위원회가 바로 그 대안이다. 물론 국가 정책 최고심의위원회는 입법부가 아니다. 행정부를 관리하고 통제하는 행정부 내부의 최고 집행기관이다. 국가 정책 최고심의위원회는 집행 권력의 내부 절차를 거쳐 올라온 국가 정책을 최종적으로 심의하여 결정한다. 이것은 국민이 국가권력을 지배함과 동시에 구체적인 국가 정책에서 주권과 권력을 실질적으로 발휘하는 과정이 된다. 그런데 국가 정책 최고심의위원회가 국가권력과 유착하여 관료 기구로 변질될 가능성도 있기 때문에, 국민은 국민 주권을 실현하기 위한 또 다른 장치로 국가 정책 최고심의위원회를 감시하고 통제할 수 있다.

당신은 민주 국가에 살고 있습니까

국민 자치 공화국의 꿈

◇ ◆ ◇

권리와 권력은 정치적 공동체의 본질이자 목적이다. 이런 차원에서 볼 때, 국가란 본래 사람들 간의 계약으로 만든 정치적 공동체를 새로운 법률로 지배하고자 등장한 공공적 주체이다. 국가가 공공적 주체라고 하는 것이 맞는 말일까, 틀린 말일까? 우리는 모든 권력은 국민으로부터 나온다고 배우지만, 현실에서는 국민이 진짜 권력의 주인인지 헷갈린다. 자신의 권리와 권한을 분리시켜 이해하는 것도 힘들다. 헷갈리지 않는다면 아마도 정치의 본색에 대한 식견이 풍부한 사람일 것이다. 그렇지만 대부분은 '권리를 특정 정치 세력이나 국가에게 위임하는 것은 곧 권리의 소멸'로 받아들이고, 이렇게 위임하고 난 이후에는 권력이 권리를 지배하는 것에 대해서도 자연스럽게 받아들인다. 지배 세력이나 국민이나 이 입장은 거의 비슷하다. 지배 세력의 입장은 매우 간단하다. 권리를 위임하는 대표적 제도인 선거만 잘 관리하면, 아니 선거에 참여하는 사람들 중에서 절반 이상만 잘 관리하면 권력을 장악할 수 있고, 선거가 끝난 이후에도 '권리'를 행사하려는 사람이 적으면 적을수록 국민 전체를 보다 편하게 지배하고 통치할 수 있다. 따라서 이들은 국민의 권리를 소멸시키는 권력의 정당성을 지속적으로 만들어낸다.

그래서 권력의 힘 앞에서 자신의 권리를 포기해야 하거나 희생당하는 사람들과 함께 '정치'를 하는 사람들은 끊임없이 그들의 '권리'를 앞세워 권력과 싸운다. '민주주의는 피를 먹고 자란다.'는 말은 아마도 '권력과 권리의 싸움'에서 희생당했던 사람들을 기리는 역사적 명제일 것이다. 역사의 한 페이지에 기록된 '봉기'나 '항쟁'은 권력을 상대로 했던 권리의 저항이었다. 이러한 싸움들은 공통된 인과관계를 가지고 있다. 권한을 제대로 행사하지 않는 권력의 주체들을 상대로 권리의 주인인 인민이 새로운 권력을 만들기 위해 자신의 힘을 다양한 방식으로 표출하는 것이었다.

여기에서 짚어야만 할 부분이 있다. 권력-권리-권한의 의미와 관계이다. 사람들의 정치의 기본기 중에서 가장 약한 부분일 것이다. 이 세 가지의 의미와 관계를 아주 다양하게 짚었던 여러 학자들의 이야기가 있지만, 여기에서는 이것들을 모두 끌어와서 말하기보다는 정치의 본색을 이해하는 데 필요한 기본적 수준에서 정리하려 한다.

혼자서는 감당하기 어려운 거대한 힘이어서 그런지, 자신의 삶과 무관한 것으로 여기면서 살아서 그런지, 권력을 상상하는 순간 가장 먼저 다가오는 느낌은 답답함과 버거움이다. 혼자서는 감당하기 어려운 거대한 힘이어서 그럴 수도 있고, 자신의 삶과 무관한 것으로 여기면서 살아서 그럴 수도 있다. 권력은 거대한 공공적 힘으로 존재하며, 개인이 싸워본들 권력이 작동하는 시스템은 쉽게 변하지 않는다는 것을 사람들은 경험을 통해 알고 있다. 집회와 시위를 하는 현장에서 줄지어 서서 권력의 힘을 과시하는 경찰에게 비켜달라고 요구한들 권리를 행사하려는 사람들에게 돌아오는 것은 공공적 힘의 거대한 장벽뿐이다. 개인의 '삶 고통'을 권력에게 하소연하더라도 권력이 답해 줄 수 있는 것은 공공 규정과 제도의 원칙뿐이다. 왜 이런 현상이 나타나는 것인가? 권력이 '공공 이해를 추구하는 구조화된 시스템이 작동되는 힘'이라면, 개별화된 개인의 힘만으로는 권력을 상대하기가 어렵기 때문이다. 또한 이러한 공공적 시스템을 작동하는 사람들이 바로 권력자들임에도 불구하고 권력자들조차 체계화된 시스템을 쉽게 바꿀 수 없기 때문이다. 물론 권력자들에게는 공공적 시스템을 실제로 작동시키는 힘이 있다. 아마도 권력자의 가장 대표적인 권한은 시스템 속에 진입할 사람들을 선택할 인사 권한과 공적인 업무를 수행하게 하는 지시 권한, 그리고 공적 시스템이 작동하는 데 필요한 재정을 집행할 재정 권한일 것이다. 이러한 권한들이 모이고 모여서 하나의 공공적 시스템으로 정착되는 것을 권력이라 할 수 있다.

그런데 권력과 권한은 어디에서 유래하는 것이고, 그 힘의 범위와 한계에 대한 기준은 무엇을 가지고 설정할 수 있는 것일까? 권리가 권력을 만들어 권한을 정하는 만큼, 그 해답은 '권리'에서 찾아야 한다. 하지만 다들 그렇다고 쉽게 말하지 못한다. 이러저러한 '권리'가 있고 그 '권리'에 상응하는 책임과 의무가 있다는 것에 대해서는 어릴 때부터 배웠지만, 다양한 '권리'의 의미와 그 유래를 배울 수 있는 경우가 드물었기 때문이다. '권리'가 무엇이냐고 질문을 받는 순간, '선거를 할 권리, 노동을 할 권리, 교육을 받을 권리' 등등이 머릿속에 먼저 떠오를 것이다. 하지만 이러한 권리가 자신에게 왜 부여되었는지까지는 고민하지 못한다. 헌법으로 규정하고 있는 형식적 '권리'조차 잘 모르고 있는데, 실제 권리의 내용과 의미까지 알기란 쉽지 않다.

이번 기회에 '권리'의 의미를 보다 간결하게 정리해 보자. 사람들의 '권리'가 국가나 권력, 그리고 권한보다 강력할 수밖에 없는 이유를 공유해 보자는 것이다. 첫째, '권리'란 사람들이 태어나는 순간부터 누릴 수 있는 힘이다. 엄마 뱃속의 태아까지 주체로 본다면, 사람은 태어나기 이전부터 권리를 누려야 할 힘을 가지고 있다. 이를 자연권이라고 부르든 기본권이라고 말하든, 결국 모든 이가 본성적으로 누려야 할 것이다. 둘째, '권리'란 공공의 권력체를 만들 수 있는 힘이다. '권리'를 가지고 있는 사람들끼리 서로 계약을 해서, 서로가 자신의 권리 중 일부를 양보해 사람이 아닌 공공의 인격체를 만드는 것이다. 공공의 인격체 중 가장 강력한 형태가 국가이다. 그런데 사람들은 일상의 삶 속에서도 수많은 모임이나 단체와 같은 공공의 인격체들을 만들면서 살아간다. 심지어 자그마한 계모임조차도 모인 사람들의 권리들을 조금씩 모아서 만드는 것이다. 셋째, '권리'란 '권력'에게 공공적 시스템이 제대로 작동하도록 요청할 수 있는 힘이다. 공공의 권력체는 권리가 부여한 권한의 범위 내에서 공공적 시스템을 작동시켜야 한다. 그런데 종종 권리가 부여한 공공 권력체의 의무는 사라지고, 권력의 권한만이 권리의 주체들을 지배하려 한다. 이러한 현상을 바꾸어내는 것도 권리의 주체들이다. 하지만 공공의 권력체들 만드는 과정에 수많은 권리의 주체들이 참여하고, 권력을 바라보는 시각과 가치의 차이가 존재하는 까닭에 똑같은 목소리로 똑같이 행동하기가 쉽지 않다. 공공의 권력체는 권리의 이러한 약점을 이용하려 한다. 수많은 시위와 집회로 권리를 행사하는 권리의 주체들이 권력체의 변화를 요구하는 것은 동시에 다른 권리의 주체들에게 권리를 함께 행사하자고 요구하는 과정이기도 하다.

다음 그림은 '권한과 권력과 권리의 동심원론'이다. 그림을 보면 '권한'이 가장 핵심인 것으로 간주할 수 있다. 하지만 중앙에 자리하고 있는 것이 핵심이고 주변이 변방인 것이라는 판단은 기존의 관행이다. 한 발 떨어져서 생각해 보면, 주변부가 오히려 더 큰 힘으로 더 넓은 범위에 영향을 미치고, 중앙이 더 작은 부위를 담당한다고 볼 수도 있다.

이 그림을 이해하는 방법은 아주 간단하다. 사람들의 권리가 제일

[그림 4] 권한과 권력과 권리의 동심원론

강력하고, 그 범위도 넓은 대신 권력자들의 권한이 제일 약하다는 의미이다. 사람들이 본능적으로 누려야만 할 자연적인 권리가 나머지 실정법적 권리나 권력, 그리고 권력자들의 권한까지 다 포괄한다는 것이다. 하지만 현실은 정반대이다. 권력자들의 권한이 사람들의 자연적 권리까지 지배하고 통치하고 있다. 국민이 위임하는 것은 권리의 부분적 요소인 '권한'에 불과하건만, 현실의 공공적 권력 체계는 그렇지 않다. 의회는 법의 제·개정과 관련된 권한, 행정부는 법의 집행과 관련된 권한, 그리고 사법은 법의 판단과 관련된 권한을 위임받은 것에 머물러야 하고, 그러한 권한이 사람들의 권리를 침해하지 못하도록 권력 체계가 재편될 필요가 있다. 진짜 민주주의의 본색이 이것이다. 만약 이러한 동심원 패러다임을 실제 권력 체계로 적용하는 권력자나 지도자가 존재한다면, 그 사람이야말로 진짜 '영웅본색'의 주인공으로 등장할 것이다.

국가권력은 인간의 자연적 권리를 바탕으로 형성되었고, 인간의 자연적 권리와 실정법적 권리에서 부여한 권한만을 행사하면서, 국민들의 권리를 공공적으로 실현할 의무를 지고 있다. 그렇지만 국가는 '공공의 힘'과 '공공 질서'를 명분으로 내세워 '치외법권'의 힘을 누린다. 앞 그림대로 이해한다면, 그러한 힘을 누릴 주체는 국가가 아니라 국민이다. 국가는 누군가를 지배하는 권력체가 아니고, 단지 관료나 공무원들에게 부여된 권한만을 행사해야 하기 때문이다. 국가는 자연적 권리의 주체인 국민들의 따뜻한 생활을 위해 자그마한 권한을 행사하면 그만이다. 권리의 동심원 속에 있는 권한은 인간의 자연적 권리에 비해 미미한 것에 불과하다.

국가는 약해도 국민의 자연적 권리는 강할 필요가 있다. 계약으로 만들어진 국민의 실정법적 권리도 국민의 자연적 권리를 보장하는 도구에 불과하다. 국민의 자연적 권리를 침해하거나 국민과 맺은 계약에서 자기 권한의 범위와 내용을 무시하는 순간, 국가는 직권남용이나 직무유기라는 범죄를 저지르게 된다. 국민은 범죄자인 국가를 원하지 않는다. 국민이 원하는 국가는 자신의 자연적 권리를 보장해 주는 따뜻한 국가이다. 특히 살아가면서 억압받고 고통받는 사람들에게 따뜻한 손길과 눈길을 보내는 국가이다.

공화의 원리가 '상생'일진대, 다수 인민이 '상생'하지 못한다면 공화는 인민을 기만하는 '허언'이 된다. 모두가 함께 안전하고 행복하게 살아가는 것이 '상생'이다. 그런데 '삶'의 기준이 각자 달라서인지, 이 말을 쓰는 사람마다 갈등을 해결하는 과정에서 서로에게 양보를 전제로 해야 한다고 하면서도 힘이 없는 사람들에게만 양보를 권한다. 특히

당신은 민주 국가에 살고 있습니까

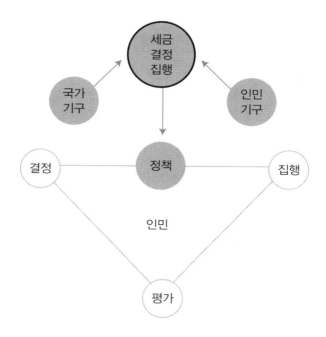

[그림 5] 공화의 원리

국가는 정책을 추진하면서 종종 힘이 없는 인민들에게 양보를 권한다. 힘이 비슷하거나 동등한 사람들은 서로 양보하는 것이 '상생'의 길이다. 하지만 힘의 우열 관계가 있을 때, '상생'을 위해서 누가 양보를 해야 하는 것인가?

공화의 가치는 본질적으로 사회 구성원 간의 차별과 불평등을 지양하는 것이다. 힘이 약한 사람들에게 힘을, 재산이 부족한 사람들에게 재산을, 도움이 필요한 사람들에게 도움을 주는 '미덕'이 존재하는 사회이다. 바라보는 것만으로도, 서로가 서로에게 '아름다움'과 '기쁨'을 주는 사회다. 사람의 아픔을 보듬어 주고 상처를 치유하는 '힐링 사회 Healing Society'를 말하는 것이다. '미덕'을 베풀지 않는 사람들이 없는 세상! 사람들은 국가에게 그런 역할을 요구한다.

만약 국가가 '상생 사회'를 만들지 못하고 '야만 사회'만 추구한다면, 인민들은 어떻게 할 것인가? 훌륭하다고 생각해서 선택한 대표자들이 역할을 하지 못하고, 끼리끼리 권력을 나누어 '그들만의 리그'를 만들어서 인민에게 양보만을 강요하거나 인민끼리 서로 싸우게 만드는 국가라면 말이다. 이러한 국가는 인민이 스스로 통치해야 한다.

통치라는 말만 들어도 저절로 떠오르는 사람들이 있다. 똑똑하고, 돈도 많고, 처음부터 권력의 힘을 가지고 있는 그들이다. 인민은 스스로 통치할 역량이 없다고 '자기 검열'을 한다. 공장이나 논밭에서 일하는 사람들은 국가와 국민을 통치할 역량이 부족하다고 규정한다. 이러한 규정은 교과서와 미디어 혹은 주변 사람을 통해 무의식적으로 세뇌된 결과다. 위인전이든 교과서든, 은연중에 통치 세력을 노동하는 인민과 분리한다. 위대한 발명가들을 말할 때도, 그 발명가와 함께 땀을 흘린 인민의 노동을 부각하지 않는다.

하지만 학벌이나 돈이 통치 능력을 보증해 주는 것은 아니다. 통치는 인민들과 맺은 계약을 잘 이행하기 위해, 법을 잘 만들어 잘 집행하면 되는 것이다. '자리가 사람을 만든다.'고 한다. 누구든 자신의 위치에 맞게 일할 능력을 갖춘다고 한다. 능력이 부족하면 채우고 과하면 버려서, 자신을 그 위치에 맞게 조절할 수 있다.

고대 그리스에서는 30세 이상의 시민 가운데 두 명 중 한 명이, 평생동안 적어도 한 번은 '평의회'에 시민을 대표하여 참여하였다. 당시 평의회는 대의 권력 기구였고, 시민이라면 누구나 정치권력에 참여하여 발언하고 토론할 수 있었다. 그리고 또 독특한 점은 '제비뽑기'로 행정관료를 선발했다는 사실이다. 공직자 대부분은 이름을 쓴 쪽지를 모자

당신은 민주 국가에 살고 있습니까

속에 집어넣고 무작위로 추첨해서 지명한 사람들이었다.

　파리 코뮌도 유사한 사례이다. 1871년 3월 28일부터 5월 28일까지, 노동자와 농민들이 봉기로 수립한 혁명적 자치 정부가 파리 코뮌이다. 파리 코뮌의 평의회는 노동자와 농민에게 권력을 부여하였다. 아홉 개 자치위원회가 군사·재정·식량 등과 관련된 정책을 수립하여, 인민의 자기 통치를 실현하였다. 노동자와 농민이 주가 되어 평의회 권력으로 '자기 통치'를 수행할 사람들을 새롭게 고용하였다. 또 정책과 법령도 마련하였다. 파리 코뮌 평의회에서는 징병제와 상비군의 폐지, 인민이 주도하는 국민군 설치, 행정 공무원들의 봉급 상한제 도입, 주요 공장에 대한 노동조합의 자주 관리 등이 실행되었다. 비록 파리 코뮌은 1871년 5월 28일 프로이센과 동맹한 정부군에게 1주일 동안 저항하다가 붕괴하였지만, 아주 짧은 기간 동안이라도 노동자와 농민이 권력을 지배하는 공화국의 사례를 만들었다.

　인민은 공화주의의 원리 중 하나인 자기 통치의 원리를 실현할 수 있다. 루소는 민주주의를 '인민의 자기 통치'라고 강조하였다. 특정 국가 내에서 누군가가 국민을 지배하는 것이 아니라, 국민 스스로 자신을 통치하는 민주주의를 의미한다. 국민이 일상 생활에서 느끼는 행복 지수를 스스로 높여 나가고, 그 행복을 지속시킬 수 있는 사회의 원리이다. '상생 사회'의 구현체인 자치공화주의의 헌법 원리이기도 하다. 사람들이 차별과 착취에서 해방되는 세상! 이 공화주의 세상에서는 인간이 서로 차이를 유기적으로 결합시켜 나간다.

　공화국과 민주주의는 함께 존재하기 어렵다는 말인가? 아니다. 국민이 국가권력이나 통치권을 실질적으로 통제할 수 있는 공화국도 있다. 그 상상적 대안은 자유민주주의 공화국이 아니라 '국민 자치 공화국'이다. 이런 공화국에서는 굳이 '인민'이라는 말을 쓸 필요도 없다. 대한민국 헌법 제1조를 다음과 같이 바꾸면 된다. "대한민국은 국민 자치 공화국이고 대한민국의 주권과 권력을 국민이 통제한다." 현행 헌법 제1조의 규정은 절반의 민주주의만을 추구하고 있다. 대한민국의 모든 권력이 국민으로부터 나온다고 하지만, 그렇다고 국민이 대한민국의 모든 권력을 통제하는 것은 아니다. 국민은 권력의 주체가 아니라 권력을 형성하는 수단으로 간주되고 있다. 국민은 단지 자유민주주의 국가의 모든 권력을 형성하는 데 참여하면 그만이다. 따라서 공화국과 민주주의가 함께 존재하려면, 국민이 권력의 실질적 주체가 되어야 한다. 그것이 바로 국민 자치 공화국이다.

산행을 하는 사람은 산 너머에 뭔가가 있을 것이라는 희망에 아직 가보지 못한 발걸음을 옮긴다. 지친 몸과 마음을 다시 추슬러 넘어갈 수 있는 것도 그 희망의 끈 덕분이다. 산 너머 남쪽에는 따뜻한 국가가 있을까? 내가 살고 있는 이 땅에 따뜻한 국가는 언제 올 것인가? 그런 국가에 대한 그리움을 안고 살아가는 것은 과연 어리석은 짓일까? 무수한 권한들이 모이고 모여 권력으로 전화된다는 원리에 따라야만, 권력의 주인이 국민이고 국민으로부터 권력이 나온다는 헌법의 원리가 실현될 수 있다. 그렇다면 이 희망도 허무맹랑한 꿈만은 아닐 것이다.

　　　　　　　　　　　　당신은 민주 국가에 살고 있습니까

제3의 남북 평화 동맹 국가

◇◆◇

　평화통일 운동은 남북한 정부에게 '평화협정 체결'을 요구한다. 전쟁을 예방하고 평화 교류의 장을 만드는 수단이자, 국제 사회의 영향에서 벗어나 주체들끼리 통일을 이뤄내는 디딤돌이다. 하지만 남북한은 1953년 이후 현재까지 '평화협정'을 체결하지 못한 채, 한국전쟁을 계속하고 있다. 총이나 미사일만 오고 가지 않을 뿐, 다양한 방식으로 전쟁을 하고 있다. 국가와 지배 세력은 언제든 국민을 전쟁에 동원할 장치를 마련한 상태이다. 미국의 역사정치학자인 하워드 진Howard Zinn, 1922~2010은 전쟁을 다음과 같이 생각하였다. "가난한 사람들이 다른 사람들의 유희와 부와 사치를 위해 싸우다 죽는다."

　남북한은 서로 '휴전협정'만 맺고 있는 상태이므로, 언제든지 총이나 미사일을 다시 발사할 수 있다. 남북은 휴전 이후 지금까지 전쟁과 유사한 폭력적 상황을 서로 주고받아 왔다. 한국전쟁은 1950년 6월 25일 시작하여 1953년 7월 27일 끝났고, 그 이후 현재까지 전쟁이 없었다고 말하지만, 맞는 것일까? '휴전'의 의미를 되새길 필요가 있다.

　물론 국가들이 서로 평화협정을 체결하거나 외교 관계를 맺고 있어도 전쟁을 할 수는 있다. 전쟁 이외의 다양한 폭력을 주고받는 것까지 생각하면, '평화'는 정말 어려운 일이다. UN 헌장 제2조도 국제 평화와 안전, 분쟁을 해결하는 평화 원칙, 무력 행사나 위력 시위 등을 금지하고 있지만, 이를 무시하고 군사력을 앞세워 국제 분쟁을 해결하는 국가가 많다.

　하지만 남북한이 어떤 통일 방안을 제시하고 국제 사회가 한반도 통일 문제를 어떻게 논의하든, 통일의 주체를 제대로 설정할 필요가 있다. 그 주체를 사람이나 국가가 아닌, '평화'로 설정하는 것이다. 그렇다면 통일은 전쟁과 같은 폭력적인 삶의 방식을 없애는 과정이 된다.

이런 맥락에서 남북한만이 아니라 한반도 주변에 있는 국가들과 함께 평화협정을 체결하는 전략을 생각해 볼 수 있다. 그것은 동북아 지역에 평화 벨트를 구축하는 전략이다. 소위 6자 회담의 주체인 미국, 중국, 러시아, 일본, 남한, 북한이 동북아 지역에서 적대와 경쟁이 아닌 평화와 공존을 선택하여, 누구나 안전하고 행복하게 살다가 죽을 수 있는 새로운 제3의 통일 국가를 만들 경우 남북한은 동북아 지역에서 '평화 헤게모니'를 만들 수 있다. 헤게모니를 다르게 표현하면 '영향력 또는 주도권'이다. 상세하게 설명할 경우, 의미에서 약간 차이가 있지만, 여기에서는 헤게모니와 주도권을 같은 것으로 이해하자. 그런데 누구나 경험하듯, 가만히 있거나 그저 기다리는 사람에게 주도권을 주는 경우는 거의 없다. 따라서 사람들은 주도권을 잡는 데 필요한 일들을 해야 한다.

물론 한반도 주변의 국가들도 남북한의 주도권을 쉽게 허용하지 않는다. 어떤 시공간이든 경쟁에서 승리할 수 있는 시금석은 관계 속에서 발휘하는 영향력과 관련이 있다. 그래서 남북한은 '평화 헤게모니'를 확보할 필요가 있다. 이를 위한 다양한 방법들 중에서 가장 어려우면서도 쉬운 일은 '평화 주권 동맹 국가'를 만드는 것이다. 대부분의 사람들은 처음 듣는 말일 것이다. 그 통일 국가의 역할과 기능이 무엇인지 쉽게 다가오지 않을 것이다. 하지만 문자 그대로 해석해 보자! '평화 주권 동맹 국가'는 남북한이 서로 동맹해서 한반도 평화를 일구는 국가이다.

이 국가는 남북한이 독립 국가인 상태로 남아 있으면서, 또 다른 제3의 국가를 서로 합의하여 만든다. 한반도에 제3의 통일국가가 생겨, 국가가 하나 더 늘어난다. 그동안 남북한이 제안했던 통일 방안으로 말하

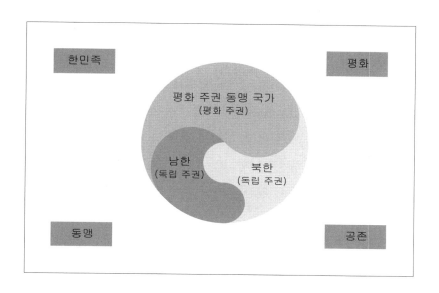

[그림 6] 평화 주권 동맹 국가의 모델

면, 「1민족 2체제 3국가 3정부」라는 형태이다. 이것은 3국가 통일 방안이고, 새로운 평화 주권 동맹 국가를 남북이 만드는 방안이다. 한반도에 남한과 북한 말고 제3의 새로운 국가를 만드는 것만으로도 한반도 국민들이 그 국가와 새로운 계약을 맺는다. 남북한이 서로 현 체제와 국가 및 정부를 인정한 상태에서, 하나의 민족을 평화적으로 재구성한다.

세계 정부 혹은 글로벌 체제와는 무관하게, 이러한 제3의 국가 형태는 유럽에서 이미 움텄다. 유럽 지역 국가들이 오래전부터 만들려 했던 유럽연합Europe Union(EU)이다. EU는 1950년대 초반부터 경제 위기를 극복하기 위한 시장화 전략의 일환으로 추진되다가, 2004년에 헌법을 만들어 제3의 국가임을 선포하였다. 25개 국민국가들이 EU에 가입하였다. 이들 국가들은 단일 화폐를 사용하고 있으며, EU에서 만드는 다양한 법과 제도들을 수용해 나가고 있다. 하지만 EU는 소속된 개별 국민국가의 주권을 절대 침범하지 못한다.

그렇다면 평화 주권 동맹 국가의 헌법은 어떻게 구성되어야 하는가? 제3의 국가는 한반도의 평화라는 전제에서 헌법의 기조를 만들어야 한다. 제일 먼저 중요한 것은 평화 주권 동맹 국가의 주권을 어떻게 설정하느냐이다. 그 주권은 당연히 남북한 국민이 보유하고 있는 평화 주권이다. 남북한 국민은 평화와 관련하여 제3의 국가와 사회계약을 다시 체결하는 것이다. 다음으로 중요한 것은 제3의 권력 구조를 형성하는 것이다. 제3의 권력은 입법권, 집행권, 조정권으로 분립한다. 특히 조정권은 개별 국민국가인 남한과 북한의 이해가 서로 달라서 발생하는 갈등과 분쟁을 조정하는 권력이다. 국가권력의 집행자들은 남북한 국민의 직접선거로 선출된 사람들로 구성한다. 마지막으로는 예산과 관련된 구조이다. 남북한 국민은 세금을 이중으로 낸다. 남북한이라는 국가와 제3의 국가인 평화 주권 동맹 국가에게 세금을 내는 것이다. 평화 주권 동맹 국가는 남북한의 의무금에 의존하는 것이 아니라, 평화를 위한 세금징수권을 가지고, 한반도 '평화 헤게모니'를 유지한다.

하지만 평화 주권 동맹 국가는 개별 국민국가인 남북한의 주권을 절대로 침해할 수 없다. 평화 전략에 대해서만큼은 제3의 국가가 힘을 발휘하지만, 독자적으로 군사력을 보유하는 것도 아니다. 그러나 한반도에서 군사력을 사용하는 문제나 혹은 평화 주권을 실현하는 문제에 대해서만큼은 제3의 국가가 절대적인 권한을 보유한다. 물론 그 권한의 행사 여부는 남북한의 지배 세력이 아니라 남북한 국민이 결정하는 구조로 구성한다.

제3의 국가는 UN이나 EU가 안고 있는 구조적 한계도 고려해야 한다. 그 한계는 UN이나 EU가 강대국 중심으로 운영된다는 점이다. 그 때문에 UN헌장이나 EU헌법이 실질적인 힘을 발휘하지 못하는 것이다. UN헌장 제2조에서 모든 회원국은 국제 평화와 안전, 그리고 정의를 위태롭게 하지 않는 평화적인 방법으로 국제 분쟁을 해결한다고 규정하고 있다. 하지만 UN은 전쟁을 도발하는 미국의 행동에 정당성을 부여하는 역할만을 해 왔다. EU도 자본의 시장화 전략의 일환으로 유럽의 노동자·민중들을 희생시키는 법과 제도만을 구축하고 있다. 그러나 한반도의 제3의 국가는 이러한 한계를 내포하고 있는 국제 기구가 아니라, 한반도 평화와 관련해서만큼은 남한과 북한에 대해 강제력을 발휘할 수 있는 실질적 주체로서의 국가가 되어야 한다.

평화는 정치의 연속이다. 평화는 전쟁에 저항하는 정치 투쟁 속에서 그 사상을 싹틔우고 대립과 갈등을 지양하는 상태다. 아렌트^{Hannah Arendt, 1906~1975}는 전쟁의 '보이지 않는 손'을 들여다보고, '다른 수단을 통한 전쟁의 연속이 평화'인 점을 강조하였다. 그 다른 수단이란 전쟁의 기술력이었다. 그런데 각종 전쟁에 우위를 점하는 수단이자 전쟁을 억지하는 수단으로 작용하는 '전쟁의 기술력'이 다양한 차원의 전쟁을 일상화하고 있다. 전쟁무기의 최고 기술력으로 인정되는 '핵'이 전쟁 억지력으로 작용하는 것이 아니라 인류를 파멸시키겠다는 위력적 시위를 계속하고 있다. 전쟁의 기술력이 세계 전체의 자살 수단이 될 수 있기 때문에, 평화야말로 지구적으로 사고하고 지역적으로 생활하는 국민의 진정한 주권이어야 한다. 평화의 첫발은 전쟁의 기술력들을 모두 폐기하는 순간에 내디딜 수 있다. 물론 자본주의 사회에서는 계급 대립을 지양하고 국가 간의 전쟁이 폐지되어야 영구적인 평화가 가능할 것이다.

진정한 정치 혁명이란 무엇인가?

◇◆◇

당신이 가장 편하게 느끼는 시간과 공간은 어디인가? 사람들은 대부분 의심하지 않고, '자기 집' 혹은 '자기 방'이라고 한다. 왜 그럴까? 너무나 당연해서 의심하지도 않는다. 사실 이것이 '당연함'이 가지고 있는 함정이다. '자기 집'이 싫어서, 집에서 이루어지는 관계 때문에 가출하는 사람들이 얼마나 많은가! 매체에서는 청소년들이 가출해서 일탈하는 모습을 자주 보여주지만, 실은 청소년들 자신은 '편안함'을 주는 시간과 공간을 찾아나선 것이라고 봐야 한다.

'자기 집'이나 '자기 방'이 편안한 시간과 공간이라면 그 이유를 자기 자신에게 던져보자. '집'이든 '방'이든, '자기' 것이 자기에게 주는 무엇인가가 있다. 다들 다른 사람의 집이나 방에 머물러 본 경험이 있을 것이다. 이것이 소유가 지닌 힘이 아닐까? 로크John Locke, 1632~1704의 『통치론』에도 나타나 있듯이 생명, 재산, 자유의 권리를 주장하는 서구 자유주의 사상의 핵심은 재산권이다. 동양에서도 유교는 인민을 백성, 민 등으로 뭉뚱그려진 집단으로 표현해 왔지만, 인민 개개인의 권리는 곧 일상생활의 문제이다.

일상생활의 대상물을 자신의 자유의지대로 변형, 처분, 점유, 사용할 수 있는 권리를 소유권이라고 한다. 사람들이 가장 쉽게 그 권리를 행사하는 시간과 공간이 바로 '자기 집'이나 '자기 방'이다. 여기서는 스스로 자신의 시간과 공간에 대한 자유의지를 주체적으로 발현할 수 있다. 인간 사회가 '소유권'을 가장 소중하게 여기는 이유가 이 때문일지도 모른다. 그래서 누군가가 자신의 시간과 공간을 갑작스럽게 침범

당신은 민주 국가에 살고 있습니까

할 경우, 대부분 자신의 자유의지에 상처를 입는다.

　노동하는 것도 비슷하다. 공장이나 논밭에서 일할 때, 사람들은 일하는 시간과 공간을 지배하지 못한다. 특정한 분업 및 협업 시스템을 따라가는 제품 생산 과정이 노동을 지배한다. 자율적이고 자기 주도적인 시스템 속에서 일하는 것이 아니라, 예상하는 결과에 맞추어 일을 해야 한다. 찰리 채플린의 영화 「모던 타임즈」처럼 1930년대 세계 공황의 고통과 컨베이어벨트에 묶인 노동자의 삶을 그리는 영화가 있다. 영화 속 주인공은 보는 이들에게 웃음을 주면서도 가슴을 저민다. 시간과 공간에 예속된 사람의 슬픔을 그리기 때문이다. 도시생활과 공장노동에 지친 사람들이 농촌으로 귀촌·귀농하는 경우도 같은 맥락에 있다. 그들은 하나같이 시간과 공간에 대한 여유를 원한다. 자신의 시간과 공간을 자신이 지배하려는 의지 때문이다.

　민주주의가 '인민의 자기 통치 및 자기 지배'라고 한다면, 자신의 시간과 공간을 지배하려는 자유의지가 국가권력에서 실현되어야 한다. 이것은 인민이 민주주의를 위해 국가권력을 소유해야만 가능하다. 인민들 스스로 국가권력을 행사하면서 편안함을 느껴야 권력의 '주인 노릇'을 제대로 할 수 있기 때문이다. 그렇지 못하면, 인민이 국가권력을 소유했다거나 인민으로부터 국가권력이 만들어진다고 말할 수 없다.

　자본주의 사회의 대다수 인민은 노동자이다. 노동자가 권력의 주인이 된다는 것을 사회주의 사회나 공산주의 사회 국가에서나 가능한 것으로 여길 필요는 없다. 선입견이고 편견이다. 자신의 생각이 아니라, 누군가가 강요하는 생각을 아무런 여과도 하지 않은 채 받아들인 경우일 수 있다. 어떤 사회든 국가권력의 구조를 노동자가 소유하고 지배한다면, 그 사회는 인민들에게 가장 높은 수준의 민주주의를 제공한다.

권력 구조는 권력 기구, 권력 형성, 권력 집행, 그리고 권력 평가라는 순환적이고 유기적인 체제를 지니고 있다. 인민은 이런 방식의 권력 구조에 동의한다. 그런데 인민은 이러한 권력 구조와 어떤 방식, 어떤 내용으로 관계를 맺고 있는가?

　인민의 자기 통치라고 하는 것은 인민이 국가권력을 자기 스스로 지배하는 하나의 패러다임이다. 인민이 네 가지 구성 요소로 국가권력을 지배한다는 것이다. 그리고 국가가 권력 참여, 권력 관리, 권력 통제, 권력 소환이 민주적 메커니즘으로 작동된다. 인민이 주체적으로 참여할 수 있고, 자율적으로 통제하고 관리할 수 있으며, 주체적 평가를 바탕으로 소환할 수 있는 권력 구조인 것이다. 이러한 패러다임이 옛날 사회주의 국가에서 실패했다는 비판도 있다. 그런데 실패했던 것이라고 결론짓기 이전에, 이러한 패러다임이 실제로 실현된 사례가 있었는지 의심할 필요가 있다. 구 사회주의 국가는 권력의 갑옷으로 무장한 채 국가주의적인 통치 방식으로 인민과 국가의 거리를 멀리 떨어뜨렸었다. 이 지점이 사회주의가 패망한 원인이다. 그렇다면 '가장 높은 수준의 민주주의'를 위해서는 인민들이 국가에 거리를 두는 것이 아니라 국가 자체를 비국가적 방식으로 작동하게 만드는 것이 진정한 과제라고 생각할 수 있다. 겉으로는 국가인데, 국가가 인민의 비국가적 권력을 중심으로 잘 작동하는 국가 말이다.

　우리는 비국가적 권력을 이상적이거나 몽상적인 것으로 치부하기 십상이다. 그러나 현실 속에서 실현되는 것이 아주 복잡한 것이 아니다. 정치의 기본만 있으면 된다. 사회를 구성하는 사람들 모두가 '권리'를 생각하면서 살아가면 된다. 권리가 사회를 지배하는 것이다. 먹고 사는 것조차 힘이 든 세상에서 권리라니? 권리는 등 따숩고 배가 고프지

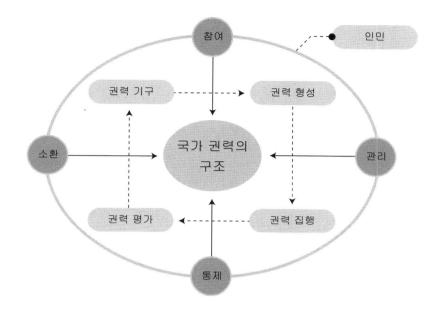

[그림 7] 국가권력의 구조 모델

않으며 시간의 여유를 가진 사람들이 특별하게 누리는 것일진대, 던져주
는 것이나 잘 받아먹을 것이지 권리를 내세우다니!

　아주 단순한 명제이면서도, 실은 꽤 복잡하다. 정치 스스로 자신을
유지하기 위해 기본을 무너뜨리고 왜곡되고 변해 버린 모습을 기본인
양 다수에게 강요한다. 심지어 정치의 기본을 요구하는 사람들에게 권
력의 힘을 앞세워 재갈을 물리기도 한다. '정치의 딜레마 현상'을 드러
나지 않게 작동하는 힘 때문일 것이다. 정치에 관여하는 사람이 많으
면 많을수록, 어느 것 하나를 결정하는 형식과 내용이 복잡해지는 것
은 너무나 당연한 기본이다. 따라서 정치는 '다수의 민주주의'를 말하
면서도, 또는 '그 원리가 맞다'는 것을 잘 알면서도, 자신의 존속만을

위해 '소수의 민주주의'를 결코 포기하지 않는다. 그리고 '삶 고통'에서 벗어나지 못하는 사람들에게 정치가 가장 필요할진대, 그들은 의식주를 해결하는 데 시간을 다 뺏겨서 정치를 하고 싶어도 하지 못하거나, 정치가 의도적으로 많은 사람들에게 정치할 시간을 제공하지 않곤 한다. 딜레마의 핵심이다. 대다수 사람들은 정치를 삶의 여유가 있는 사람들의 시공간으로 특화시켜 버렸다.

삶이 고달픈 원인을 자신의 권리와 연계시켜 진단해 본 적이 있는가를 묻고 싶다. 자신의 능력이 부족하고 성실하지 않아서 그렇다는 말은 수없이 들었겠지만, 능력이 부족하든 남보다 게으르든 국가나 사회는 그런 사람들에게조차 행복한 삶을 보장할 의무가 있는 것이다. 단지 사람들이 국가나 사회의 의무를 구체적으로 요구하면서 살아가지 않을 뿐이다.

나는 7년 전 제천시 수산면으로 귀농(귀촌)했다. 농촌의 원주민들과 의도적으로 섞이려 하거나 혹은 경원시하려 하지 않았다. 그저 마을과 지역이라는 공동체의 일원으로 살아 왔다. 그런데 지난 6년 동안 몇 차례의 생활 정치를 주체적으로 경험하였다. 하나는 투쟁하는 방식의 정치였고, 다른 하나는 제안하는 방식의 정치였다. 2010년대 초반, 내가 살고 있는 지역에 광산 채굴 허가와 수목장 설립 허가를 받은 업자가 개발 사업을 하겠다고 하였다. 이러한 사업의 부당성을 느낀 사람들끼리 모여 대책위원회가 꾸려지자 산간 벽지에 생활 정치의 서막이 열렸다. 대책위원회와 주민들은 합심하여 누려야 할 '권리'가 무엇인지를 확인하고, 그것을 요구하고 실현하는 싸움의 주체로 나섰다. 주민들이 그 싸움에서 완벽하게 승리하였다. 또 다른 생활 정치는 지방자치단체의 정책을 변화시키는 '정책 제안 활동'이다. 제천시 농기계 임대비가 전국의 수많은 지자체와 비교해서 아주 높게 책정되어 있다는 사실을 알고, 농기계 임대비를 50% 정도 낮춰야 할 필요성을 지속적으로 제기하였다. 지방자치단체별로 들쭉날쭉한 권리의 차별화 정책에 대응하는 생활 정치였던 것이다. 제천시와 제천시 농업기술센터는 이러한 제안의 정당성을 인정하고 수용하였다. 어떠한 방식의 생활 정치이든 앞으로 지속될 수밖에 없을 것이다. 삶터가 곧 권리의 응집처이기 때문이다. 지금 이 순간에도 머리에서 떠나지 않는 과제는 농협을 조합원의 진짜 조직으로 변화시키는 것과 주민참여예산정책에 주민의 실체를 투영하는 방법이다. 또한 국가와 지방자치단체가 지원하고 있는 각종의 보조금이 본래 계획대로 잘 집행되고 있는가를 들춰내는 것도 생활 정치에서 놓칠 수 없다. 그러한 보조금들은 '내 주머니 밖에 있는 내 돈'이고, 운영의 투명성이라는 잣대는 곧 민주주의의 기본을 구축하는 사회의 주춧돌이기 때문이다.

　이처럼 권리는 곧 삶의 격조를 높여주는 초석이다. 정치의 시작과 끝이라고 여겨도 된다. 인민의 삶 속에서 들어와 있는 국가 기구를 통제하고 관리하는 권리가 정치인 것이다. 국가 기구의 문제들을 자신의 삶과 별개인 것으로 치부하지 말자. 인민이 군통수권, 세금징수권, 관리 임명권 등을 보유하는 공화국을 상상해 보자. 사람들은 통치자 없이 이러한 국가가 유지될 수 있을 것인가에 대해 의문을 품는다. 권력을 둘러싼 분쟁만이 존재할 수 있지 않을까? 누가 관리할 것인가? 그러나 국민 자치 공화국은 관리나 통치권자를 부정하지 않는다. 관리나 통치권자를 국민이 임명하되 그들의 권한을 국민이 통제하는 것이다. 예를 들면, 국민 자치 공화국에서는 관리나 통치자들이 일회적인 선거로 임명되지 않는다. 전국관리임명위원회에서 추천된 사람들을 국민이 복수로 선출하고 난 이후, 전국국민자치위원회와 같은 기구가 그들 중에서 최종적으로 임명한다. 물론 인민은 전국관리위원회, 전국국민

자치위원회, 그리고 선출된 통치자나 관리들에 대한 통제를 할 수 있어야 한다. 선출만 해놓고 말이나 글로만 통제한다 하지 말고, 통제권의 실제 내용도 만들어 집행해야 한다. 업무에 대한 감사, 업무 회의의 공개, 업무 권한의 정지 및 박탈, 업무와 관련된 법과 제도의 폐지 등의 권한을 인민이 보유하는 것이다.

정치 혁명이란 인민이 자기 지배를 위해 국가 장치와 권력 메커니즘을 새롭게 창조하는 것이다. 혁명의 성공은 권력을 교체하는 데 있는 것이 아니라, 프롤레타리아 국가권력을 완성하는 데 있다. 이를 위해서는 거대한 관료 기구와 군사 조직, 방대하고 정교한 통치 기구의 주체와 구조를 변경시켜 나가는 의회 권력과 행정 권력을 새롭게 만들어야만 한다. 정치 혁명은 새로운 관료와 관료 기구, 새로운 군인과 군대 구조, 새로운 통치 인력과 통치 구조 등을 인민의 자치 권력에 맞게 재구성하는 과정이기 때문이다. 그런데 이 과정에서 사람들 스스로 '자기 검열'을 하는 주요 대상 중 하나가 군대이다. 생명과 안전을 위협하는 외부 공격에서 '삶'을 보호하는 군대, 그러면서도 자신에게 총칼을 디밀어 생명과 안전을 앗아갈 수 있는 군대! 군대가 가지고 있는 '양날의 검'이다. 그래서 몽테스키외도 권력분립론에서 '군에 대한 인민의 통제'를 제기하였다. "군을 통솔하는 집행 권력이 인민을 억압하지 않도록 군대와 인민은 밀접한 관계를 가져야 한다. 구체적으로는 시민으로 구성되는 시민적 성격의 국민군이 있어야 하고, 국민군이 없을 경우에는 일반 국민과 함께 거주하면서 살아가는 하층 계급 중심의 상비군이 있어야 한다." 국가권력의 모든 힘이 인민을 위해 작동한다면, 군대도 국가권력의 장치인 만큼 인민이 그것을 지배하고 통제해야 한다. 그래야 '가장 수준 높은 민주주의'를 실현할 수 있다.

당신은 민주 국가에 살고 있습니까

구속된
자유의 날개

고립된 다수의 소수화

인간은 늘 완전한 '삶 조건'을 꿈꾼다. 누구에게나 자연스러운 꿈이다. 인간이 무엇인가에 의존하면서, 변화에 변화를 거듭하는 이유는 여기 있을 것이다. 자신에게 부족하다고 여기는 부분, 상대와 비교해서 뒤떨어지는 능력, 항상 채워도 늘 더 많은 '채움'을 바라는 모습! 여기서 문제는 '남'의 완벽한 모습이 아니라 내 안에 있는 '불완전함'이다. 삶의 경쟁이 심할수록, 개인의 불완전함은 쉽게 떨치지 못하는 두려움으로 점점 증폭된다. 그리고 돈이나 종교처럼 자신이 믿고 따를 수 있는 무엇인가와 관계를 맺는다. 인간은 자연 상태나 야만 상태의 두려움을 극복하기 위해 서로가 동의해서 계약을 맺는다. 혼자서 살다가 죽는 것이 어려워 끊임없이 관계를 맺는 것이다. 즉 인생은 관계다!

태어나는 것도 부모와의 관계를 통해서이듯 삶의 여정에서 관계로부터 자유로운 인간은 없다. 그런데 불안함이 큰 인간은 관계의 장 속에서 절대자를 찾곤 한다. 다양한 절대자의 모델 중 하나가 국가이다. 특히 국가를 주권자이자 최고 통치권자로 여기는 사람들에게는 더욱 절대적이다. 국가가 인간의 불완전함을 메꾸어 줄 것이라고 기대하면서 국가와 관계를 맺는 것이다.

그러한 관계의 대표적 산물이 법과 제도이다. 국가와 권력이 앞세우는 공공의 모습이기도 하고, 사회 구성원의 평등함을 선언하는 만인의 서약이기도 하다. 그런데 삶은 만인에게 평등함으로 다가오지 않는다. 어떤 삶은 죽을 때까지 풍요가 넘치고, 또 어떤 삶은 궁핍의 도가니만을 긁다가 죽는다. 다수자와 소수자로 편이 갈라지고, 부자와 가난한 자들 간에 삶의 격차가 심해지고, 권력의 주인이 노예로 둔갑하는 현상이 보편화되어 있는데, 그것을 개인의 능력에 따라 나타날 수밖에 없는 결과이며 아주 자연스럽고 정당한 것이라고 여기는 암묵적인 '동의의 카르텔'이 형성되어 있다. 방관하면서 동의하는 '무관심의 카르텔'도 상당한 힘을 가지고 있다.

그런데 그러한 카르텔의 희생양은 항상 양적으로 다수인 가난하고 힘없는 사람들이었다. 특정한 사회가 가지고 있는 재화와 권력을 다수가 공유할 경우에는 소유하는 양이 상대적으로 적어지게 된다. 소수가 많은 재화와 권력을 독과점하고 난 이후 남는 것을 절대 다수가 나누어 갖는 '잉여의 법칙' 앞에서, 다수자들은 늘 소수자가 되는 꿈을 꾼다. 그것을 신분상승이라 부르든 출세라 칭하든, 피라미드의 꼭대기를 바라보는 해바라기가 된다. '부족함'을 채우기 위한 열망과 꿈은 크다. 그러나 이 꿈은 의식과 행동의 기준을 지배 세력의 코드에 맞추어

　　　　당신은 민주 국가에 살고 있습니까

야만 쫓아갈 수 있기에, 다수자들은 자기 검열의 늪에서 허우적댄다. 모르는 사이에 지배 세력의 코드에 맞추어진 사람이 되어 있는 자신을 발견하면서도, 새삼스럽게 놀라지도 않는다. 지배 세력은 생활 세계의 틈바구니 하나조차 놓치려 하지 않고 다수자들의 일거수일투족까지 포위망 안에서 감시하기 때문이다. 다수자들은 권력망에서 벗어나려 할수록 삶의 고통만 가중된다. 따라서 '지배받는 자유'를 선택한다. 자유롭지 않은데도, 자유롭다는 허상의 세계에서 살아가야만 한다는 것이 고립된 다수자의 딜레마이다.

법은 인민들과 합의도 하지 않고서 '삶 조건'이 윤택한 사람들에게만 유리한 쪽으로 변질되기도 한다. 겉으로는 만인에게 평등한 법으로 선언되기도 하고, 법의 울타리 안에서 힘을 가진 사람들끼리 권력 때문에 경쟁하고 싸우는 것처럼 보이기도 한다. 하지만 실제로는 그들만의 울타리에 권력을 가두고 누군가가 그 안으로 들어오는 것을 쉽게 허용하지 않는 '그들만의 권력 리그'이다. 길들여진 다수가 소수를 위해 희생하는 사회를 만들고, 소수에게 기대려 하지 않는 다수를 곤혹스럽게 하면서 권력의 그물망에서 벗어나지 못하게 한다.

여기에서는 지배 세력뿐 아니라 다수와 소수의 의미를 양적인 측면이 아니라 권력의 질적인 측면으로 말하고 있다. 사회적 관계를 구성하는 사람들을 양적인 측면으로 구분하면, 언제나 '다수자'는 인민이고 '소수자'는 권력을 지배하는 일부 세력이다. 그런데 권력의 질적인 관계에서는 그것이 전복된다. '다수자'는 기득권자majority이고 '소수자'는 소외자minority이다. 그러면 민주주의는 어떤 세력의 정의를 추구하는 것인가? 바로 양적인 관계에서는 다수자이면서도 질적인 관계에서 소수자인 '소수적 다수 인민'의 정의를 실현하는 것인 민주주의의 본령이라 할 수 있다.

우리 의식을 지배해야 하는 소수자는 '세계 인구의 99퍼센트를 지배하는 1퍼센트'가 아니다. 자연인으로 누려야 할 권리를 실질적으로 누리지 못하는 사람들이다. 여성, 장애인, 성소수자, 외국인 이주자 등이다. 이들의 '삶 조건'을 바라보는 순간, 사회 구조 자체가 이들에게 어떠한 것을 요구하는지 잘 알 수 있다. 다양한 힘과 권력은 이들과 멀리 떨어져 있다. 자연인의 격에 맞는 최소한의 권리조차 쉽게 누리지 못한다. 그래서 박경태는 『인권과 소수자 이야기, 우리가 되지 못하는 사람들』에서 소수자를 다음과 같이 규정하고 있다. "소수자는 신체 또는 문화적으로 다른 집단과 구별되는 뚜렷한 차이가 있거나 그럴 것이라고 여겨지는 식별 가능성, 정치권력을 포함한 경제 · 사회적 측면에서 열세, 차별 대상"이다. 그래서 소수자들은 법이나 공공 권력의 보호를 받는다 해도, 늘 삶의 지위가 불안정하기 십상이다. 사회적인 '삶 양식'이 다수자들에게 유리하기 때문이다. 이것이 소수자들이 그 양식을 변화시키려 하는 이유이다. 소수자 집단의 성원이라는 집단 의식이 없다면 이들은 한 개인으로 존재할 뿐이다. 그러나 차별받는 소수자 집단에 속한다는 것을 인지했을 때, 비로소 소수자가 되어 사회적인 '삶 양식'을 바꾸기 위한 과정에 참여할 수 있다. 소수자가 된다는 것은 민주주의 주체를 만드는 과정이다.

소수자들이 완전한 '삶 조건'을 구축하는 것은 어렵다. 다수자들의 코드가 이미 사회 구조를 점령한 상태이고, 소수자들은 그 코드를 벗어나려 하는 것부터 '불완전하고 두려운 삶'을 맞닥뜨릴 용기가 필요하다. 이러한 용기를 내는 것이 바로 혁명의 시작이 아닐까?

오늘날 '혁명'은 '친밀감과 두려움으로 포장된 양가적인 꾸러미'인

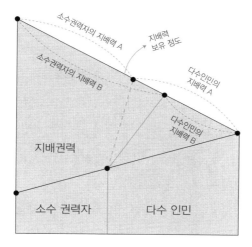

정의롭지 않은 반비례 관계

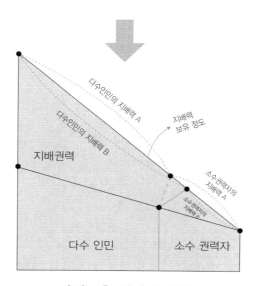

정의로운 정비례 관계

정의란 사회적 관계에 대한 지배력의 비정상을 정상성으로 되돌리는 것이다.

[그림 8] 비정상적 부정의 관계와 정상적 정의 관계

것 같다. 우리는 지금 정보산업 기술의 혁명으로 언제든 시공간을 뛰어 넘는 정보사회의 세상에서 살아가고 있다. 사이버가 사람들의 생활세계를 구성하는 신경세포로 변해 버린 지금, 기술혁명의 세상에서 모두가 혁명적인 생활을 하면서 살아간다. 세대와 성별을 넘어, 지구촌 구석구석에서 살아가는 모든 이에게 매우 친숙한 혁명이다. 일상의 새로움을 창조하는 과정을 통해, 혁명은 늘 내 곁에서 삶의 동력으로 작용하고 있다. 이처럼 하루가 다르게 변하는 사람들의 의식을 '의식 혁명'이라는 말로 표현할 경우, '혁명'이라는 개념은 참으로 자연스럽다. 그러나 '정치 혁명'이라는 말을 접하는 순간부터, 사람들은 자신도 모르게 자기 검열을 하고 있는 자신을 발견하게 된다.

인민은 가장 혁명적이어야 할 정치 투쟁에 대해서만큼은 두려워한다. 'Demos(인민)이 Kratos(지배)하는 것'이라는 정의는 어의적으로 '민주주의'를 설명할 때 사용된다. 이러한 의미를 모르는 사람은 드물다. 누구나가 알고 있는 사실을 또 반복해서 쓰는 이유가 있다. 또다시 권력의 궁극적 주체가 누구인가를 다시 새겨보자는 것이다. 권리를 가진 사람들 스스로 자신의 권리를 방관하거나 외면하려 하고 있으니 말이다. 그런데 다수자 인민이 지배하는 세상을 꿈꾸는 민주주의는 통상 정치적인 혁명과 쉽게 연결되지 않는다. 오히려 대다수는 이러한 정치권력의 혁명을 외면하려 한다. 세상의 99%가 1%인 소수에게 기대고 의지한 채 살아가는 것이 진정 행복한지 생각해 보려고도 하지 않는다. 태어날 때부터 의존하는 삶 자체를 숙명으로 받아들이고, 주체적인 삶의 필요성을 느끼지 못하는 사람들에게는 '정치적인 것'의 혁명 탓에 자신의 '삶 조건'이 오히려 더 어려워질 것이라고 느낀다. 이런 사람들에게는 급격한 변화를 추구하는 민주주의가 부담스러울

당신은 민주 국가에 살고 있습니까

뿐이다. 그렇지만 혁명은 민주주의의 새로운 얼굴이다. 생산되는 재화와 권력을 99퍼센트가 나누는 사회가 '정치적인 것'의 혁명이자, 민주주의적인 세상이다. 플라톤과 아리스토텔레스도 지적했듯이, 민주주의는 단순한 다수의 지배가 아니라 실질적으로 다수인 무산계급이 지배하는 체제이다. 하지만 인민들은 역사적으로 권력에서 배제되어 왔다. 권력의 주체적 존재임에도, 스스로를 그런 존재로 인식하지 못하게끔 하는 지배를 받았다. 권력이 행하는 가장 효과적인 배제는 바로 '존재를 비존재'로 만드는 것이리라.

그렇지만, 단순한 다수의 지배도 큰 힘을 발휘하고 있다. 의사결정의 기본은 다수자의 힘이다. 선거제도를 토대로 대표를 선출하여 민주주의를 실현하려 한다면, 단순 다수 대표제의 힘을 거부하기가 쉽지 않다. 항상 다수가 정당하다는 명제가 부정되지 않는 한, 그 힘은 지속된다. 그러나 민주주의의 본질적 의미와 목표는 선거가 아니라 인민의 실질적인 지배다. 이런 관점에서 보면, 절차적 민주주의의 한계는 자명하다. 이는 형식적 민주주의가 민주주의의 충분조건은 아니라는 뜻이지, 실질적 민주주의라는 이름 아래 형식적 측면을 파괴하거나 무시하는 것이 정당화될 수 있다는 뜻은 아니다. 절차적 민주주의가 필요조건인 것은 맞다. 따라서 절차적 민주주의와 함께할 수 있는 실질적 민주주의의 조건들이 필요하다.

개인은 항상 공리적인 타산을 근거로 국가에 대해 복종하며, 자신의 자연적 권리를 위임하는 계약을 체결한 만큼, 계약을 국제적으로 파기할 수도 있다. 스피노자의 관점을 빌려오면, 인민은 국가의 최고권을 인정할 때만 복종의 의무를 지기 때문에, 스스로 국가에 대한 복종의 대가가 자신의 이익과 상반될 경우에는 국가와 맺었던 계약을 파기할 수 있다. 따라서 스피노자는 혁명을 하나의 자연 현상으로 간주하였다. 국가가 삶의 안정과 행복을 보장하지 않고 개인의 자연적 권리가 존중되지 않는 경우, 혁명은 필연적이라는 것이다.

프랑스의 온건한 공화주의 사상가이자, 민주와 자유가 실현되는 정부를 최선으로 간주했던 콩도르세Marquis de Condorcet, 1743~1793는 프랑스혁명 시대에 대해 자신의 신념을 이렇게 정리했다. 그 시대의 가장 고귀한 유산이었던 이성과 대중 계몽은 인간의 '완전함'과 혁명의 결합이었다는 것이다. "인간과 인간 사회의 완전성은 혁명으로 입증되고, 혁명 이후에 완전성이 발전한다. 그 완전성은 세 가지 방향으로 나타난다. 하나는 모든 국민의 불평등을 파괴하는 방향이다. 국민 누구나가 사회적 관계의 주체인 이상, 국민 모두가 기본적인 삶의 권리를 평등하게 누리는 것이다. 둘째는 계급 사이에 존재하는 불평등을 제거하는 방향이다. 공적인 재산의 불평등과 교육 기회의 불평등이 제거되면서 나타날 수 있는 현상이다. 셋째는 교육의 평등과 지식의 보급으로, 인간이 끝없이 완성되어 나가는 방향이다." 공적인 영역에서 절대주의적인 평등을 추구하는 것이 혁명의 인과관계다. 따라서 콩도르세는 프랑스 혁명에서 '완전함'을 지향하는 인간의 모습을 찾았다. 이러한 이상향은 천부의 인권과 궁극적인 통치 원리를 선언하는 헌법 전문의 단서가 되었고, '불평등'이 사라지는 세상의 모습으로 환생하였다.

혁명은 '삶 조건'을 급격하게 변화시키려는 인간의 욕망을 반영한다. '삶'이 어려울수록, 그 욕망은 힘으로 표출된다. 상대적 박탈감이 높은 사회일수록, 사회의 불안정성은 인간의 불완전함을 가중시킨다. 왜 살고 있는가? 왜 이렇게 살아야 하는가? 자살은 불완전함이 극한 상태에

　　　　　　　당신은 민주 국가에 살고 있습니까

이르러서 선택하는 행위일 것이다. 인간 사회의 '완전체'는 '불완전함'을 극복해 나가는 과정의 산물이다. 이 과정에서 인간은 스스로가 자주적이고 자유로운 존재이자, 스스로 대표하고 스스로 행동하는 존재로 변한다. 자신이 자신의 주인임을 깨닫는다.

자신이 사회를 향해 주인 노릇을 할 수 있고, 사회 역시 자신에게 주인 대접하는 상태라면 누구에게든지 '불완전함'이 적을 것이다. 서로 만족도 높은 상태에서 '차별'을 느끼지 못할 정도라 한다면, 이런 번뇌도 필요없을 것이다. 이를 위해서는 다름을 차이의 평등으로 이해할 수 있는 힘이 필요하다. 이런 이해를 바탕으로 '삶 양식'에서 불평등이 존재하지 않는 사회가 건설된다. 차이의 평등함이 불평등 요소를 가져다준다 할지라도, '삶 조건'에서 차이의 평등함이 존중되는 사회! 이것이 '구속'이 없는 사회에서 살아갈 인간의 모습이다. 노동 능력이 없어지거나 태어날 때부터 노동 능력이 미약했던 사람들까지도 자신의 '삶'에 필요한 것들을 자유롭게 획득하고, 권력을 향해 그러한 요구를 떳떳하게 할 수 있는 인간 사회, 이러한 사회가 모두에게 존재의 온전함과 삶의 질을 보장하는 '삶 양식'일 것이다.

정치적인 것의 민주적 진화

◇◆◇

　역사는 발전하면서 진화하는 것인가? 이런 의문을 접할 때마다 또 다른 의문의 굴레에 휩싸이게 된다. 대체 역사의 무엇이 또는 역사의 주체인 인간의 무엇이 발전하고 진화한다는 말인가? 우선적으로 떠오르는 것은 살아가는 데 필요한 물질적 요소들과 그것들을 확보하는 기술이고, 다음으로는 '정치적인 것'과 관련된 사람들의 생각과 마음이다. 카E. H. Carr가 역사의 발전과 진화를 세대 간의 전승에서 찾으려 했던 이유도 마찬가지였을 것이다. 이러한 현상은 자본주의 체제의 생산력이 과학기술과 함께 한없이 발전하고 있는 현상으로 증명된다. 정보산업 사회는 인간이 가지고 있었던 그동안의 상상력을 쓸어 담아 버렸다. 몽상이나 허상으로 치부했던 것조차 현실 사회의 실제 모습으로 재현되었고, 또 다른 상상력은 끝 모를 무한대로 뻗어나가고 있다.

　그런데 정작 '정치적인 것'에 대한 사람들의 생각과 마음은 어떤 것을 기반으로 삼아 어떤 방향으로 발전해야 할 것인지 혼란스럽다. 생산력의 발전만큼은 카오스 시대나 융복합 시대의 원인이자 결과라고 하지만, 너무나 다양한 사람들의 생각과 마음은 '정치적인 것'의 발전과 진화의 방향을 잃어버린 '상실의 시대'를 맞이했다. 사람들이 세계로부터 소외된 채 살아가고 있다. 이러한 시대는 사회적으로 '기억 상실, 기초 상실, 기대 상실'이라는 증후군을 만들어냈다. 사회적으로 기억하는 것이 없어서인지, 아니면 관계로부터 소외되는 것이 일상화되어 있어서인지, 대부분 자신의 토대가 무엇인지 잘 알지 못한 상태에서 오로지 자기 자신에게만 몰두하게 되었고, 타인들과 더불어 공유하

당신은 민주 국가에 살고 있습니까

는 경험과 인식의 상실로 공적 영역의 사회적 토대가 무너져 가고 있다. 그 누가 희망에 기대면서 살 수 있겠는가? 미래에 대한 사회적 희망을 포기하는 대신 그 빈 자리를 개인의 능력만으로 채우려 한다.

기억 상실은 스스로 자신의 과거를 살려내지 못해 자신의 정체성까지 뒤틀려 버리는 상태가 지속되는 것을 의미한다. 왜곡된 역사가 진실의 역사로 둔갑하고 역사 속의 가해자들조차 피해자인 양 진실을 뒤집어버리는 현상이 나타나더라도, 자신의 삶과 무관한 것으로 치부하는 양상이야말로 집단화된 기억 상실이다. 물론 기억들을 일부러 살려내지 않아 상실되는 경우도 많다. 사람들은 자기에게 유리한 것만을 기억하려 하면서도 그렇지 않은 것에 대해서는 일부러 외면하거나 찾기 어려운 곳에 처박아 놓기 때문이다. 기억이란 흔적의 저장소이자 흔적이 서로 자리다툼하는 싸움터인데, 그 저장소와 싸움터가 사라져 버리자 사회적으로 함께 응시할 좌표와 등대가 없어졌고, 사람이 관계를 맺고 살아가면서도 그 관계 속에서 사람이 사라졌다. '사람'이 있어야 할 자리에 '돈'이 굴러와 박혔던 사람들을 빼내 버렸다. 돈이 사람들을 포박한 것이다. 상실의 시공간을 돈이 채우면서 나타난 현상은 발전의 역설이었다. 옆집 숟가락이 몇 개인지 알 정도로 자그마한 것조차 함께 나누고 공유했던 사람 간의 '인정'이 메말라 버렸고, 어렵고 힘들게 살아가는 사람들의 고통을 함께하려 했던 '관심'이 약해졌다. 내가 먼저가 아니라 다른 사람을 먼저 생각하는 '배려'가 아주 희귀한 것으로 치부되고 있다.

'탐욕의 제국'은 늘 사람들의 억울한 주검을 뱉어 내고 있다. 죽음의 굿판은 끊이지 않고 있다. 오늘도 노동의 현장과 삶의 현장에서 의지와 무관하게 너와 내가 죽어가고 있다. 그 주검들이 온 천지에 널브러

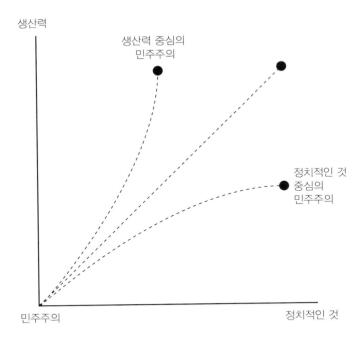

[그림 9] 정치적인 것의 민주적 진화

져 악취가 진동해도, 사람들은 그것에 중독되어 느끼지 못하고 있다. 육신의 죽음만이 주검이 아닐진대. 정신과 마음이 죽고 있어도, 정서와 사랑이 죽고 있어도, 그러한 죽음을 우리 스스로 애써 외면하거나 방관하고 있다. 나 스스로 '탐욕의 제국'에 대해 너그러워지는 경우가 많다. 그래도 '제국'이 있어서 내가 일하면서 살고 있다는 자기 함정, 불의 앞에서 눈만 살짝 감으면 내 한 몸 편할 것이라는 자기 정당화, 보고도 보지 못하거나 들어도 듣지 못한 척하는 자기 뻔뻔함이 그것이다. 육신 이외의 수많은 죽음도 결코 너그럽게 받아들이지 않아야 하는데, 참으로 쉽지 않은 것 같다. 슬픈 재앙은 '탐욕의 제국'이 만들어 낸 우리의 자화상이다. 그 제국에서 벗어나고자 하는 것이 자신에 대

당신은 민주 국가에 살고 있습니까

한 '참사랑'의 시작이라고 할 수 있다. 사람은 태어나서 죽을 수밖에 없다. 누구나 행복하게 잘살다가 죽기를 원한다.

어디 이뿐이겠는가? 억울한 사람들의 아픔을 피하거나 방관하는 것이 아니라 자신의 것으로 받아 안는 '사람 중심의 공동체'도 사라지고, 나만이 아니라 만인을 위해 싸우는 권리가 주홍글씨로 채색되는 세상도 바뀌지 않고 있다. 이것 말고도 또 있다. 일제 강점기에 강제로 끌려가 일본군 위안부 생활을 해야만 했던 노구의 할머니들에게 또 다른 폭력을 저지른 국가처럼, 상처받고 고통받은 사람들을 치유하기는커녕 국가를 위해 또 다른 상처를 감내하게 하는 것이 당연시되는 세상이다.

개인에 대한 국가의 역할과 기능을 진화시키는 것이 민주주의의 본령이 아닐까! 자유와 민주는 국가의 억압과 통제가 있어야 생기를 얻는 것 같다. 개인의 권리를 인정하지 않는 권력, 개인의 동의에 기초하지 않은 권력, 개인과 맺은 계약을 이행하지 않는 권력 등이 존재할 때, 사람들은 오히려 자유와 민주의 가치를 인정한다. 자유와 민주가 범람할 때는 오히려 그 가치를 느끼지 못할 수 있다. 그것이 저항이 가지고 있는 본성일까?

사람들은 권력에 저항하기도 하고, 아예 권력에 대해 관심을 갖지 않는 자로 남기도 한다. 저항하는 것 자체가 개인의 헌신이 뒤따르는 만큼, 예의 주시하면서 침묵과 방관으로 일관하기도 한다. 이러한 현상은 정치적 무관심으로 표상된다. 그런데 권력 형태가 개인의 권리를 억압과 통제로 일관하면 사람들은 자아 주체성의 상실감에 빠지곤 한다. 독재 권력이 자신의 자유와 민주의 요소인 삶의 권리를 다양한 방식으로 앗아가기 때문이다.

그렇다면, 독재 권력이 특정한 형태를 가지고 있는 것인가? 이 질문에 대해 고민해 보자. 물론 정치권력이 자유로운 선거를 통해 국민의 동의를 얻은 것이라는 전제를 깔고 말이다. 독재란 자유나 민주를 실현하지 못하는 형태일까, 아니면 보편적인 민주주의 원리에 반하는 형태일까? 자유와 민주를 한 가지 모습으로 규정하기 어렵기에, 이에 답하기도 쉬운 일이 아니다.

보통 군인들이 정치를 하는 것 자체를 독재로 생각한다. 군부 쿠데타를 경험했던 국민일수록, 그러한 사고의 도그마에 빠지기 쉽다. 물론 세력화된 군인이 권력을 지배하는 것은 군부독재일 가능성이 높다. 하지만 군인 출신이 정치하지 말라는 법은 없다. 또, 군인이 아니어도 독재 권력은 존재할 수 있다. 독재 권력을 1인 또는 소수 세력에게 집중된 권력으로 지배 체제를 유지하기 위해 국가 폭력을 만연히 행하는 것으로 이해한다면 말이다. 이러한 권력은 자신들에게 허용된 권한을 올바르게 사용하지 않는다. 민주적 절차를 도외시하고, 물리력을 앞세워 국민을 위협하는 권력이 일상화된다. 국가권력이 삶의 '안전판'이 아니라 '고문 도구'로 변한다. 국민은 이런 두려움에서 벗어나는 것만으로도 자유와 민주를 최고 가치로 여긴다.

물론 자유와 민주를 실현하지 못하는 권력 형태를 바라보는 사람들의 시각은 다양할 수 있다. 어떤 내용의 자유와 민주를 추구하느냐에 따라 권력을 평가하는 잣대도 다르기 때문이다. 권력이 분산되고 권력자가 국가 폭력을 사용하지 않는다 하더라도, 국가가 추진하는 정책이 국민 전체의 이해와 무관하거나 혹은 소수의 이해만을 추구한다면 어떨까? 국가가 자유와 민주를 실현하지 못한다고 하면서 그 권력에 저항하는 세력들이 출현한다. 반면에 이 모든 것이 정당한 절차를 거쳐

당신은 민주 국가에 살고 있습니까

추진되는 정책이라고 주장하면서 자유와 민주에 반하지 않았다고 믿는 사람들도 많이 생겨난다. 자유와 민주가 범람하더라도, 이 가운데에서 자유와 민주의 가치를 새롭게 만들어 실현하려는 사람들도 생겨난다.

자유와 민주는 독재 권력의 형태에 반하는 '경쟁, 함께, 통합, 개혁' 등의 이미지를 갖는 반면, 절대군주제나 독재는 '복종, 단독, 억압, 통제'를 지향하는 모습이다. 독재 권력이 무너지고 난 이후, 자유와 민주가 지향할 과제가 '기본적으로 높은 수준의 경제개혁과 경제발전, 사회적 통합을 위한 국민적 합의, 경쟁적인 선거 게임의 정착, 높은 수준의 정치 참여, 정책의 결정과 집행에서 나타나는 높은 투명성, 정치적 행위에 조응하는 책임성 등'으로 규정되는 것도 이런 이미지의 힘 때문이다. 즉 사람들은 절대군주제나 독재 권력의 '나홀로 지배 체제'에서 벗어나려는 자유와 민주를 열망하게 된다. 이러한 과제들이 법과 제도로 안착하면서 자유와 민주의 힘은 진화한다.

그런데 자유와 민주는 인간의 본성을 찾기 위해 계속해서 진화하려 한다. 민주주의로 이행하는 단계를 설정하여, 각각의 단계에 맞는 자유와 민주의 정책을 강조해야 하는 것도 그 이유이다.

역사적으로 사회의 자유화 단계 및 민주화 단계마다 해당되는 과제는 네 가지로 제시될 수 있다. ① 자유로운 경쟁이 보장되고 제도화된 선거, ② 누구나 정치적 참여를 실현할 수 있는 권리와 자유의 보장, ③ 일반 민주주의적 권리와 자유를 보장하는 법과 제도, ④ 법과 제도적 불평등과 차별을 예방할 수 있는 법과 제도. 이는 권위주의 사회 체제나 독재 권력이 보장하지 않았던 기본적 권리, 특히 정치 사회의 민주화를 제도화하기 위한 것들이다. 그런데 이러한 과제들이 '민주'와

'국가'에 대한 상상력을 앗아가 버렸다. 대부분이 비슷하겠지만, 인민들은 그동안 누리지 못했던 기본적 권리를 법과 제도가 보장하는 것만으로도 국가에게 고마워해야 한다는 감성적 공감대에 짓눌려 양질의 민주주의를 요구할 힘조차 발휘하지 못한다. 법과 제도를 드러나지 않게 악용하면서 인민들의 기본적 권리를 침해하는 국가를 향해 '민주주의'를 아무리 외쳐대도, 국가는 그 소리와 몸짓을 허공의 메아리로 날려버린다. 인민은 그저 국가가 제공하는 떡고물만 받아먹는 '시혜의 대상'에 머물러 있어야만 한다. 인민들이 국가에게 시혜를 베푸는 권력의 주체로 나서면 안 되는 것인가? 인민들 스스로 자존감을 회복하고 그 힘으로 국가권력의 실질적 주인이 되면 가능하다. 진정한 민주주의가 그 통로이다. 따라서 진정한 민주주의는 이 네 가지와 관련된 법이나 제도의 정착에 머물러서는 안 된다. 인민이 법과 제도로 구속되는 것이 아니라 그것들을 실제로 통제할 수 있어야 한다. 이 과정에서 인민은 '자유'에 대한 아리스토텔레스의 관점을 실현할 수 있다. "자유는 정치적 자치에 참여하는 것을 의미한다. 서로 다스리고 다스림을 받는 것을 교대로 함으로써 자유를 얻는 것이다."

자유와 민주는 어느 세력이 시공간을 지배하고 있느냐에 따라, 혹은 사회적 관계의 형식과 내용에 따라 그 질을 달리한다. 민주주의가 21세기 이전에 '민주주의 이행' 및 '공고화'의 담론을 제기했다면, 이후에는 '삶과 생활의 질'이 키워드가 되었다. 이 부분부터 민주주의의 공고화는 새로운 원칙과 절차들이 보다 명확해지고, 또한 널리 이해되고 받아들여져서 이행의 시기에 존재하는 많은 불확실성들이 점차적으로 감소하는 것이다. 즉 새로운 정치권력이 보다 제도화되고, 공개적이고 경쟁적인 정치적 표현의 틀을 내재화시켜 미래에 대한 기존의 불확실

당신은 민주 국가에 살고 있습니까

성과 불안정성이 넓은 의미에서 극복되는 상태를 의미한다.

그래서 민주주의에 대한 사람들의 욕망은 여기에 머무르지 않는다. 자신의 욕망을 해소하고 나면 또 새로운 욕망에 자극을 받아, 새로움에 새로움을 더하는 욕망의 끈을 놓지 않는다. 그것은 다름 아닌 '삶의 질'인 것이다. 만약 사회 구성원들이 그러한 욕망을 실현하기가 쉽지 않거나, 그것을 의도적으로 억제한다면, 민주주의는 삶 속에서 질식된다.

특정한 담론만이 다수의 의식과 행동을 지배하면서 가난한 다수의 이해가 대변되지 못하는 체제를 과연 민주화된 체제라 부를 수 있을까? 민주주의 사회에서는 사회의 다양한 갈등과 이익이 정치적으로 표출되고, 또 새로운 욕구를 둘러싼 갈등이 연속되어야 한다.

인간은 다양한 관계 속에서 살아 왔다. 인간은 야만에서든 자연 상태에서든, 서로 의존하면서 살아 왔다. 사람들은 이 과정에서 서로 살기 위해 '생존 계약'을 맺는다. 폭력과 약탈이 지배적인 사회의 삶 관계를, 협력과 의존이 공존하는 관계로 변화시키기 위한 것이었다. 그 계약의 중심에는 '정치적인 것'이 항상 자리하고 있다.

아리스토텔레스가 '인간은 정치적 동물'이라고 언명한 것도 사회적 관계 속에서 작동하는 '정치적인 것'을 깊이 성찰했기 때문이다. 그런데 '정치적인 것'의 주체인 인간은 다양한 모습을 가지고 있다. 정치학자가 인간의 심리적인 측면까지 다 담을 수 없지만, 그동안 정치철학자들이 규정하려 했던 인간의 모습을 정리하면 다음과 같다. "인간은 자신의 존엄성을 가지면서, 스스로 자신이 대우받을 권리를 느낀다. 그래서 모욕과 간섭에 대해 분개한다. 인간은 의존적이면서도 독립적인데, 의존적 관계는 인간을 구속하며 보호하는 규칙들에 종속하지만,

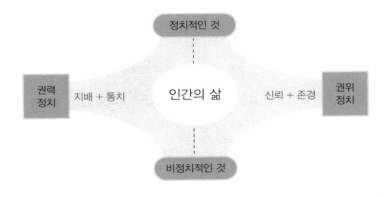

[그림 10] 권력 정치와 권위 정치

의존 영역을 벗어나면 인간은 독립적이며, 이 독립을 지키기 위한 경계를 게을리 하지 않는다."

이러한 규정은 혼자서는 살기 어려운 인간의 모습을 성찰한 결과로, 인간의 삶 자체가 '정치적인 것'임을 드러낸다. 아리스토텔레스는 가족의 출현도 '정치적인 것'에서 찾았다. "인간은 사회 내에서만 존재할 수 있고, 격리되어 혼자서는 절대로 존재할 수 없다. 정치적 관계가 형성되는 것도 마찬가지이다. 인간이 만든 최초의 결사 형태는 가족이다. 이것은 남녀 간 성적 관계와 생존 유지의 수단인 주인과 노예 간의 군집 관계 등을 기반으로 하고 있다." 아리스토텔레스는 인간이 먹고사는 문제와 맺은 본질적 관계에서 '정치와 정치적인 것'을 규정하였다.

사람들은 '정치적인 것'을 두 얼굴의 모습으로 기억한다. 하나는 정치적 지도력을 발휘하는 지도자의 역량의 모습이고, 다른 하나는 일상에서 실제로 발휘되는 영향력이다. 마키아벨리는 권력과 통치의 정치 사회 영역에 집중하여 '정치적인 것'을 규명하였다. "인간이 정치적이

당신은 민주 국가에 살고 있습니까

라 함은, 인간이 권력과 명성의 탐욕자이고, 자기 확신적이고 다른 사람을 지배함으로써 자기의 목적을 달성하려는 존재라는 의미이다." 마키아벨리는 국가를 만드는 창조적 행위를 정치로 이해하였기 때문에, '정치적인 것'도 권력과 명성을 추구하는 정치 지도자들의 자질과 역량에서 추출한 것이다.

많은 사람들은 차이를 통합으로 변화시키는 힘, 갈등을 봉합하는 주고받기 방식의 협상력을 소위 정치력 혹은 지도력이라고 말한다. 이제는 서로 허물을 감추거나 본질을 가리는 것이 봉합이고, 차이를 드러내지 않는 통합은 화학적으로 일어날 수 없는 허상임을 받아들이자. '정치력'과 '지도력'의 새로운 정의를 찾아야 한다.

대표적인 경우가 '권위의 정치'이다. 권위는 보통 부정적이고 전통적인 뉘앙스가 강한 '권위적' 혹은 '권위주의적'이라는 표현의 어원으로 이해된다. 하지만 '권위의 정치'라고 할 때 권위는 정반대를 의미한다. 권위는 타인을 인정하는 힘에서 출발하고, 자신을 낮추는 것이 아니라 타인을 높이는 과정에서 형성된다. 그래서 권위의 정치는 일상적인 삶 속에서 타인에게 힘을 행사하는 것이 아니라 타인 스스로 의식과 행동의 변화를 이끌어낸다. 권위의 정치는 배려의 관계에서 실현될 수 있는 자치의 디딤돌이다.

누구나 삶의 '롤 모델'이 될 만한 사람을 존경하면서 살아간다. '권위의 정치'에서는 권위를 자연스럽게 인정받는 사람이 있다. 이것은 강요하지 않는 힘이다. 우리가 전문가의 권위를 인정하는 것도 당사자가 요구해서 하는 것이 아니다. 우리 스스로 전문가의 식견과 경험을 존경하고 신뢰하기 때문에 저절로 권위의 힘이 따라오는 것이다. 이 '따름'은 다양한 방식으로 표현된다. 그런데 '지도자 부재의 시대'를 살아가는 사람들은 삶을 조율하는 정치가 존재하지 않는다는 아픔을 겪는다. 삶의 관계를 조율할 만한 사람이나 구조는 없고, 궁궐에서 벌어지는 암투와 권력만을 앞세우는 '통치'만이 존재한다. 마키아벨리 덕분인지 잘 모르지만, 사람들은 주로 '정치적인 것'을 권력과 통치의 영역으로 제한시켜서 이해한다.

당신은 민주 국가에 살고 있습니까

폴리스의 상상적 딜레마
◇◆◇

민주주의가 근대성의 산물인가, 아니면 근대성이 민주화의 산물인가? 이 문제 또한 동전의 앞뒷면처럼 서로 떼어내서 바라보기가 쉽지 않다. 개인의 주체적 권리 보장과 신분제의 폐지 등은 사회 체제의 민주성과 근대성을 동시에 담고 있지만, 근대화가 추진되는 과정에서 실질적인 자치와 참여가 실현되는 것도 아니다. 민주성과 근대성 간의 딜레마이다.

선거에 참여할 때마다 드는 고민이 있다. 지지하는 정당이나 사람들이 과연 내 생각을 잘 알고서 법과 정책에 잘 반영할 수 있을까? 그 정당이나 사람들은 내 권리를 어떻게 행사할까? 선거 기간 내내, 언론이나 정당들은 수많은 말을 한다. 우리가 하고 싶은 말은 따로 있지만, 결국에는 투표장에 가서 그저 정치 사회가 제공하는 것들 중에서 선택하는 정치 행위에 만족해야 한다. 또한 투명하지 못한 정보 때문에 최선의 선택을 하지 못하거나 우매하게 판단하는 경우도 허다했다. '나무만 보고 숲을 보지 못하게 하는 의식의 터널'에 갇혀, 올바른 선택과 판단이 쉽지 않다.

선거에 참여하는 것 말고 다른 정치 참여 방법을 모색할 수도 있다. 특히 요즘에는 가두시위를 하거나 SNS를 이용해 국가권력을 비판하거나 새로운 대안을 제시하는 방식이 실천되고 있다. 그러나 여전히 두려움이 먼저 다가온다. 국가권력의 힘이 자신을 억누를 것이라는 압박감에서도 벗어나기 어렵다.

국가권력은 인민의 창조적 능력을 개인의 울타리에 가둔다. 다중지성의 시대에 걸맞지 않은 현상이다. 여기에는 대중이 우매할 것이라는 조작된 전제가 깔려 있다. 대중을 말 그대로 동일한 성격과 수준의 집합체로 여기는 것이다. 어쩌면, 대중이란 똑같은 형틀에 부어진 쇳물처럼 동질적인 정체성일 수밖에 없는지도 모른다. 그들 대부분은 비슷한 시기를 거치며 비슷한 사상을 주기적으로 습득한다.

그런데 대중들은 이제 국가의 울타리를 넘어가고 있다. SNS의 힘은 네트워크라는 장치를 통해 정보를 공유하는 것만이 아니라, 스스로 자기 자신을 확인하고 관계를 확인할 수 있는 시공간을 제공해 준다. 어느 곳에서든, 어떤 시간이든, 스마트폰을 들여다보는 사람들로 가득하다! 그들은 컨텐츠의 내용과 수준을 떠나, 일상적 시공간에서 자기 자신의 관계를 직접 지배하고 관리하려 한다. 이처럼 사이버 게임에 매료되는 현상을 중독이 아닌 민주주의의 측면에서 볼 수 있다. 즉 일상적 삶 자체가 구속되거나 참여하기 힘든 구조 때문에 '소외의 늪'에서 자유롭지 못할 경우, 사람들은 일상적으로 승리의 맛을 보거나 스스로 관계를 지배할 수 있는 공간으로 이동할 것이다. 게임 속에서는 지배하고 승리하는 짜릿함을 즐길 수 있기 때문이다. 하지만 이는 임시방편일 뿐이다. 문제는 권력이란 사적 이해와 공적 이해가 결합된 사안이라는 점이다. 공적 사안을 함께 고민하고, 그 과정에서 자신과 관계를 확인하는 사람이 많으면 많을수록 민주주의의 질은 높아진다.

공리주의를 내세워 자유시장주의의 정당성을 내세웠던 존 스튜어트 밀은 정치 참여의 문제에서도 국가의 공리적 역할을 강조하였다. 정치 참여는 곧 육체 노동자들을 사적 인간에서 공적 인간으로 변화시켜 나가는 주요한 계기라고 강조하였다. "정부의 가장 큰 미덕 중 하나는 가

당신은 민주 국가에 살고 있습니까

장 낮은 계층에게까지도 조국의 위대한 업무에 참여케 함으로써, 지성과 감정의 교육을 받도록 하는 것이다." 노동 과정이 단조롭고 생활 속에서 자극을 받지 못하는 육체 노동자들에게, 정치적 토론 과정은 일상을 벗어난 문제가 그의 개인적 이해에 상당한 영향을 끼치게 되도록 만드는 계기가 된다. 그리고 일상의 직업에서 주위의 작은 일들에만 집중할 수밖에 없는 이들이 그의 동료들에게 관심을 갖게 되고, 의식적으로 더 큰 공동체의 구성원이 되는 것도 정치적 토론과 집단적 정치적 행동을 통해서이다.

직접민주주의는 대중들의 지성과 감성을 발달시키는 보물창고이다. 스스로 공적 사안을 고민하고 해결해 나가는 기회가 주어지고, 자신의 사고와 행동을 수시로 재구성하게 한다면, 사람들은 스스로 권력의 생산자이자 소비자가 된다. 의회민주주의는 의회 공간의 정치인들만이 법을 매개로 인민들의 지배-피지배 관계를 규정하지만, 직접민주주의는 권력의 불균형을 잡고, 지배와 피지배 간 관계의 질을 변화시킬 수 있다. 인민들이 정치적 주체가 가져야 할 자존감과 정치적 능력을 함양하고, 소외감과 무력감에서 벗어날 수 있기 때문이다. 그렇지만 주체들의 삶 조건에 따라, 정치 활동의 시간을 확보할 수 있느냐에 따라, 자치 정치는 딜레마의 상황에 빠지게 된다. 정치적 주체들에게는 자치의 권리가 부여되어 있지만, 그들은 정작 삶의 구속에서 벗어나지 못해 정치적인 의식과 행동의 주체로 변화되지 못한다. 그 결과 정말 능력이 뛰어나고 인민을 실제로 대의할 수 있는 간접적 엘리트 정치의 정당성이 강화되는 것이다.

자치 정치의 딜레마를 상징화한 그림에서 보듯이, 자치 정치도 형식과 내용과 방식에 따라 다양할 수 있다. 자치 정치의 직접성과 간접성

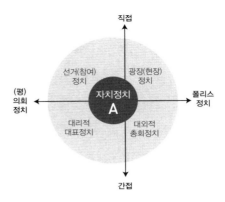

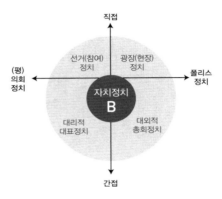

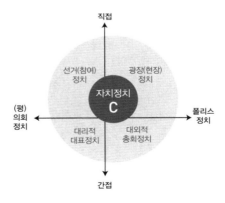

[그림 11] 자치 정치의 딜레마

당신은 민주 국가에 살고 있습니까

이 균형을 이루고 있는 경우도 있지만, 한쪽 측면이 과잉화되어 민주주의의 본성조차 사라질 수 있는 것이다. 정치가 사라지지 않는 한 존재할 수밖에 없는 딜레마이긴 하지만, 이러한 딜레마는 고대 도시국가인 폴리스에서도 유사했다. 많은 사람들이 폴리스가 민주주의 원형이자 광장이라고 말한다. 대표적인 경우가 아테네 민주정치였다. 아테네 폴리스는 전체 인구 중에서 상당한 시민이 정치에 참여하였고, 그 자치와 자율의 수준이 최정점에 달했다. 기원전의 시공간에서조차 자유와 민주를 실현하는 시스템이 존재한 것이다.

가장 발전된 형태의 폴리스는 기원전 550년으로부터 기원전 338년 사이에 존재했다. 기원전 338년 마케도니아의 필리포스가 폴리스들을 정복하여 제국으로 통합시키고 난 이후, 작은 도시국가가 실현해 왔던 민주제는 폭군제나 과두제로 변질되었다. 국가의 규모가 커지면서 통치자와 신민 간의 관계가 변한 것이다. 시민이 스스로 통치했던 정치 공동체에서 통치자가 지배하는 정치 공동체로 바뀌었다. 작은 도시국가에서는 통치자가 시민을 소유물로 생각하지 않았고, 시민을 지배하려 들지 않았다. 시민은 정치 공동체에서 자신의 역할을 자율적이고 자치적으로 수행하였다.

그렇지만 다른 한편, 도시국가의 폴리스는 지배와 피지배의 관계를 당연시하였다. 타인의 노동에 기대어 사는 사람들만이 시민이었다. 여성과 노예는 같은 시공간의 주체들이었지만 시민의 자격이 없어서 폴리스에 참여할 수 없었다. 그 시공간은 부유하고 교양을 가진 사람들만을 요구하였다. 아테네 폴리스에서도 여자, 노예, 외국인은 시민권이 없어서 정치에 참여할 수 없었다.

그동안 고대 사회의 폴리스에서 직접민주주의의 원형만을 찾았는데, 이제는 간접민주주의나 대의제민주주의의 원형을 찾아도 무방할 것 같다. 그곳은 돈이 없어서 가난하고 무지한 사람들을 대신했던 정치적 시공간이었다. 그러나 도시국가의 폴리스를 자유와 민주의 원형 광장이 아니라 억압과 탄압의 시공간이었다고 한들 누가 뭐라 할 것인가. 피지배 세력들을 지배하기 위한 정당성이 그 시공간에서 만들어졌는데 말이다. 물론 시민으로 인정되는 사람들의 수는 폴리스마다 달랐다. 어떤 폴리스는 가난한 사람들도 정치에 참여했다. 하지만 그렇다 하더라도 '부'의 정도가 정치 참여의 여부를 결정하는 기준으로 작용하였다.

당시 시민으로 선택된 자들은 폴리스라는 정치 공동체 전체의 이익을 만들어내기 위해 노력하였고, 정치적 일체감들을 이루어냈다. 시민이 직접 참여하여 논의하고 결정하는 폴리스 체제는 자유를 실현하는 정치적 현상임에 틀림없다. 시민들은 지배자와 피지배자의 구분이 없던 폴리스에 참여한 것이다.

그러나 아리스토텔레스는 '자유'를 말하면서, 아테네 시민들조차 자유롭게 자신의 삶을 영위하는 것이 아니라고 하였다. 자유는 신이 원하는 대로 사는 것을 의미하는 것인데, 정부가 하는 일은 제한되어 있었다. 자연권을 강조하는 사람들이 상정하듯, 개인의 자율성이라는 것이 존재해서 아테네 시민이 자유롭게 자신의 삶을 영위한 것은 아니었다.

도시국가의 노예들은 '복종의 삶' 속에서 자유를 누렸다. 노예들은 가난했지만, 노예들 간의 절대적 평등과 노예 사회의 유대 깊은 공동체 생활이 개개인에게 삶의 좌절감을 차단시켰다. 아리스토텔레스는 정치학에서 노예제의 정당성을 다음과 같이 제기하였다. "지혜가 뛰어

당신은 민주 국가에 살고 있습니까

난 자의 명령에 복종함으로써, 노예는 최선의 생활을 영위하게 된다. 이로써 주인과 노예는 서로 혜택을 본다. 자유인으로 타고난 사람이 있는 것처럼, 노예에 적합한 사람들이 있는 것이다." 그는 이렇게 인본주의의 원천인 본성적 평등을 부정하였다. 심지어 플라톤과 아리스토텔레스는 시민들 중에서 추첨제 방식으로 평의회 의원이나 행정 관료를 선발하는 것을 혐오하였다. 평범한 사람이 통치하는 체제를 반대한 것이다. 엘리트주의 정치의 시작이라고 해도 과언이 아니다. 소크라테스는 시민이 아니라 모름지기 유능한 사람이 정부를 운영하여야 한다고 생각하였다. 유능한 엘리트가 아닌 사람들은 정치에 참여할 수 없고, 누군가가 허용하는 수준만큼의 자유를 누리는 '복종의 삶'에 만족해야 한다는 것이었다.

어떤 민주주의든 기본권과 인권이 존중되어야 한다는 전제에서 출발하지만, 직접민주주의의 장점을 다양한 수준에서 규명할 수 있다. 그중에서 대중들의 인성이나 감성과 관련된 부분을 제시하면 다음과 같다. 첫째로, 직접민주주의는 보다 더 활발하게 대화를 이끌어내는 정치를 통해 정치 결정을 더 투명하게 만들고, 모든 행위와 거래를 평가와 감시의 대상에 포함시킴으로써 공공 영역의 질을 높인다. 둘째로, 잘 발달된 직접민주주의는 권리와 절차를 인민의 손에 쥐어줌으로써, 그들로 하여금 단순한 저항이 아니라 건설적인 도전과 개혁의 길로 나가게 한다.

그래서 간접민주주의의 한계를 넘어서기 위한 대안으로 공화민주주의가 제기되기도 하였다. 페티^{Philip Pettit}는 공화민주주의가 가지고 있는 긍정의 힘을 내세운다. 심지어 민주주의의 대안으로 말하기도 한다. 개인의 자유와 권리를 신성시하는 것 때문에 공동생활의 사회경제적 조건을 붕괴시킬 수 있는 자유민주주의가 최상의 민주주이라고 단정하기 어렵다고 하면서, 공화주의 전통은 참여와 공공선 그리고 권력 분립 및 견제와 균형의 원칙에 입각하여, 공공성-연대성-자율성을 사회적으로 조화시키고 정치의 능력을 높이는 것이다. 정치 사회에서 권력의 분립과 견제와 균형이라는 원칙은 민주주의의 기본이다. 권력의 내용이 어떻게 재구성되어야 하느냐 뿐만 아니라, 공공성·연대성·자율성을 충족시켜 나가는 권력의 주체가 누구냐는 문제도 남는다. 만약 인민이 이 과정에서 대상으로 존재한다면, 인민의 정치 능력이 높아지기가 쉽지 않다.

그런데 삶의 조건이라는 차원에서 보면 자유란 사람들의 정치 능력을 높인다. 적극적 의미의 자유란, 사실상 자치이다. 자기가 자기를 지배하고 관리한다. 이러한 자치는 명령하는 권력과 복종하는 권력이 같은 권력일 경우에 실현된다. 정치적 민주주의의 꽃은 권리의 주체들 스스로 권력을 지배함과 동시에 권력에 지배받는 사회적 관계를 구축하는 것이다. 폴리스의 상상적 딜레마는 여기에 있다. 사회적 관계를 지배하는 권력과 지배받는 권력이 서로 통일되는 것일진대, 계급이나 계층 간의 차별적 관계가 존재하는 한 불가능하다는 것이다. 민주주의적 경향이라고 하는 것은 추상적인 이론이나 조작적인 여론으로 존재하지 않는다. 그람시는 인민이 지배자로 되는 과정 자체가 민주주의적 경향이라고 강조하였다.

당신은 민주 국가에 살고 있습니까

억압된 절반의 자유와 희망

◇◆◇

　먹고사는 걱정이 없고 여행을 가거나 쉬고 싶을 때, 그것이 가능한 나라! 언제부터인지 잘 모르지만, 잘사는 나라에서 자주 볼 수 있는 '쉼'이다. 가난하게 사는 사람들은 그런 꿈을 위해 이주해서 살기도 한다. 1960~1970년대 대한민국 사람들이 꾸었던 '아메리칸 드림', 1990년대부터 지속되고 있는 동남아 사람들의 '코리안 드림'! 사람들은 꿈을 실현하기 위해 밑바닥에서부터 다시 시작해야 하는 '삶 고통'을 마다하지 않았다. '고생 끝에 낙이 온다.'는 고진감래의 삶은 어려움을 이겨내고 앞으로 잘살 것이라는 꿈과 희망이 없었다면 버티기 어려웠을 것이다.

　누구나 자유롭게 살고 있다고들 하면서도, 정작 무엇인가에 구속된 채 살아가는 자신을 의심하지 않는다. 하고 싶지 않아도 해야만 할 것들이 있는데도, 이에 반하는 의지를 억압하는 뭔가가 있는데도, 사람들은 자유와 민주를 의심하지 않는다. 많은 사람이 일해서 돈을 마음껏 벌고 싶지만 그러기가 쉽지 않다. 어떤 사람은 일을 하고 싶은데 취업할 길이 막막하다. 가난해서 세금을 내고 싶지 않은데도 반드시 내야만 한다. 국가의 법과 질서를 부정하고 싶은 마음이 굴뚝같지만, 부정하는 개인을 국가가 허용하지 않는다.

　따라서, 이런 의문을 던지는 것은 자연스럽다. 우리는 자유의 단면만을 알고 있는 것 아닌가? 자유민주주의 사회가 허용하는 자유의 본질은 무엇인가? 쉽게 풀리지 않는 의문들이지만, 의문을 던지는 것만으로도 뿌듯한 자존감을 안겨준다. 어렵고 추상화된 말과 글을 사용해야 사상가가 아니다. 새로운 사물에 대해, 또한 생소하고 갑작스러운 상황에 처해서도, '왜?'라고 물으면서 성찰하는 것이 사상이다.

이 지점에서 알고 싶은 욕망이 불끈 솟아온다. 아이들이 어릴 적에는 상상력이 풍부하고 똘똘했는데, 학교에 들어가서 아주 다르게 변하는 이유를 말이다.

수세기 동안 학교와 교육은 버젓이 살아 있는데, 학교가 죽었다고, 교육이 죽어가고 있다고 걱정하는 소리가 많다. 교육을 걱정하는 많은 사람들의 깊은 한숨이다. 입시 경쟁의 지옥 속에서 죽어가는 아이들, 질문과 상상력을 삼켜 버린 내용으로 당위적인 것만 암기하는 아이들, 성적을 좇아서 학원으로 달려가는 아이들. 이것 말고도 학교가 그 본질을 잃어버린 현상은 다양하게 드러난다. 본질적인 원인이 무엇일까. 그 '죽음'의 의미가 무엇인지도 드러내야 한다.

이런 학교와 교육이 싫어서 대안학교로 달려가기도 하고, 죽어가는 학교와 교육을 살려내기 위해 혁신학교에 매달리기도 한다. 대안교육은 탈공교육을 내세우며 공교육이 추구하는 교육 과정과 완전히 다른 내용과 방식으로 교육을 재구성하고, 혁신학교는 공교육의 틀 내에서 획일적인 교육 과정의 프로그램들을 변화시키면서 학생들을 가르친다. 이런 두 가지 유형의 학교는 '학생들에게 자발적이고 자기 주도적인 주체성'을 형성시키려 한다. 국가가 주도하는 공교육에서 성적과 경쟁만 있지 사람 살림이 사라진 문제점을 지적하면서, 공교육에 저항하거나 혹은 공교육의 내용과 형식을 혁명적으로 변화시키려는 방식으로 우리의 자식들을 살려내려 하는 것이다.

'지식'과 '공부'에 대한 요구는 어제 오늘의 일이 아니다. 필자 역시 그 끈을 놓아본 적이 없다. '공부'를 앞세워 자식의 사회적 성공을 바라는 부모의 마음도 오죽하랴. 자식이 '공부의 신'이 되길 희망하는 부모가 숱하게 많다. 누구나 자신만의 공부 방법을 가지고 있다. 그 방법을 가르쳐주는 '지식의 신'들도 제각각 자기만의 비법을 내세우면서 공부에 매달리는 학생과 부모의 마음을 얻으려 한다. 말로는 배우는 학생들의 '눈높이'를 말한다. 이것이야말로 '자기 주도적'인 역량을 키우는 지름길이라고 하면서 말이다. 수많은 '공부의 신'들은 어떤 방식으로 공부해야 경쟁에서 이길 수 있는가를 각종의 시뮬레이션 기법으로 검증하고 또 검증해서 '눈높이' 공부의 주체들에게 다가간다. 나도 그러한 '신'들 중 하나임을 부정하고 싶지 않아서, 나만의 또 다른 비법을 제시하고 싶다. 특별한 것도 아니다. '왜'라는 질문으로, '정말인가'라는 의문으로, 그리고 '이러면 어떨까'라는 상상으로, 그동안 닫혀 있던 '지혜의 마음'을 살짝 여는 것이다. 접혀 있던 '호기심 천국'에 들어가서 '상상의 날개'를 펴는 방법이다.

대안교육이든 혁신교육이든 학교 안에 학생과 교사라는 위치만 있을 뿐, 그들의 인격은 사라졌다는 점에 대해 공감하고 있다. 학교에서 사람을 근본으로 하는 인본주의humanism를 찾을 수 없게 된 것이다. '모든 인격을 수단이 아니라 목적으로 대하라!'고 했던 인본주의의 원리가 되살아나야 한다. 학교가 부활하기 위해서는 그렇다. 그 출발점은 개인이 국가로부터 자유를 획득하도록 교육하는 것이다.

현재 고등학교 『윤리와 사상』교과서에는, 자유민주주의와 자본주의와 민족주의는 신성불가침한 가치로 규정되어 있다. "자유민주주의와 자본주의는 민족주의와 함께 우리가 추구해야 할 핵심 이념이다." 그 이념이 정말 신성한 것인지, 추구해야 할 가치가 있는 것인지, 아이들은 물론이거니와 교육자로 서 있는 선생님들조차 그 이유가 무엇인지 알려 하지도 않고, '왜?'라고 묻지도 않는다. 학교는 입학하기 전, 눈에 보이는 누구에게나 무엇이든 질문을 던졌던 아이들의 또랑또랑하고 창의적인 개성을 서서히 고사시키고 있다.

상상력의 고갈을 걱정하는 담론은 질문이 소멸하는 과정과 정비례한다. 그 중심에 의무교육이 자리하고 있다. 교육의 권리를 보장하고, 만인에게 기회를 제공하는 차원에서, 국가가 국민에게 의무교육을 강요한다.

그런데 의무로 받는 교육이 진짜 권리일까? 의무교육은 아이들이 누려야 할 권리의 측면만 부각시키는 것이 아니라, 국가가 제시하는 교육 내용을 따라야 하는 것도 요구한다. 피히테는 「독일 국민에게 고함」이라는 글에서 아이들의 개성과 창의성을 죽이는 국가주의 교육 모델의 문제점을 다음과 같이 지적하였다. "16세기부터 시작되고, 19세기에 확대된 의무교육은 순종을 통한 국민 통합 및 강성 국가 형성에 방해가 되는 개성과 창의성을 죽이고, 점차 자본주의와 시장 경제에서 사기업의 체제 유지를 담당할 일꾼과 소비자들을 생산하는 데 주력한다." 이 현상은 지금도 유력하다. '길들이기 교육의 3주체 형성'이었던 것이다. 체제에 순종하는 사람을 만들어내려는 국가주의 교육 모델, 교육과 육아를 시장으로 만들어 불안을 부추기고 이익을 챙기려는 자본가들, 그리고 어쩔 수 없이 따라가야만 하는 부모가 만나 아이들을 사육장으로 밀어넣는 것이 현재의 학교 교육이다. '길들이기 교육의 3주체'는 지금도 형성되어 있다.

이러한 교육 모델들은 아이들의 야성을 실종시키면서 길들여진 상태에 익숙하도록 만든 공교육 프로그램을 거쳐야만 보다 윤택한 삶 조건을 확보할 수 있게 하는 사고 구조를 구축하는 것이다. 국가의 지배

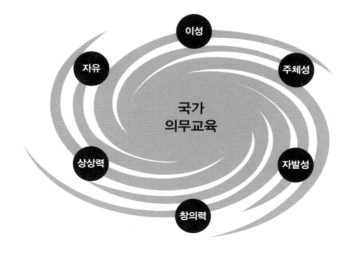

[그림 12] 국가 의무교육

이데올로기는 복잡한 것이 아니다. 국가가 잘살아야 개인도 행복할 수 있고, 공교육을 이수해야만 사회의 주류로 살 수 있다는 생각을 누구에게나 의식과 행동의 핵으로 자리하게 만드는 것이다. 미래의 불확실성을 해소하는 데 성적이 보증수표인 양 믿고 구속된 삶에 만족하거나 중독되는 아이들이 많으면 많을수록, 누구에게 득이 되는 사회인지는 안 봐도 뻔하다. 기득권 세력이다.

2015년 대한민국에 블랙홀이 생겼다. 박근혜 정부가 '역사 교과서 국정화 정책'을 추진하기 위한 행정고시를 11월 3일에 발표하고, 국사편찬위원회는 그 정책을 받아서 '역사 국정 교과서 집필자'들을 구성하였다. 국사편찬위원회와 집필자들이 올바른 역사관 정립에 맞는 국정교과서를 발간할지, 아니면 지극히 편향적인 것을 만들지는 아무도 모른다. 출간되어야만 확인이 가능하다. 하지만 수많은 전문가들이

'역사 국정교과서'의 집필을 거부하는 선언에 동참하였다. 그 의미가 무엇일까를 생각해 보자.

역사는 유기체적인 신체와 같은 것이다. 신체 구조만큼 복잡해서, 알고 싶어도 알기 어려운 부분까지 끌어안은 채 존재하는 것이 역사이다. 지구상에 존재하는 수많은 종족이나 인종이 같은 인류이면서도 다른 신체 구조를 가지고 있는 것처럼, 각자의 입장에 따라 같음과 차이가 복잡하게 얽히고 설켜 있는 것이 역사다. 이러한 유기적 복합성 때문에, 역사의 시공간은 사회적 관계의 단절과 계승을 동시에 보유한다. 그래서 역사야말로 다양하게 바라볼 수 있어야 한다. 하나의 역사적 사실은 그 속에 셀 수 없이 많은 또 다른 사실을 머금고 있기 때문이다. 국가는 오히려 다양한 역사관을 장려하는 데 힘을 쏟아야 할 것이다. 그런데 오늘날 국가가 다양한 역사관을 이념적 대립으로 몰아가는 것은 속내를 드러내지 않기 위한 겉치레에 불과하다. 국가가 하나의 역사관을 강요한다는 것에 숨겨진 또 다른 의미를 찾을 필요가 있다.

첫째, 국가 중심의 복제형 인간을 지속적으로 재생산하려는 것이다. 세대 간의 시간 거리를 30년으로 잡아도 멀게 느껴지는데, 나이가 들어보니 실제 시간은 30년도 채 되지 않았다. 자식 세대의 의식과 행동에 영향을 끼칠 수 있는 기간은 약 20년에 불과했다. 자식 세대들 스스로 머리가 컸다고 여기면서 부모에게 대들기 시작하는 20세가 기준점이 될 것이다. 그런데 성장 시기에 만들어지는 자식들의 역사의식을 오로지 국가만이 지배하고 관리한다면, 자식 세대들은 국가의 길들임에 익숙한 복제형 인간으로 다시 태어나기 쉽다. 1970년대 유신체제는 출판물, 음반, 영화, 연극, 가요 등을 국가의 기준대로 단속하였고, 심

당신은 민주 국가에 살고 있습니까

지어 미니스커트나 장발도 그 대상으로 삼았다. 국민교육헌장이나 국기에 대한 맹세, 그리고 국기 하강 시간에 맞추어 가던 길도 멈추고 국기에게 경의를 표했던 국가주의적 시대였다. 이 시대에 대한 사실들이 역사의 힘을 획득하게 된다면, 역사 국정교과서는 곧 시민사회를 구성하는 관계의 다양성을 인정하려 하지 않는 전체주의적 시각과 진배없다.

둘째, 역사적 사실의 단면만을 인식하는 절름발이형 인간을 지속적으로 재생산하려는 것이다. 내 자식에게 역사적 사실을 말할 때마다 들었던 고민은, 내가 배우고 알았던 역사적 사실들조차 반쪽에 불과하다는 점이었다. 역사 전문가가 아닌 이상, 나머지 반쪽의 사실들은 알고 싶어도 알기 어렵다. 하지만 절름발이 역사 속에 숨어 있는 한 가지 진실이 있다. 역사 속의 승리자나 권력자들은 지속적으로 역사적 사실들을 재구성하거나 왜곡했다는 것이다. 사회적 관계는 주체와 객체, 승자와 패자, 성공과 실패, 긍정과 부정, 가해와 피해, 행복과 고통 등을 동시에 품고 있는데, 역사적 사실의 단면만을 앞세워 자식 세대를 절름발이형 인간으로 순치시키려 하는 것이 역사교과서 국정화 정책의 가장 큰 문제다.

역사는 시민사회 속에서 다양하게 자신의 모습으로 있는 것 자체만이 본래의 모습이다. 나이가 들었지만, 제대로 된 역사 교과서로 다시 공부하고 싶다. 이유는 간단하다. 역사 공부를 해서 복제형 인간이나 절름발이형 인간의 역사 의식을 넘어서고 싶기 때문이다. 정말 다양한 모습의 역사적 사실들을 투명하게 어루만질 수 있다면, 그 자체가 또 다른 역사가 된다. 이렇게 나의 민주적 권리를 소중하게 실현하고 싶은 것이다. 이런 방식이라면 의무교육이 다시 권리교육으로 변할 수 있다.

 교육을 받는 사람들이 형식과 내용까지 권리의 영역으로 끌어들이는 교육, 국가 의무교육의 대안으로 여겨지는 교육, 이것이 실제 다양한 방식으로 의무교육에 저항하면서 발전한 대안교육이었다. 아예 학교를 보내지 않고 집에서 하는 교육, 내용과 방식을 특성화한 교육, 특정 이념을 지향하는 교육 등이다. 이러한 교육은 일방의 의식과 행동을 강요하는 것이 아니라, 서로 영향을 주고받을 수 있는 상생의 관계를 기반으로 한다. 그러나 교육 주체들 간의 눈높이가 다른데, 무엇을 어떻게 채울 것인가 문제는 여전하다.

 그 중심에 대안학교들에 대한 논란이 있다. 이러한 학교의 교사나 학생들, 아니 학생들을 보내고 있는 학부모들 스스로 '자유'를 어떻게 대하고 있는지 궁금하다. '국가로부터 자유로운 자기 주도성'인지, '국가의 자유로움을 위한 자기 주도성'인지, 아니면 '국가와 무관하게 개인의 자유로움만 추구하는 자기 주도성'인지, 서로가 서로에게 질문을 던져, 복잡하게 얽힌 '자유의 미로'에서 벗어날 필요가 있다. 대안교육은 국가가 관리하고 통제하는 것으로부터 벗어나, 교육의 형식과 내용을 자율적으로 추구하면서 출발한 것이다. 그래서 교육을 받는 학생들도 자신의 자율성을 최대한 끌어올리면서 '국가로부터 자유'를 누린다. 그런데 '자유'가 어느 순간에 개인의 자유만으로 치부되거나 고집스러운 독선으로 변해 있거나, 오직 개인주의의 꽃으로만 피어 있기도 한다. 이럴 때, 이러한 '자유'는 대안을 오염시킨다. 자신을 국가와 무관한 주체로 여기는 자유도 마찬가지일 것이다. 그것은 자유민주주의 국가가 수월한 지배를 위해 그토록 원하고 바라는 자유이다. 대안교육이 실질적으로 그러한 '자유'를 양성한다면, 국가는 오히려 대안교육을 양성해야 할 것이다. 한편 '국가의 자유로움'을 위한 자유는 어떤 것일까? 국가가 공권력을 독점하고 있어서인지, 대부분은 국가가 그 어떤 것으로부터 구속되어 있다고 여기지 않는다. 정말, 국가는 자유로움 그 자체일까? 애덤 스미스Adam Smith, 1723~1790가 제기한 것처럼 자본주의 사회에서 '보이지 않는 손'이 작동하고 있는 것쯤이야 상식일 텐데, 이 손은 대체 무엇을 만지작거리는 것일까? 국가도 전쟁이나 자연재해, 또 사회를 지배하는 특정한 세력으로부터 자유롭지 않다. 전자가 생명이나 안전과 직결되는 문제이고, 후자는 이들 세력의 이익을 앞세우지 않으면서도 이익을 보장해야 하는 국가의 역할을 뜻한다. 국가가 전쟁이나 자연재해에서 자유로워진다면 인민의 '삶의 질'은 높아질 것이고, 국가가 사회의 특정 세력으로부터 구속되지 않는다면 다수의 이익을 위해야 하는 본연의 임무를 수행할 수 있을 것이다.

따라서 같은 현상을 다르게 이해할 수 있고, 다른 현상을 같은 것으로 규정할 수 있는 교육이야말로 국가로부터 자유롭고 또 국가를 자유케 하는 실험실이다. 하나의 정답만이 아니라, 너무나 많은 것들이 정답으로 인정될 수 있어야 한다. 그것이 '자유'의 시작일 것이다. 그 실마리는 '왜?'라는 상상력에 있지 않을까 싶다.

다양한 호기심은 '자신 바라보기'를 실천하는 통찰력에서 시작한다. 내가 알고 있는 것과 또 내가 모르고 있는 것은 무엇일까? 자기 자신에게 의문을 던질 수 없다면, 다른 사람에게도 의문을 제기할 힘이 생기지 않을 것이다. 나는 아이들에게, 내 자신에게 늘 질문을 던진다. 같은 사물과 사건을 남과 다르게 바라보는 시각이 필요하고, 창의적이라고 칭찬할 만한 시선을 도출해 내라고 한다. 창의성은 '자신 바라보기'로 시작해서, 또 그것으로 끝을 맺는다고 여기기 때문이다. 또 다른 방식은 '타인 바라보기'이다. 물론 어린 학생들이 타인을 바라보면서 생활하는 것 자체가 무리라고 생각한다. 타인을 바라보고 배려할 수 있는 힘이 존재하지 않는 사람들에게 그러한 것을 요구하는 것 자체가 또 다른 폭력일 수 있다. 그런데 '타인 바라보기'를 쉽게 할 수 있는 방법이 없는 것이 아니다. 자신보다 앞서서 살았던 사람들의 생활을 간접적으로 바라보게 하는 교육이 필요하다. 삶의 기득권을 누리고 있는 어른들도 다양한 매체를 통해 선조들의 아련한 흔적들을 접할 때마다 자신과 타인을 동시에 바라보거나 감상에 젖어든다. 그러면서도 아이들에게는 그러한 기회를 박탈하고 있다. 아이들도 성장하여 언젠가 죽을 존재다. 또, 선조들의 삶의 흔적들은 역사를 구성하는 중요한 요소다. 그런 점에 비추어보면, 아이들은 앞선 사람들의 삶을 가능하면 많이 바라보면서 자신의 삶에 대해 '왜?'라는 의문을 던질 수 있어야 한다.

3° 민주주의 마중물: 혁명적 상상력의 사유화

정치, 인간에 대한 철학

의식주를 해결하면서 사는 것이야말로 삶의 원초적 욕망이자 관계이다. 누구든 이 욕망과 관계에서 자유롭지 않다. 살면서 이 문제로부터 자유롭고 욕망을 만족스럽게 충족시켜 그로부터 해방된다면, 관계에서 주고받는 많은 사람의 갈등도 대폭 줄어들 것이다. 대부분의 종교는 이를 초월한 것처럼 사후의 세상을 말하곤 하지만, 맞는 말이 아니다. 정작 종교의 진원지도 삶의 공간이었으며, 미지에 대한 희망과 예언도 삶 속의 욕망과 관계를 그 출발의 디딤돌로 삼는다. 물질이든 정신이든 다 마찬가지였다.

'곳간에서 인심 나온다'는 말이 있듯이, 서로가 물질적 풍요를 함께 누릴 경우, 서로를 배려하는 관계는 아주 자연스러울 수 있다. 하지만 욕망으로부터 자유로워지고 삶의 자유와 해방을 만끽하고 싶더라도, 원초적인 의식주 자체가 곧 삶이기에, 사람들은 그러한 자유로움을 쉽게 누리지 못한다. 가끔 그러한 욕망을 종교적인 차원으로 승화시킨 사람들의 이야기가 널리 회자되고, 그런 삶에 대한 존경으로 스스로를 대리만족하는 이유이기도 하다. 인류 역사에서 자연과 인간이, 인간과 인간이 지금까지 싸우면서 살아가는 것도 의식주의 양과 질을 변화시키는 투쟁의 과정이라 할 수 있기 때문이다. 역사 속 지성인들도 인간들의 좋고 행복한 삶을 이야기하면서 먹고사는 문제를 빼놓지 않고 성찰하였다. 스스로 사색하는 사람이 되고자 한다면, 현실 '삶 세계' 속으로 그 소재를 찾아 나설 필요가 있다. 삶 속에는 사유할 것들이 넘쳐나기 때문이다.

대한민국 국민들은 정치사상이나 철학을 매우 어려운 것으로 생각한다. 사유나 성찰이라는 단어만 보아도 머리를 싸매면서 돌아서는 사람이 많다. 그 원인을 말하자면, 매우 복잡하다. 1948년 이후 정치사상의 자유를 제대로 누려보지 못한 탓도 있고, 누군가가 정치사상이나 철학의 영역을 독과점한 상태에서 사상의 보편화와 일반화를 금기시한 측면도 무시할 수 없겠지만, 가장 큰 원인은 대학에 진학하기 이전까지 정치사상이나 철학을 접할 기회가 협소하다는 점일 것이다. 초 · 중 · 고교에서 배우고 또 배우는 정치사상이나 철학은 오로지 '국가가 최선'인 국가주의일 뿐, 그 경계를 자유롭게 넘나드는 것들에 대해서 관심을 갖는 학생도 없고, 또 가르칠 힘을 가지고 있는 선생님도 드물다. 교과서에 수록되어 있는 정치사상이나 철학은 고민하고 사유하는 힘을 앗아가고 있다. 하지만 모두가 사상가이자 철학가가 될 수 있다. 정치사상이나 철학을 바라보는 기존의 관점만 허물어버리면 된다. 특히 정치사상이란 역사 속에 특정 유명인의 신념이나 가치를 이해하기 위해 그들의 사유 속으로 들어갔다가 나오는 것이기도 하지만, 스스로가 사회적 삶 속에서 자신의 정치적 관계를 판단하고 정치적 행위의 기준으로 작용할 신념이나 가치를 끊임없이 고민하는 것이기도 하다. 신념과 가치가 늘 함께해야만 신념이 독선을 넘어설 수 있고, 가치가 허상으로 남지 않는다. 신념과 가치는 동전의 앞뒷면처럼 붙어 있어야만 한다. 가치가 일상적으로 투영되지 않는 신념이나, 신념으로 체화되지 않는 가치란 관계 속에서 자신과 타인의 권리를 동시에 침해하게 된다. 대한민국 정치 사회를 지배하고 있는 대표적인 담론인 '보수와 진보'가 그렇다고 생각한다. 이 담론이 과연 정치사상인지 아니면 권력 수단인지의 여부를 판단하는 것도 우리의 몫이다. 왜냐하면 모두가 사상가이자 철학가이기 때문이다.

철학이나 사상에 대해 그럴 필요는 없다. 자신이 곧 역사적 인물이고, 자신의 삶이 시대적인 성찰의 대상이다. 인문학은 요즘 시대적 흐름인 것 같다. 너나 할 것 없이, 고전 명저, 역사적인 인물, 인간의 내면을 고뇌했던 철학이나 문학, 그리고 인류 역사에 남아 있는 전환기적 사건 등과 만나면서 '돌아보기'에 집중하고 있다. 무엇을 어떻게 보고 있는가도 중요하겠지만, 진짜 소중한 것은 인간의 짧은 생애주기에서 삶의 주체성을 찾으려 한다는 점이다. 급속한 경제 성장과 그에 따른 물질적 삶 조건의 변화가 이루어지고, 그것을 유지하기 위해 '노동과 돈'이라는 순환고리에서 벗어나지 못하는 '성실함'에 중독되고, 그 굴레에서 벗어나지 못하는 자신을 가족에 대한 책임감과 자신의 존재감으로 메꾸려 해도 결코 채워지지 않는 삶의 공허함 때문일까? 타인의 삶이나 다른 시대의 삶 속에서 사람들이 어떤 생각을 하면서 어떻게 먹고 살았는가를 성찰하고, 그러한 공간과 시간을 디딤돌로 삼아 삶의 곳곳에서 자아를 찾는 여정이 왕성한 듯하다. 먹고사는 데 있어서 물질적 고통을 겪지 않는 사람들만이 '돌아보기'를 한다는 의미가 아니라, 물질적인 것과 비물질적인 삶의 영역까지 자신의 것으로 만들기 위한 자기 수행인 것이다.

그런데 인간의 공허함은 '삶 권리'의 빈곤이나 '삶 정치'와 무관한 것일까? 고대 사회부터 인간의 관계에 집중했던 대표적인 학문은 정치학이었다. 권력은 삶터를 구성하는 관계의 원인이자 결과였기 때문에, 정치학의 주요 핵심은 촘촘한 지배의 망으로 포위된 생활 세계를 자신의 것으로 만드는 힘이었다. 스스로 삶의 주인이 되는 자유와 민주였다. 그것은 또한 인간의 일상생활과 사회적 관계 속에서 발생하는 수많은 권리의 문제를 성찰하는 가치였다. 인간의 본성과 가장 가까운 문제였기에, 수많은 철학자들이 정치적인 것들을 사유하고 상상하였을 것이다. 그런데 인문학적 소양이 부족한 탓인지 몰라도, 의도하든 의도하지 않았든, 인문학적 사유가 자유와 민주를 정치 사회만의 고유 영역으로 취급하고 그것을 인간의 본성과 일상적 삶에서 고립시킨다는 느낌이 든다. 과연 이것이 나만의 주관적 판단일까? 인문학 수준의 '돌아보기'는 자유와 민주를 대상화하거나 타자화하는 것이 아니라, '정치적인 것'의 생활 세계까지 끌어안아야 할 필요가 있지 않을까?

인간의 삶에 대한 '성찰'로 말한다면, 정치학과 인문학은 일란성 쌍둥이다. 물론 정치학이 정치권력의 놀이판을 만들어준 하청업과도 같은 역할에서 자유롭지 않지만, 인간과 그 삶을 사유하는 학문이라는 점에서, 자신이 잘살고 있는 것인가에 대해 '왜'라는 질문을 던진다는 점에서 그렇다. 삶의 관계 속에서 영글어지는 사유의 알맹이들을, 권력과 권리가 보여주는 관계의 안팎을 들여다보고자 했던 학문의 원조가 철학과 정치학이었다. 정치는 인류가 생존하는 순간부터 삶의 요체였기 때문이다.

그런데 요즈음 정치에 대한 무관심이 유령처럼 떠돌고 있다. 대표적인 예를 든다면, 2014년 4월 16일, 세월호 참사에서 304명의 생명을 바닷물에서 구하지 못한 국가는 삶의 안전과 재난의 예방에 대한 문제가 개개인의 몫임을 국민의 DNA에 깊숙하게 각인하였다. 또한 국민들은 '잊지 않고 기억하겠다! 기억하겠다!'고 하면서도, 다른 한편으로는 아직까지 바닷속 '세월호'에 갇혀 있는 실종자가 있는데도 "이제는 할 만큼 하지 않았나, 듣기만 해도 지겹다, '세월호' 때문에 국가의 신용등급이 떨어져 경제위기의 한 요인으로 작용한다."는 등의 말을 한다. 인륜적 감성조차 사라진 자신의 메마름을 유가족들에게 떠넘기는 역설을 자연스럽게 보여주고, 삶 공동체에 대한 국가와 정치의 의무가 실종되도록 놔두면서 오히려 올바르고 정의로운 국가와 정치를 살려내겠다는 유가족들을 비열하게 국가를 부정하는 사람들로 내몰고 있다. 또 다른 아픔도 있다. 세월호의 충격을 마음과 가슴으로 받아들이지 않아서 그런지, 아니면 타인의 목숨에 대해 관심조차 가질 여유가 없어서 그런지, 그 이유를 정확하게 제시하기 어렵지만, 많은 사람들이 '세월호' 자체를 잊어버리고 살아간다. '잊지 않겠다!'고 발버둥치는 사람은 이제 유가족뿐인 것 같다. 너무나 큰 사건이어서, 또는 아주 깊은 상처를 입어서 그럴 수 있다. 사람들은 진실이나 그 의미를 알려고도 하지 않고, 그것이 밝혀진들 그 어떤 것도 달라지지 않을 것이라는 '의미 없음의 자기 검열'을 계속하면서, '망각의 자유' 속으로만 들어가려 한다.

정치 사회는 트라우마의 또 다른 모습을 사회적으로 재생산하는 데 여념이 없다. 현실 정치는 말초신경만을 자극하는 수준으로 떨어져 일어설 기미가 없다. 사람들에게 다가가는 정치는 그저 가벼운 개그이거나, 너무나 무거워 함께하기 어려운 중압감만 던져줄 뿐이다. 한편에서는 정치 담론이나 정치인을 희화화의 최고 지점까지 몰고 가는, 소위 '나꼼수'나 '딴지일보', '일간베스트'가 정치의 선정성을 만들어낸다면, 다른 한편에서는 많은 사람들을 도덕과 정의로 짓누르는 정치의 무게감과 청정성 때문에, 또한 진보 정치의 원칙적 울타리 때문에 정치가 또 다른 '그들만의 리그'로 전락한 것이다.

사회는 만화 속 상상 세계만큼 변화되고 있다. 어제와 오늘 사이에 사람들이 감지하지 못하는 수많은 혁명이 발생한다. 그래서 사회를 구성하는 수많은 것들이 사람들에게 또 다른 혁명을 요구한다. 수시로 쫓아가고 적응해서 자신의 삶 관계를 혁명적으로 리셋하라는 것이다. 참으로 버겁다. 누구는 그냥 그 자리에 서 있으면 되는 것 아니냐고 말하기도 한다. 청년들에게 희망을 주자고 하면서도 절망의 원인을 제대로 진단하고 그것에 맞는 처방전을 출력해 주는 사람들도 거의 없다. 설사 처방전을 제시하는 사람들이 있다손 치더라도, 그것을 희망의 새로운 부대로 삼으려 하지 않는다.

'나꼼수'나 '딴지일보'는 한때 선풍적 인기를 한 몸에 받았다. 현실에서 드러나지 않는 정치의 얽히고 설킨 '비사'를 공학적으로 재구성하거나 많은 사람들의 눈높이에서 포착되지 않는 지점을 콕 집어내, 누구에게든 한 번의 클릭으로 무한 호기심을 자극하고 박장대소하게 함으로써, 말초적 신경세포가 정치를 포위하는 계기로 작용하였다. '일간베스트'는 적대적인 정치인들을 거의 '패륜 개그' 수준에서 창의적으

당신은 민주 국가에 살고 있습니까

로 폄하하는 선정성과 싫어하는 세력의 행위 자체를 자신의 색으로 덧씌우는 '채색 정치'로 또 다른 황색 저널리즘의 영역을 개척하였다. 정치의 형식과 내용을 미시적이면서도 미묘한 영역으로 끌고 들어간 힘이다. 그러나 아무리 공학적으로 재구성한다 하더라도, 은밀한 관계까지 드러내지 못하는 한계는 남아 있다. 이는 오히려 조작적 상상을 자극하였고, 정치에 대한 관심이 오로지 정치인의 말과 행동에 머물게 하였다. 정치에서 희망을 찾는 것이 아니라 정치인으로부터 희망을 찾게 하고, 특정한 정치인을 중심으로 온갖 패러디가 난무하는 상황만을 극대화시켜 호쾌한 웃음이 아닌 씁쓸한 조롱을 제공하는 퓨전 패러디임으로 전환되어 버린 것이다.

보통 사람들에게 정치적 자극을 주는 두 가지가 있다. 하나는 감성적 호기심이고, 다른 하나는 이성적 상상력이다. 그렇다고 이 두 가지가 서로 다르다는 것은 아니다. 다르면서도 같고, 같으면서도 다른 정치적 관심의 양대 축이다. 희망이 사라진 시대에 희망을 부활시키기 위해서든 삶의 고통을 참고 이겨낼 때 살그머니 다가올 것이라는 불확실한 미래의 희망을 위해서든, 아니면 힘의 관계를 전복시켜 다수가 행복한 세상을 만들어야 한다는 당위 때문이든, 대중들은 삶의 희망을 쉽게 포기하지 않는다. 그래서 어떤 정치 세력에든 희망을 말한다. 대중에게 감성적 호기심의 울타리를 절대 넘어가지 못하게 한 채, 잘 알려진 얼굴과 그럴싸한 언술, 뭔가가 있는 듯 본색을 감추는 신비주의적인 모습만을 보이는 보수주의 정치 세력의 희망 전략이 있는가 하면, 대중의 정치를 이성적 상상력의 울타리 속에 가두고, 노동자와 민중의 정당성, 착취와 소외가 없는 사회의 평등함, 부자들에 대한 공격만을 보이는 진보 세력의 희망 전략이 있었다.

'내일'을 설레는 마음으로 꿈꾸지 못하는 진보는 대중에게 '낡음'으로 다가온다. 언제부터인지 알 수 없지만, 진보 세력의 정치는 정치적 영향력을 상실한 채 고립되어 있고, 사람들은 각종 선거에서 진보 세력을 지지하는 '두려움'에서 벗어나지 못하고 있다. 가난하고 힘들게 살더라도, 특정한 유대감이 강해서 '삶 고통'의 좌절감을 상대적으로 덜 느끼고 *끈끈한* 공동체적 감정이 강할수록 사람들은 정치적 전향을 최대한 미루고 미룬다. 예를 들면, 일부 지역의 유권자 대부분이 노동자들인데, 당선되는 국회의원은 진보정당에 소속된 '노동자 후보'임을 자처하는 사람이 아니라 그 지역에서 '돈'에 대한 영향력을 발휘하고 있거나, 혹은 현재 보유하고 있는 권력으로 '돈'을 가져다 줄 수 있는 사람이 대부분이다. 이제는 노동자 계급 정치나 진보 정치의 딜레마가 자연스럽다. 선거에 참여하는 노동자 계급 정치의 딜레마는 선거에서 보다 많은 표를 얻기 위해 노동자 계급이 최고이고 중심이라는 정당의 정체성을 계속해서 희석시키고, 노동자 계급에 득이 되는 정책까지 포기해야 한다는 것이다. 진보와 개혁의 깃발을 꽂는 순간 선거에서 이기기 어려운 상황이 발생하므로, 진보 개혁 정치가 제도권으로 진입하기 위해서는 진보의 이념이나 정책에서 벗어나, 표를 얻는 데 유리하게 정치 활동을 해야만 하는 것이다. 대중들의 몸과 마음을 가볍게 하기 위해 정치를 희화화시켜 그들에게 박장대소의 기회나 쾌감 만족의 느낌을 주고, 이러한 감성의 늪에 빠져드는 것 자체를 명분에 맞지 않는 것으로 여기는 사람들에게는 계속해서 대의와 원칙의 마력으로 작용하는 '정치의 딜레마 시대'인 것이다.

그런데 나름 퓨전적인 '희화화 정치'든, 정통적인 '대의명분의 정치'든, 혹은 이념적 색깔로 표현해서 보수 정치든 진보 정치든, 모두가 상상력의 빈곤에 빠져 있는 것 같다. 역사적인 시공간에 따라 자유와 민주의 폭과 깊이가 다를진대, 선거로 선출되면 민주의 실현이고, 개인의 삶을 직접적으로 억압하거나 물리적으로 타격하지 않으면 자유의 완성인 것처럼 여긴다. 혹은 자유와 민주가 인간의 본질과 연계된 주제임에도, 사람들은 그것을 사유의 대상으로 삼으려 하지 않는다. 어떤 힘이 작용하는지 잘 모르지만, 자유와 민주는 개인의 삶과 분리되고 정치는 소수 엘리트의 독과점적 시공간으로 떨어진다.

그래서 자유와 민주는 익숙함을 넘어 식상함으로 남아 있다. 대표적인 현상은 대한민국을 자유민주주의 국가라고 단정하거나, 그것에 대해 의심하지 않는 것이다. 민주와 자유의 정도를 측정하려면 삶을 구성하는 다양한 형상을 관찰해야 함에도, 존재하는 삶의 양식을 뒤집어 보면서 민주와 자유를 새로운 형상으로 만들어야 함에도, 보수 정치든 진보 정치든 그리 하지 못하고 있다. 삶 속에 투영되어 있는 민주와 자유를 상상하지 않기 때문이다.

누구나 자신이 다 알고 있는 것처럼 말하지만, '왜' 그렇게 생각하느냐고 질문하는 순간 많은 사람들은 어안이 벙벙한 모습을 보인다. 그리도 쉬운 질문을 하는가라고 되짚는 모습이다. 그러나 쉽게 대답하는 사람은 정말 드물다. 또 다른 모습은 자유와 민주를 '돌아보자'고 말 한 마디만 해도 손사래를 친다. 나에게 되돌아오는 것은 핀잔뿐이다. '너만 아는 줄 아느냐, 나도 알고 있다. 너는 아직도 그 문제를 껴안고 있니?' 정치학자인 나는 사람들이 '왜' 그런지 의아스러운 감정을 오랫동안 껴안았다. 사람들이 잘 알고 있는 것으로 이해하고 넘어가야 하는 문제인지, 아니면 자유와 민주가 사람들에게 주는 피로도가 그만큼 높다는 것인지, 자유민주주의의 틀 속에서 의식과 행동에 대한 자기 검열이 잘 이루어지고 있다는 것인지 등의 문제로 한 발짝 더 나가 보지만, 그럴수록 나 자신에게 지적의 화살을 쏘는 것 같다.

이런 고민의 지점과 맞닥뜨리는 순간, 자유와 민주를 연구했던 내 자신을 신뢰해도 되는 것인가의 고민까지 생긴다. 30년 이상 내 삶과 함께했던 자유와 민주가 다른 사람들에게는 삶의 문제가 아니었다는 말인가? 이러한 질문과 회의감에 빠지면서도, 나만이라도 그것을 '돌아보기' 할 때, 자유와 민주에 대한 사회적 수준의 성찰이 왕성해질 것이라 생각하면서, 이 끈을 놓지 않으려 한다. 왜냐하면 정치학이 인간에 관한 사유이자 철학이라는 사실에 비추어 본다면, 인간의 삶과 떨어질 수 없는 '돌아보기'의 대상이기 때문이다.

희망은 상상에서 나온다

　귀농(촌)한 뒤 상상하기 어려운 경험을 했다. 닭 몇 마리를 키우고 있는데, 어느 날 수탉 한 마리가 닭장 지붕에 올라가 있는 모습에 깜짝 놀랐다. 내려와 집에 들어갔으면 하는 마음으로 수탉을 건드리니, 놀란 수탉은 이내 건너편 산으로 새처럼 날아갔다. 약 50미터 이상 날개 짓 하면서 날아가는 모습을 멍하니 바라만 보았다. 어렸을 때 닭이 시골집 마당에서 지붕으로 날아오른 것은 보았지만 새처럼 날아가는 것을 보지 못해서인지, 인간이 가두어 놓고 기르는 닭은 모두 날 수 없다고 생각한 것이다. 그 수탉은 나에게 큰 교훈을 주었다. 내가 아는 '앎'의 불완전함과 상상력의 빈곤을 깨달았다.

　요즈음은 상상력 빈곤의 시대인 듯하다. 너나 할 것 없이 상상력 고갈을 걱정한다. 청소년은 귀에 딱지가 생길 정도로 많이 듣는 말이다. 창의성이 떨어지는 것도, 자기 주도적인 힘이 부족한 것도, 다 그들 탓이다. 입시 경쟁의 그늘이라고도 한다. 상상의 샘이 말라 버렸고, 자유로운 사유의 날개를 펼치지 못하고 있다고 한다. 하지만 이런 시대를 맞이하여, 본래 가지고 있던 상상력이 없어졌다는 것인가? 본래부터 상상력이 없었다는 것인가?

　본래부터 상상력이 없던 사람일 경우, 그들에게는 고갈이 아니라 부재를 이야기해야 한다. 원래 있었던 것처럼 말하는 것은 또 다른 '자기 기만'이다. 상상력이 없는 사람들은 어떤 상태일까? 말하고 생각하는 자기만의 틀에서 벗어나지 않는 상태, 인과관계의 다양성을 보지 않고 단선적 측면만이 존재하는 상태, 그리고 관계 속에서 상대방을 배려할 힘이 없는 상태일 것이다. '앎'이 부여하는 자유가 '무지의 폭력'에서 해방되는 자존감의 쾌락을 맛보게 하련만, 그 쾌락을 모른 채 자기만의 '늪'에 빠져 있는 상태이다.

인류 역사가 시작된 이래, 지식이 무엇인가를 놓고서 벌였던 철학적인 논쟁이나 학자들의 다양한 규정에서 벗어나 보자. 쉽게 이해할 수 있는 차원에서 말한다면, 지식이란 살면서 마주하는 온갖 것들의 작동 원리에 대한 앎이자, 관계에서 발생하는 수많은 현상을 CT 영상처럼 한 단면을 자르고 잘라서 전체를 볼 수 있게 하는 앎이라고 생각한다. 사람들은 이런 앎을 위해 공부한다. 앞서서 살았던 사람들의 앎을 자신의 것으로 새롭게 만들고, 또 다른 세대를 위해 앎의 형식과 내용을 변화시킨다. 계승되었지만 변화된 사회에 적용되지 않는 앎은 사멸해 가고, 그 자리를 대신하는 앎들이 새로운 적자로 나선다. 때로는 수많은 단층으로 얇게, 또 어떤 때는 씨줄과 날줄을 복잡하게 얽히는 길쌈처럼, 앎은 잘리고 잘리는 고통을 거치거나 서로가 서로에게 의존하면서 새로운 모습으로 탄생한다. 새로운 지식의 탄생인 것이다.

지식과 지혜는 불안정한 동거 중이다. 주변을 돌아보면, 지식이 많아도 지혜롭지 못한 사람들이 있고, 지식이 조금 부족한 것 같아도 지혜롭게 살아가는 사람도 있다. 지식과 지혜는 서로 같으면서도 다르고, 다르면서도 같은 이란성 쌍둥이처럼 서로가 서로를 그리워하는 태생의 끈을 자를 수 없다. 지식을 쌓는 공부를 같이 했어도 지식을 지혜로 변화시키는 사람이 있는가 하면, 그렇지 않은 사람도 많다.

나이가 들면서 자주 듣는 말이 있다. '잘 늙었으면 좋겠다!' 이 시대의 사회적 멘토로 등장한 채현국 할아버지와 장형숙 할머니처럼 지혜

당신은 민주 국가에 살고 있습니까

와 경험으로 세상을 잘 읽고, 세상의 아름다움을 후손들에게 잘 전승해야 할 텐데, 갈수록 세상을 바라보는 눈과 마음이 작아지고, 나이를 앞세워 몽니를 하는 자신이 참으로 걱정된다. 독선과 아집으로 뭉친 늙은이가 아니라, 지혜와 현명함이 섞인 노인으로 살다가 죽고 싶은데 말이다. 보통 자신의 기준이 객관적인가를 깊이 고민하지 않은 채 자신의 기준에 맞으면 옳은 것이고 그렇지 않으면 틀렸다고 우격다짐하는 것을 두고 꼰대라고 한다. 그러나 타인의 기준이나 자신의 기준을 바라보면서, 그 차이와 공통점을 드러나게 하는 것이 지혜다.

누구나 고민하고 있는 화두일 것이다. 나이를 먹었어도 지혜롭지 못해서 일을 그르친 경우, 관계를 악화시킨 경우, 욕심을 내려놓지 못한 경우 등을 마주할 때마다 지혜롭게 대처하지 못한 자신을 탓하면서 뇌리에 번득이는 한마디가 있을 것이다. '지혜의 샘은 어디일까?' 참으로 쉽지 않은 삶의 여행이다. 수행의 도를 닦은 사람, 늘 솔로몬의 지혜를 발휘하는 사람, 그 깊이를 알 수 없을 정도로 사유가 충만한 사람들을 존경하는 그 힘은 많은 사람들이 지혜의 여신인 '미네르바'가 되고 싶어 하는 욕망의 다른 모습일 것이다. 지혜의 실체가 무엇인지는 잘 모른 채 좋은 것이라는 사람들의 말에 혹해서 그러든, 아니면 지식과는 다른 무엇일 것이라는 기대 때문이든 말이다. 그래서 우리는 배우고 또 배운다. 평생을 배워도 부족한 것이 공부라고 하는 이유도 여기에 있을 것이다.

지혜의 시작과 끝은 지知와 행行의 합일合―이다. 아는 것을 '행'하지 않는 한 알고 있는 것의 진리 여부를 확인하기가 쉽지 않고, 또한 '행'하여 새로운 지식을 습득하기가 쉽지 않기 때문이다. 지행합일은 주관과 객관을 통일시켜 나가는 지난한 삶의 여정이다. 사람들은 일상의 경험에서 비축한 생활 지혜를 가지고 있다. 이를 통해 일상에 숨어 있는 이론 지혜들을 하나씩 터득한다. 일상생활이 상상력의 시공간인 이유이다. 그런데 생활 지혜조차 '앎'을 도그마로 여기는 순간, 그나마 가지고 있었던 사람들의 상상력은 고갈되기 시작한다. '앎'은 관계 속에서 끊임없이 재구성된다. '앎'은 자신의 일상 속에서 이루어지는 관계, 즉 세대나 시대, 지역이나 국가, 그리고 민족이나 계급과 소통하면서 수시로 재구성된다. 그러나 '앎'의 주체가 그 과정을 거부하거나 부정한다면, 그에게 남아 있는 것은 그저 앙상하고 빈곤한 '앎' 뿐이다.

상상력을 풍부하게 하는 자기 훈련이 있다면, 상상력의 부재나 고갈의 문제는 고민하지 않아도 자연스럽게 해결되지 않을까? 상상력을 풍부하게 하는 차원에서, '게으름'에 대한 말을 한 번 해보자. 결혼 상대를 선택하는 기준에서 '근면과 성실'이 최고의 선인 시대가 있었다. 1962년 경제개발계획이 수립되고 난 이후 1980년대 초반까지이다. 20년 만에 일궈냈던 고도 성장기가 반영하는 또 다른 모습이다. 먹을 것이 부족했던 그 시절, 근면하고 성실하면 먹을 것이 생겨났고, 경제 발전을 위해 노동자들이 근면하고 성실하게 일을 하면 그 혜택이 국민 모두에게 돌아간다는 공동선을 산업 역군들이 제시했던 것이다. '게으름'이나 '느림'은 그야말로 비난의 대상이었다. 심지어 그것을 죄악시하는 경우가 있어서, 그로 인해 수많은 상처가 사람들 마음속 깊이 자리하게 되었다. '근면함과 성실함'이 사람의 능력을 평가하는 기준으로 존재하였기 때문에 나타난 현상이었다.

'게으름'이나 '느림'은 아름다운 것으로 받아들여지기 힘든 것인가? 아름답다고 하는 것이 너무 껄끄럽다면, 그냥 자연의 순환과 같은 것으로 보면 어떨까? 자연의 웅대함과 아름다움에 찬사를 보낼 때, 사람

당신은 민주 국가에 살고 있습니까

들은 그 겉모습뿐 아니라 그 속에 들어 있는 시간과 변화의 '느림'까지 인정하는 것이다. 자연과 동화하고픈 인간의 욕망에는 자연이 가지고 있는 '느림의 미학'을 동경하는 마음이 깃들어 있다. 자연의 '느림'이 그 어떤 것도 건드릴 수 없는 권리인 만큼, 인간도 '느림'을 권리로 누리면서 살다가 자연으로 돌아가는 모습을 상상해 본다.

'게으름'과 '느림'을 권리로 상상하는 것 자체는 보편에서 일탈하는 모습이 아니라 새로운 보편을 창조하는 모습이기도 하다. 상상력과 창의력이 보편에서 일탈하는 과정에서 나온다면, 누구에게나 일탈을 요구할 필요가 있다. 특히 보편이 국가가 강요하는 가이드라인일수록, 상상력은 일탈이 보편화되는 과정에서 부활한다.

상상력은 희망을 불러내는 속삭임이다. 희망을 갖지 못한 채 살아간다는 것은 삶의 앙상함 그 자체이다. 희망은 삶의 여백이자 알맹이이기 때문이다. 요즘 희망이 없는 포기 세대들이 있다. 직업을 갖는 자신의 미래를 포기하고, 결혼해서 가정을 일궈가는 미래를 포기하는 세대들의 '희망이 없는 시대의 슬픔'을 어떻게 닦아줄지, 포기 세대가 아니라 국가나 사회가 일탈로 '내몬 세대'이자 '내몰린 세대'에게, 국가나 사회가 현실을 살아가는 삶의 동력인 희망이라는 상상의 가치를 어떻게 돌려줄지, 늙어가는 이들이 이제부터라도 상상해야 할 과제가 아닌가.

새로운 정치는 자기 의문에서 시작한다

◇◆◇

인간의 권리는 사람들의 관계 속에서 존재한다. 서로가 존재하는 것 자체만으로도 서로의 권리가 인정되는 것이고, 권리를 서로 주고받는 다는 의미이다. 권리가 충돌하는 것도, '삶 조건'에 따라 권리의 형식과 내용이 변하는 것도, 그러한 관계에서 비롯된다. 눈에 잘 띄지는 않지 만, 일상에서 서로 주고받는 대표적인 것이 권리와 의무다. 그런데 권 리가 오직 나만의 것으로 인식되고 개개인의 개별화 현상이 정상적이 고 당연한 것처럼 여겨질 때, 사물의 현상과 본질을 다양한 각도로 보 지 않고 단면을 전체인 양 여기는 미성숙한 인식이 곧 정의로 규정될 위험이 있다. 살아가는 모든 문제를 개인의 책임으로 돌리는 사회적 프레임이 지배하게 되는 것이다. 보는 것이 전부인 양 인정해 버리고, 다른 모습을 보려는 '왜?'가 제기되지 않는다. '왜'는 그저 관계에 미숙 하고, 성질이 까칠한 사람의 전유물에 불과한 것으로 치부한다.

자본주의 사회 체제를 떠받드는 힘은 어디에 있을까? 1990년을 전 후로 사회주의 체제가 무너지고 자본주의 체제의 영생만이 흥행하던 시기부터이다. 많은 사람들은 멸망한 사회주의 체제를 '악'의 형상으 로 그려낸다. "자본주의 체제와 경쟁했던 경제 발전의 패배, 개인에게 자유와 권리를 허용하지 않는 일당 독재, 사적 소유를 허용하지 않는 집단적 소유 체계, 지배 세력의 관료주의와 부정부패, 노동하는 시간 에 비해 낮은 생산성, 시장의 자유를 허용하지 않는 통제 계획 등이 만 연해서, 사람다운 사람이 없고, 삶이 존재하지 않는 사회 체제! 그렇지 만 이러한 현상은 자본주의 체제에서도 흔히 볼 수 있다. 그렇다면 자본주의 체제도 무너질 수 있다는 의미인가? 혹은 사적 소유와 시장의 자유가 보장된다면, 어떤 사회 체제든 멸망하지 않는 것이 정설인가. 자본주의 사회 체제는 영원할 것인가?

자본주의 사회 체제에서도 2008년을 전후로 붕괴의 조짐이 나타났다. 대한민국, 태국, 인도네시아, 말레이시아 등 아시아 국가들이 1997년을 전후로 외환 위기를 겪었다면, 2008년부터 현재까지 금융통화 위기, 과잉 생산의 위기, 저성장-저물가-저투자-저소비라는 악순환 구조의 위기에서 벗어나지 못하는 국가들이 많다. 그러나 사회와 국가는 기업의 도산, 실업의 증대와 임금 체불 등을 비정상이 아니라 정상이라고 우기거나, 선진화 과정에서 거쳐야만 할 필요악이라고 말한다. 자본주의 사회 체제에서도 고통받는 사람들과 망해 가는 기업이 많을 텐데, 사람들은 왜 자본주의 사회 체제가 영원히 멸망하지 않을 것이라고 생각하는 것일까?

인간의 삶은 친절함과 잔인함, 동정과 소외, 상호 존중과 비인간화가 씨줄과 날줄처럼 얽히고설킨 채 펼쳐진다. 당신이 살고 있는 세상은 밝고 아름다운 모습일까, 어둡고 추한 광경일까? 갈브레이스나 들뢰즈의 지적처럼, 자연적 욕망에서 확장된 인간의 인위적 욕망은 정치·경제적 상황과 연계되어 걷잡을 수 없는 소외와 폭력을 양산한다. 이 '마음의 독약'은 오늘날 따뜻함을 찾기가 어렵고 인간의 의미가 퇴색하고 인간관계가 먼지처럼 흩어진 문명을, 즉 억압적인 물질주의를 인위적으로 만든다. 자본주의 사회 체제는 비인간적 바이러스를 퍼뜨리면서 동시에 인간화를 부르짖는다. 분배와 복지를 실현하는 민주주의를 강조하거나, 이타적인 인도주의나 협력과 나눔의 문화 등을 실현하는 주인공으로 등장한다.

사람들은 정당한 분배와 복지를 원한다. 복지 사회는 '삶 고통'을 나눔과 베풂으로 완화하는 공동체이다. '가난'이나 '배고픔'을 완전하게 해결할 수 없지만, 조금이라도 '삶 조건'의 어려움을 해소하려는 욕망과 '공짜'가 주는 만족도가 적지 않아서, 사람들은 복지민주주의를 선망한다. 서로에게 물어보자! '삶 고통'에 시달리는 사람이 많아서 복지가 필요한 것인데, '복지가 없는 세상'을 '왜' 꿈꾸지 않는가? 복지가 있다는 것만으로도, '안전 사회'가 아니라 '위험 사회'를 증명하는 것 아닌가? 모든 사람이 안전하거나 행복하지 않고 '안전함'과 '행복'의 격차가 심해서 관계의 갈등이 폭발할 수밖에 없기 때문에, 국가는 복지정책을 내세워 인간이 인간다울 수 있는 최소한의 '삶 조건'을 유지한다. '위험 사회'는 관리되고, 폭발 요인은 완화된다.

누군가가 독약을 퍼뜨리고 난 이후, 다시 해독제로 상처를 어루만지는 것인가. 아니면 새로운 옷으로 갈아입겠다는 의지인가. 자본주의 사회 체제가 언제까지 자신의 모습을 변신시킬 수 있는지도 궁금할 뿐이다.

역사적으로 지배 세력은 자신의 기득권을 위해서 늘 변신했다. 유럽에서는 16세기에 접어들면서 절대주의 국가가 등장하였다. 유럽의 귀족 계급은 14~15세기 동안 지속된 경제와 사회의 위기 탓에 존멸의 위기에 처했다. 상업의 발전에 걸림돌로 작용하는 봉건적 생산양식의 문제들을 해결하기 위해, 귀족 계급은 절대주의 국가라는 정치적 갑옷으로 갈아입고, 중상주의 정책에 승차하였다. 왕정 체제가 몸에 맞지 않는 옷이었기 때문이다.

그래서 귀족 계급은 농업과 상업을 동시에 추진할 힘을 만들었다. 절대주의 국가는 '난세의 영웅'이었다. 귀족 계급은 17세기 내내 절대주의 국가의 권력을 내세워 자신의 권력 기반인 토지를 유지하고, 동시에 상업 자본에 기반을 두고 성장하기 시작한 부르주아 세력과 권력의 균형을 추구할 수 있었다. '왜 그랬을까?' 정치적 공동체의 본질이자 목적인 국가권력은 공공적 힘을 동원할 수 있기 때문이었다. 국가 구성원이라면 누구든지 서로 계약을 맺거나 암묵적으로 동의하는 힘을 인정한다. 귀족 계급은 그러한 권력의 본성을 놓치지 않고 국가를 잡았다.

그렇다면, 국가가 물리력을 동원하는 정당성은 어디에 있는 것일까? 국가가 공공적 물리력을 독점한다면, 헌법이 보장하고 있는 국민주권의 힘은 구체적으로 어떤 것일까? 모든 공화국은 국가권력이 국민으로부터 나온다고 선언한다. 그러나 국민은 일상에서 권력과 권한을 거의 행사하지 않는다. 국가권력이 어떻게 만들어지는지, 헌법이 정말 정당한 것이고 그에 근거하는 공동선이 존재하는가를 의심하는 사람도 거의 없다. 헌법에서 규정하면 최고선이고, 국가가 공동선을 구현하고 있다면 그만인 것 아닌가? 국가는 스스로 '시혜'의 절대자인 양, 국민에게 그에 대한 경외심을 자극한다. 아마도 어떤 힘이 국민의 마음을 지배할 것이다. 누군가의 힘으로 조작된 것이든 국민이 알아서 만든 것이든, 권력을 행사할 사람들을 자신이 자유롭게 선택할 수 있다는 주체적 자의식과, 그 과정에서 차별받고 있지 않다는 절대적 평등성의 가치에서 쉽게 헤어나오지 못한다. 이것이 정치가 가지고 있는 힘이다.

정치 세력을 선택할 권리는 국민에게 있다. 투표뿐만 아니라 거리 집회에 참여하는 것도, 내전에서 총과 칼을 들었던 것도 자신이 선택하는 정치 행위였다. 어떤 때는 평화롭게, 때로는 혼자서 때로는 함께,

사람들은 국민이 아닌 정치의 대중으로 등장한다. 그래서 진정한 정치는 항상 대중이 있는 곳에서 시작된다. 대중들은 함께 의식하고 행동하는 개인들의 합이자 사회적 힘이기 때문이다. 사회 혁명은 그러한 힘에서 출발하는 것이다.

물론 선거조차 없이 국가권력을 좌지우지하는 독재의 두려움으로부터 해방되지 못해, 선거에서 후보를 선택하는 정치 행위만으로도 국가의 주인이라는 의식을 가질 만하다. 이 선택이 정말 민주주의를 실현하고 있는 것인가, 혹은 민주적인 잣대를 기준으로 선택했는가를 진심으로 고민한다면 말이다. 문제는 고민은 고사하고, 아예 관심조차 갖지 않을 때이다. '왜'라는 질문으로 접근하는 것 자체를 문제시할 정도라면 그것은 정말 문제이다. 선택하는 정치 행위 그 자체만이 과잉 평가된다. 그러면서도 선택의 결과에 대해서는 자신의 책임을 거부하곤 한다. 선택을 잘못해서, 자신의 '삶 조건'이 더욱 나빠진 상황을 참고 견디는 것이 책임이라면, 우리는 책임에서 자유롭지 않다.

절대적 평등성은 정치에서 '왜?'라는 질문을 삼켜 버린 것 같다. 그렇지만 어떤 정치 세력이든 '삶 조건'의 다름을 당연하게 여기면서, 그 책임을 개인에게 떠넘기기 위해 정치 행위의 절대적 평등을 내세운다. 직업이나 연령의 차이에 따라, 지역 및 성별·인종별 조건에 따라 이해관계가 다를진대, '동일함'은 다양한 이해관계의 차이가 드러나지 않는 힘으로 작용해 왔다. 이해관계의 양적·질적 차이가 존재하지만, 그 차이를 당연시한다. 일정한 연령에 이르지 않아 참정권을 행사하지 못하는 까닭에, 청소년은 정치의 주체로 나서고 싶어도 많은 것들에 의해 제약받고 있다. 이처럼 선거라는 정치 행위에서 불평등한 대우를 받고 있는데도, 누구도 그 현상을 '차별'이라고 생각하지 않는다.

당신은 민주 국가에 살고 있습니까

'왜?'를 접하는 순간, 많은 사람들은 당혹스러워한다. '자문자답'이 생소해서일까? 자신을 의심하는 것이 불편해서일까? 대중들이 법륜 스님의 '직문직답' 형식의 강론에 매력을 느끼는 이유도 여기 있다. 어려운 질문도 쉽게 풀어서 답변하는 스님의 능력뿐만 아니라 그동안 '왜?'라는 형식으로 자신과 타인을 바라볼 기회가 없었다는 '자기 반성'을 할 수 있기 때문이다.

혁명이란 인간에게 의식과 행동의 새로운 관계를 제공한다. 새로운 툴tool이 만들어지고, 많은 현상들이 그 툴에 맞게 새로이 변화한다. 결코 변할 것 같지 않은 내 안의 의식과 행동의 혁명도 '왜?'라는 질문과 함께 존재한다. 그러나 사람들은 사회 체제나 국가, 국가를 구성하는 헌법과 정치, 그리고 선거의 혁명 그 자체에 대해 자기 검열을 하면서 '왜?'라는 질문을 미리 차단한다. 자기 스스로 국가권력과의 관계를 새롭게 재구성하거나 창조하는 힘은 '왜?'라는 자기 의문에서 시작한다. 이러한 질문이 개인의 주관적 경향으로만 존재하지 않고 사회적으로 확산될 때, 새로운 자유와 해방의 시대를 부르는 너와 나의 물음표이자 상상력이 피어난다.

희망과 해방의 시공간을 위해

◇◆◇

자유롭게 생각하고 말하는 시공간, 시끄럽고 소란스러울 것처럼 상상된다. 야단법석이 벌어질수록 공동체가 단단해질텐데, 뭐가 그리 두려운지. 우리를 지배하고 있는 힘과 질서에서 해방되면 어떨까? 자기 정체성의 혼란과 혹시라도 생겨날지 모를 자기 부정에 대한 두려움 때문인지, 관계 속 타자와 관련해서는 '왜', '이유가 뭔데'를 달고 살면서도 스스로 그 의문의 대상이 되려 하지 않는다. 이런 모습은 어떤 욕망을 반영할까? 자기 수준에서 자신에 대해 만족하면 그만인가! 세상은 자신이 알고 있는 눈으로 읽고 익숙한 마음으로 느끼고 있는 모습이 전부일 수 없다. 그러나 자신만큼은 완전하다는 '자기 최면'을 계속한다. 자신의 '불완전함'이 타인에게 큰 상처와 아픔을 줄 수 있는데도, 꼭 자신을 부정하는 것 같기도 하고 존재감을 상실하는 것 같은 박탈감 때문인지, 관계에서 의심받는 경우는 물론이거니와 스스로를 의심하는 자신을 인정하려 하지 않는다. 꼭 자신을 부정하는 것 같은 기분과 존재감을 상실하는 것 같은 박탈감에서 벗어나려는 발버둥일 것이다.

고정관념을 가지는 순간부터 세상을 보고 느끼는 눈과 마음이 좁아진다. 많은 사람들은 자신의 기준을 미리 정해 놓은 상태에서 사물을 바라본다. 이 습관이 다른 면을 보기 어렵게 한다. 그렇다고 해서, 편견이나 선입견을 갖지 않으려는 것도 '불완전함'의 또 다른 모습이다. 이처럼 '완전함'이란 존재하지 않을 것이다. 자연 상태에서 사회계약을 맺으려 하는 것도, 사회계약에서 자연 상태로 돌아가려는 것도, 스스로 '불완전함'을 깨닫고 그것을 보완하려는 인간의 '삶 욕망'이다. 헌법에서 선언한 인간의 기본적 권리와 의무도, 시대가 변하면서 그 형식과 내용을 달리 한다. 어제는 권리로 알았는데 오늘은 의무로 변하기도 하고, 그 반대 현상 또한 우리는 늘 접하면서 살고 있다. 또한 오늘날은 권리 속에 의무가 들어 있고, 의무 속에 권리가 들어 있는 '접합과 융합'이 일상화된 '섞임 시대'이기도 하다. 이 시대에서 '완전함'과 '불완전함'은 다르면서도 같은 모습으로 동시에 존재하면서 인간의 '삶'을 보다 풍요롭게 한다. 이 복잡하면서도 단순한 원리에 접근하기 위해 필요한 것은 답습이 아닌 '상상의 자유로움'을 삶의 무기로 삼는 것이다. 스스로 사색하는 정신은 어떤 환경에서도 구속받지 않아야 한다. 최고의 정신은 남에게 의지하지 않고, 자신의 힘으로 상상할 수 있어야 한다. 이것이 사색의 유쾌함이다.

당신은 지혜로운 사람인가? 해답을 찾기도 어렵지만, 대답하는 것도 어리석다. 이런 질문은 당신에게 '예' 혹은 '아니요'를 원하지 않는다. 누구도 자신의 '지혜로움'을 알기가 쉽지 않고, 각자의 '불완전함' 때문에 두 가지 중 하나만을 선택할 수 없다. 선택하는 것 자체가 깊이 없는 '단순함'을 증명하는 것이 아닐까? 질문이 담고 있는 진짜 의도는, 당신에게 '자유로운 상상'의 기회가 많으면 많을수록, '지혜로움'은 늘 옆에 있다는 것이다.

살면서 지혜로운 사람을 만나는 것은 행운이고, 주변에서 지혜롭게 대처하는 사람을 보는 것만으로도 즐거운 소리로 감탄을 한다. 하지만 당신 스스로 '지혜의 바다 속에서 헤엄친 적이 있었냐고 물으면, 그저 멀뚱할 뿐이다.' 사람들은 눈앞에 놓인 가시밭길보다 발자국이 선명하게 찍힌 다른 이의 평탄한 길을 더욱 사모한다. 타인이 남긴 지식의 흔적들을 모조리 소비하려 하고 다양한 지식을 긁어모아 하나의 체계를 정립하면서도, 거꾸로 스스로가 사색하여 지혜로운 의견을 정립하고 난 이후에 그것을 보증하는 차원에서 타인의 지식을 습득하는 사람은 드물다. 빛과 그림자의 완벽한 배합, 온화한 색조, 현실적으로 배치된 색채의 어우러짐이 훌륭한 그림을 완성하듯, 스스로 사색하는 정신은 영원히 기억될 아름답고 생생한 회화에 비유될 수 있다.

'삶 지혜'를 '삶 경험'으로 단정하는 경우는 없었는가? 개인 스스로가 겪는 경험이야말로 조건이나 방식, 그 내용의 '차이'가 다양해서, 그 속에 숨어 있는 원리를 끄집어내지 않으면 그것은 '삶 지혜'로 승화되지 못한다. '자기 수행'을 많이 한 사람들은 '자기 번민'이라고도 하고 '자기 고뇌'라고도 불리는 화두를 늘 안고 있다. 이는 자신에 대해 늘 의심하면서, 질문을 던지며 '삶 지혜'를 쌓는 과정이다.

자기 물음은 불완전한 자신의 '앎'을, 자신을 구속하는 '앎 욕망'을 해결하는 첫 단추이다. 어린 아이들은 자연이든 사람이든 다양한 관계가 생기면 '왜'라는 질문을 던진다. 이것 때문에 부모의 불완전한 '앎'을 당혹스럽게 했던 그 시절을, 우리는 모두 경험했다. 어린 시절이 지난 이후에도 삶은 끊임없이 요구한다. 자신이 세상에서 주인처럼 살고 있는 것처럼 보이지만, 과연 그럴까? 헌법에서는 국민이 주권자라고 하고 국민으로부터 권력이 나온다고 하는데, 국민은 권력의 주인인가? 살아가면서 권리를 제대로 누리면서 살고 있는지, 혹시 의무만 제공하면서 살고 있는지, 권리를 누리고 있다 하더라도 대체 어떤 권리를 어떻게 누리면서 살고 있는지. 의문투성이인데도 많은 이들이 질문하지 않는다. 의식주 문제를 해결하면서 살다가 죽으면 되는 것을, 그 삶에 필요한 돈을 벌면 되는 것을 전부라고 여긴다. 질문을 던지면서 사는 '삶'은 피곤한 것이라고 하면서 '회피'나 '무지'를 선택한다.

　　　　　　　　당신은 민주 국가에 살고 있습니까

데카르트와 〈성찰〉의 책 표지

"나는 생각한다. 고로 나는 존재한다." 데카르트^{Rene Descartes, 1596~1650}

의 유명한 경구이다. 사유란 인간이 살아가고 존재하는 동안의 최고 가치일 수 있다. 이것은 생각하는 힘을 내세워, 동물이나 자연과 다른 자신을, 혹은 타인과 다른 자아를 발견하려는 인간의 노력이다. 인간에게 관찰할 수 있는 존재의 우월한 지위를 확립하는 계기이기도 할 것이다. 스스로가 '권리와 의무의 주인답게' 살아가는가, 혹은 일상의 삶에서 '권리와 의무'를 실현하는 맛이 무엇인가를 느끼면서 살아가는가는 삶의 필수적 문제이기 때문이다. 그렇지만 인간은 생각하는 자의 지위를 앞세워 '만물의 영장'답게 살아가고 있다는 자족감만 가질 뿐, 자연 앞에서 무력한 모습을 봐도 그렇고 자신의 권리를 짓밟히는 것에 무감각한 것을 봐도 그렇고, 인간이 과연 만물의 영장이고 관계의 주인일까 하는 의심의 터널에서 쉽게 빠져나오지 못한다. 자신의 존재감이나 자존감이 뭉그러지는데도, 그저 '만물의 영장'[†]이라고 일컬어지는 사람들이 '삶 관계'의 기반인 권리와 의무의 주체로 존재한다는 자기 최면이나 자기 만족으로 살아가는지도 모른다.

'삶'은 불완전한 유기체다. 신체와 빗대어 말한다면, 어느 한 부분이 불완전하더라도, '삶'이 소멸되진 않는다. 늘 부족하고 불완전한 상태에서, 불완전하지 않은 심신의 고통을 없애기 위해 그 부분을

[†] 데카르트야말로 모든 것을 의심하고 상상하는 방법으로 진리에 도달하고자 하였다. 물론 '신'을 중심으로 했던 사고의 틀에서 벗어나는 것부터 혁명적 상상력이 필요했을 것이다. 그의 상상력은 인간의 이성에 대한 무한한 신뢰에서 비롯되었다. "내가 아는 모든 것을 의심해라. 이것이 가장 확실하게 진리에 접근할 수 있는 단순한 길이다." 데카르트는 이처럼 고뇌하고 생각하는 인간의 모습을 만들고 또 만들었다. 신에서 탈피해 나가는 인간의 관점으로 볼 때, 데카르트는 인민에게 사회적·정치적 의식을 갖게 하고, 그들을 역사의 전면에 나서게 하는 근대의 디딤돌이었다. 그렇지만 만물의 영장이라는 테제는 생각하고 판단하는 인간의 '힘'을 이성으로 규정하고, 인간이 그 힘을 독점한 상태에서 자연을 마음대로 지배하고 있다는 우월 의식의 다른 표현일 수 있다. 자연은 단순하게 인간의 생존을 위한 도구에 불과하다는 이런 우월감은, 인간이 '인간 중심의 관계'를 맺는 행위의 정당성을 자연으로부터 빼앗은 결과일 수 있다. 또한 자연에 대한 지배 과정에서 행하는 여러 폭력을 면죄받기 위한 근거일 수 있다. 왜냐하면 지구상에 존재하는 만물 중에서 인간이 가장 약하다고 할 수도 있고, 또 지구상의 영장은 진짜 인간이 아닌 자연을 구성하고 있는 다른 것이라고 할 수 있기 때문이다.

당신은 민주 국가에 살고 있습니까

대체하기 위해 노력할 뿐이다. 그래서 사람들은 '삶'의 '불완전함'을 사회계약으로 보완하려 한다. 서로가 부족한 부분을 채우면서 살자는 욕망이계약을 만들었다. 사회계약은 공적 권력 주체를 요구한다. 자연 상태에서 살아가는 수많은 사람들은 삶 속에서 조건의 평등을 보장할 주체가 필요했다. 그 주체가 국가였다. 따라서, 국가는 '지혜로움'을 기본 원칙으로 해야 한다.

물론 국가는 '실체가 있으면서도 없고, 없으면서도 있다.' 국가들끼리 경쟁하거나 분쟁할 때는 모든 국민이 하나가 된 상태에서 대응하는 실체가 있는 것 같지만, 국민이 삶 속에서 느끼는 것은 권력과 그것을 집행하는 사람들의 힘 모두가 국가이기도 하다. 국가가 '지혜로움'을 위해 수많은 '자기 질문'을 던진다는 것은, 인민에게 안전하고 행복한 '삶', 완전함을 추구하는 인민의 '삶', 이 삶에 미래에 발생할지도 모르는 '불완전함'을 예방해야만 하는 국가의 일반 의지이다. 정약용의 『목민심서』가 이야기하는 것도 역시 목민의 마음이며, 목민관이 지켜야할 도리이다. "백성이 가난하지 않도록, 백성이 배부르도록, 백성이 일할 수 있도록 만들어주는 것이 정치다. 아프면 치료받을 수 있도록 제도를 마련하고 돕는 것이 국가다."

우리는 지식과 경험을 쌓기 위해 열심히 공부하고, 다른 사람의 지식과 경험을 간접적인 방식으로 습득하려 한다. 지혜로운 사람이 되는 보편적 과정이다. 그런데 그 과정에 '왜'가 없다고 생각해 보자! 지식과 경험을 습득하는 과정에서, 오히려 자기 의식이 사라졌다고 생각해 보자! 타인의 지식과 경험은 분명 자신에게 새로운 것이지만, 그것을 새롭게 보거나 새롭게 생각하지 않으면 답습만이 쌓이고 쌓인다. 그리고 자기 '삶 조건'의 변화에 맞는 '지혜'를 만들 수 없다. 북한을 바라보는 우리의 시선이 대표적인 예다. 지난 70여 년 동안, 북한도, 우리도 변했는데, 북한을 바라보는 눈과 마음이 '왜' 화석화되어 있는 것일까. 자신의 눈과 마음이 자기 것이 아니라, 타인의 눈과 마음을 자기 것으로 착각하면서 사는 '삶'이기 때문이다.

자본주의 사회는 '돈'을 거부하면서 살기 어려운 세상이다. '돈'에 지배받으면서도, 그것을 지배한다는 생각에서 쉽게 벗어나지 못한다. 이성만큼은 '돈'에서 자유로워져야 한다고 하지만, 어떻게 해야 그 자유로움을 누릴지는 정말 말하기 어려운 부분이다. 여기서 '왜'라는 질문을 던져야 한다. 그저 수단에 불과한 것이, 언제부터 목적이 되었는가? 필요악이라면 어느 정도 가지고 있어야 행복할 수 있는가? 생존이란 '나다운 나', '삶다운 삶'에 대한 존중이 아닐까? 누구나 자신을 사랑하지 않는 사람은 거의 없지만, 자신을 존중하고 있다고 자신 있게 말하는 사람은 그리 많지 않다. 타인을 사랑하면서도 존중하지 않는 경우도 많다. 서로가 존중을 주고받는 관계, 이것이 여운이 남는 삶이 아닐까?

'삶 여유'는 '삶 조건'에 필요한 것들을 지배하고 관리하는 능력과 긴밀하다. 갑작스럽게 떨어지는 '대박'이 아니다. 여유로운 '삶'을 여기서부터 구체적으로 생각해야 한다. 보통은 '시간'과 '돈'이 많은 사람도 여유로워 보이고, 시공간을 즐길 수 있는 사람도 여유로워 보인다. 남들은 다 여유가 있는 것 같은데, 자신만 그렇지 않은 것 같아서, 적지 않은 피로감을 느끼기도 한다. 하지만, 정작 자신에게 '왜'를 던지는 사람은 드물지 않은가? 자기 스스로 자신의 일상을 지배하지 않고서 여유를 찾는다는 것은 '우물에서 숭늉을 찾는 격'이다. 자신이 가지고 있는 권리가 무엇이고, 그 권리를 위해 자신이 하고 있는 것이 무엇인가에 대해 사색하지 않는 이상, 자유로운 상상력을 갖추고 있지 않는 이상, 일상을 지배하고 관리하기란 쉽지 않다. 의무에 대한 것도 마찬가지이다. 이처럼 '삶 조건'인 일상 속에서 '삶 여유'를 찾으려면, 어떤 대상이든, 어떤 시공간에서든, 어떤 방법을 쓰든, 자유롭게 사유해야 한다.

세상은 과거 사람들이 상상했던 것처럼 변하고 있다. 인간의 무한한 상상은 정보 사회를 이끌었고, 지금도 끊임없이 세상을 변하게 하고 있다. 무인 자동차와 열차, 자신의 살림터를 원격으로 조종하는 세상, 이런 세상을 무한한 상상의 디딤돌인 '왜'가 만들었다는 것을 그 누구도 쉽게 부정하지 않는다. '자유'가 없는 상태에서 상상력을 원하는 것은 지혜롭지 못한 자신을 들추어낼 뿐, 그나마 가지고 있었던 상상력을 더욱 왜소하게 만든다. 자유로움과 함께하는 '지혜'의 곳간을 만들어야 하고, 사색의 알맹이들을 풍성하게 해야 한다. 사색은 존재의 즐거움이자 행복이다. 과거의 '관행과 답습'을 넘어, 자신과 사회를 '혁명'으로 이끄는 '창조'. 이것은 자유로운 '망상'이나 '허상'과도 같을 수 있고, 끝이 없는 하늘길이기도 하다. 그러면서도, '왜'는 자신을 자신의 것으로 끌어들여, '삶 여정'에서 잠시라도 쉬어갈, '삶'의 멍에를 던질 수 있는 희망과 해방의 시공간이기도 하다.

당신은 민주 국가에 살고 있습니까

1판 1쇄 발행 2016년 3월 30일

지은이 | 김영수
펴낸이 | 조영남
펴낸곳 | 알렙

출판등록 | 2009년 11월 19일 제313-2010-132호
주소 | 서울시 강서구 공항대로45길 101 강변샤르망 202-304
전자우편 | alephbook@naver.com
전화 | 02-325-2015
팩스 | 02-325-2016

ISBN 978-89-97779-62-8 03340